W0089929

Anton Stangl

BUDDHISMUS

Buddhas Lehre
und
das Christentum

ECON Taschenbuch Verlag

Die Deutsche Bibliothek – CIP-Einheitsaufnahme

Stangl, Anton:
Buddhismus / Anton Stangl. – Orig.-Ausg., 3. Aufl. – Düsseldorf:
ECON-Taschenbuch-Verl., 1994
(ETB; 26014: ECON-Sachbuch)
ISBN 3-612-26014-6
NE: GT

Originalausgabe
3. Auflage 1995

© ECON Taschenbuch Verlag GmbH, Düsseldorf und Wien
Februar 1993
Umschlaggestaltung: Molesch/Niedertubbesing
Satz: Formsatz GmbH, Diepholz
Druck und Bindearbeiten: Ebner Ulm
Printed in Germany
ISBN 3-612-26014-6

INHALT

Gewidmet

meiner Frau Marie-Luise

mit tiefem Dank der großen Ordnung,
daß sie uns für dieses Leben zusammengeführt hat,

und mit tiefem Dank ihr selber für das,
was sie Jahre hindurch bewirkt hat
auch für den Inhalt dieses Buches.

Einführung

> »Mache aus dir ein Licht. Verlasse dich auf dich selbst, mache dich nicht abhängig von irgendeinem anderen!«
> Buddha in seinen letzten Worten an seine Schüler

Buddha und das Besondere seiner Lehre

In der westlichen Welt gibt es heute schon eine stattliche Reihe von Büchern über den Buddhismus: über den Begründer selbst, sein Leben und seine Lehre und was im Laufe der inzwischen vergangenen zweieinhalbtausend Jahre daraus geworden ist. Aber leider sind gar manche aus dem speziellen Blickpunkt einer einzigen der besonderen Richtungen des Buddhismus heraus geschrieben, die sich in dieser langen Zeit entwickelt haben. Eine andere Gruppe ist in ihren Ausführungen, im Stil so vieler »Wissenschaftler« von heute so intellektualisiert, daß sie selbst von geistig lebendigen und noch so interessierten Lesern nicht verstanden werden können. Und nicht wenige sind beides zugleich.

Das ist der Grund, weshalb ich mich zum Schreiben dieses Buches entschlossen habe. Ich wurde in den letzten Jahren gar oft dazu aufgefordert. Es soll ganz bewußt nur das geistige Grundgebäude des Buddhismus darstellen. Das in einem klaren Überblick, der das wirklich Wesentliche dieser Lehre und Weltbetrachtung für jeden gewecken Leser in einfacher Sprache verständlich machen kann. In voller Absicht will es jede Verzettelung in die Einzelheiten der verschiedenen Richtungen innerhalb des Buddhismus vermeiden. Sie kann nur zu

Verwirrung führen. Dafür soll der Kern, der allen Richtungen zu eigen ist, um so deutlicher sichtbar werden. Es genügt völlig, wenn ich am Ende des Buches einen Überblick über die Entwicklung des buddhistischen Lehre in ihren Verzweigungen und Sekten folgen lasse, ohne auch hier allzusehr in Details abzugleiten.

Buddha (altindisches Sanskrit »der Erwachte«, »der Erleuchtete«; japanisch »Butsu«), sein eigentlicher Name Siddhartha Gautama, auch genannt Shakyamuni (»der Weise aus dem Geschlecht der Shakya«), wurde um 560 v. Chr. geboren. Er war der Sohn eines Königs, der im luxuriösen väterlichen Palast in den südlichen Ausläufern des Himalaja aufwuchs. Sein Vater wollte ihm alle Mißlichkeiten der Welt ersparen und ließ ihn nicht aus dem Palast hinaus. Mit 19 Jahren wurde er verheiratet, mit 29 Jahren sein einziges Kind geboren. Es gibt verschiedene Legenden, die von dem frühen Aufbrechen seines Drangs nach tiefer Erkenntnis des Lebenssinns berichten. Dreimal gelingt ihm die Flucht aus dem Schloß mit seinem wohlbehüteten Luxusleben: Er wird tief beeindruckt von den Begegnungen mit einem siechen Greis, einem Toten und einem Bettelmönch.

In der Nacht verließ er heimlich das Schloß und ließ das Leben in Reichtum und fürstlicher Pracht endgültig hinter sich. Im Sinn der überkommenen Formulierung ging er »aus dem Haus in die Hauslosigkeit«, um die Weisheit zu finden, zuerst zu den Brahmanen, dann zu den Yogis. Er fand sie nicht. Als Bettelmönch suchte er dann in strenger Askese in sich selbst nach dem Sinn des Lebens, nach der Erkenntnis der verborgenen Wahrheit, der »Erleuchtung«. Aber in sechs Jahren dieses Lebens der Selbstkasteiung, das ihn an den Rand des Todes brachte, konnte er keine Antwort finden. Auch die Meister, denen er sich anvertraute, konnten sie ihm nicht geben.

Da gab er das Asketentum auf und trennte sich von seinen

Gefährten. Er erkannte die Bedeutung des »*Mittleren Wegs*« zwischen Askese und dem Überfluß des Luxus. So sollte die Herausstellung der Mäßigung nach beiden Seiten hin dann ein Kernstück seiner Lehre werden. Nach einer Zeit intensiver Meditation erlangte er unter dem dann berühmt gewordenen Feigenbaum die so lang ersehnte Erleuchtung. Die Erkenntnisse, die ihm dabei intuitiv über die wahre Wirklichkeit unserer Welt und unseres Lebens zuteil geworden waren, überwältigten ihn in seinem tiefsten Innern. In seiner legendär gewordenen ersten Predigt von Benares verkündete er »*die vier Edlen Wahrheiten*« über das Leiden und seine Aufhebung seinen fünf asketischen Weggefährten, die wieder zu ihm gefunden hatten und nun die ersten Jünger und Mitverkünder seiner Lehre wurden. 45 Jahre lang zog er dann in fast ständiger Wanderschaft lehrend und predigend umher. Er gewann Könige, Fürsten, heiligmäßige Männer mit ihrer ganzen Anhängerschaft und ständig wachsende Mengen des Volkes, die seine Lehren in sich aufnahmen wie Dürstende das rettende Wasser und sie weiter und weiter trugen. Im Alter von 80 Jahren wurde er krank und starb nach einigen Monaten an den Folgen einer nicht einwandfreien Mahlzeit im Kreise seiner Schüler. Die ersten Worte seiner bewegenden Abschiedsrede unmittelbar vor seinem körperlichen Tod habe ich diesem einführenden Kapitel vorangestellt.

Die Lehre Buddhas bedeutete praktisch *den Ausstieg aus dem damals herrschenden Brahmanismus* (der Vorform auch des Hinduismus) mit seinem immer starrer werdenden Opferwesen und Kastensystem. Sie beendete die allgemein anerkannte Autorität des Weda (Altsanskrit »Wissen«), dem ältesten religiösen Schrifttum (ab etwa 1200 v. Chr.). Aus ihm waren die Upanishaden hervorgegangen, diese philosophisch-theologischen Abhandlungen über den Weltenursprung, den Kreislauf von Geburt und Tod, Karma und die schließliche Erlösung daraus. Buddha übernahm jedoch die fundamental wichtige Lehre von Karma und Wiedergeburt, die ich in einem eigenen Kapitel behandeln werde.

Der Buddhismus verbreitete sich relativ rasch. Seine Blütezeit in Indien hatte er unter dem berühmten König Ashoka im 3. Jahrhundert vor Christus. Schon in dieser Zeit gab es in der von Buddha begründeten Ordensgemeinschaft der Mönche (Samgha) erhebliche Meinungsverschiedenheiten, die dann zur Spaltung der Lehre in die beiden Hauptrichtungen des Hinayana- (»Kleines Fahrzeug«) und des Mahayana-Buddhismus (»Großes Fahrzeug«) führten. Beide Richtungen gingen seither ihre eigenen Wege, jedoch ohne die gemeinsame Grundlage anzutasten.

Buddha lehnte grundsätzlich religiös-kultische Handlungen ab. Ebensowenig wollte er sich mit metaphysischen Fragen jenseits der Wirklichkeit unserer Welt befassen. Denn sein ganzes Denken und Lehren war *ausgerichtet aus das praktische alltägliche Leben*, auf die Realität, auf die nüchterne Wirklichkeit dessen, womit wir Menschen in diesem Leben konfrontiert sind. Diese Wirklichkeit zu erkennen, sich von ihr leiten zu lassen, sie in der täglichen Erfahrung des einzelnen unbeschönigt zu erfassen, um daraus seine Folgerungen für das eigene Tun und Lassen zu ziehen – das und nichts anderes war der Kern seines Anliegens. Daher lehnte er alles ab, was notwendigerweise jenseits unserer Verständnismöglichkeit liegt, also das letztlich vergebliche Argumentieren über die unbestimmbaren letzten Dinge. Hier liegt auch die klare Abgrenzung gegenüber dem Hinduismus, dieser im Kern unklaren Anhäufung von vielfältigen großenteils philosophischen, ja »philisophistisch« anmutenden indischen Lehren.

Deshalb sprach Buddha so oft von der Notwendigkeit, »von den Dingen zu wissen und sie zu sehen, *wie sie wirklich sind*«. Sind wir nicht ganz im Gegensatz dazu gewohnt, die Dinge so zu sehen, wie wir denken, das heißt mit den unbewußten Voreingenommenheiten, die in uns schlummern?[1] Sie also so zu sehen, wie sie nach unserem Gefühl sein sollten, wie wir sie gern sehen und erleben würden? Und denken wir nicht ständig an das, was wir wollen, aber nicht bekommen (alle unsere Wünsche und Hoffnungen), und umgekehrt an das, was wir wirklich nicht wollen, es aber trotzdem bekommen (wie Krankheit, Alter, Siechtum und Tod)? Es sei denn, wir verdrängen das mit dem Ergebnis, daß es aus den Tiefen unseres Unbewußten heraus unser Erleben und Leben entsprechend verfälscht!

So verlangt die Lehre Buddhas konsequent, daß *wir die von uns geliebten Selbsttäuschungen radikal hinter uns lassen.* Das ist sehr schwer und nicht ohne ständige, geduldige Bemühung zu erreichen. Sie hört eigentlich nie auf. Schon das ist vielleicht der wichtigste Grund dafür, daß sich so mancher intellektuell mit Buddha beschäftigt und auch wohlklingend darüber zu sprechen weiß, sich aber in Wahrheit kaum bemüht, die Lehre zu leben. Allein darauf kommt es jedoch an.

In ihrem Mittelpunkt stehen die »*vier Edlen Wahrheiten*«. Wir werden uns mit ihnen noch genau befassen. Es sind die Wahrheit vom Leiden, die Wahrheit von der Entstehung des Leidens, die Wahrheit von der Überwindung des Leidens und schließlich die Wahrheit von dem Weg, der zur Überwindung des Leidens führt. Dieser Weg ist der *Edle Achtfache oder der Mittlere Pfad des Buddha*. Seine acht »Stationen« gliedern sich auf in die drei Arbeitsbereiche: Erlangung der Weisheit, Erlangung der Sittlichkeit und die rechte Geistesschulung.

Und nun zu der besonderen Forderung dieser buddhistischen »Religion« der konsequenten Wirklichkeitserkenntnis, die für uns westlich-christlich geprägte Menschen ganz erstaunlich ist: Wir sollen und dürfen *nur das als richtig erkennen und es »glauben«, was wir höchstpersönlich selber herausgefunden und erfahren haben.* Kein Mensch kann für einen anderen Erfahrungen machen. Das ist eine folgenschwere

Feststellung. Sie läßt sich nicht wegdiskutieren. Also muß jeder einzelne von uns selbst der Wirklichkeit und der Wahrheit nachspüren, bis er sie findet. Er mag sich in seinem Vorgehen von anderen, Erfahreneren leiten lassen, aber den Weg muß er selber gehen. Niemand kann ihm das abnehmen. Folglich ermahnt Buddha persönlich seine Schüler ganz eindringlich, nur das zu glauben, was sie selber durch eigene Bemühung erfahren und als richtig erkannt haben. Und er warnt sie ebenso eindringlich davor, auch seinen eigenen Worten und Lehren Glauben zu schenken, nur weil sie von ihm seien, solange sie diese nicht selbst als wahr erfahren haben!

Da sind wir bei dem entscheidenden *Unterschied des Buddhismus zu allen anderen Religionen.* Diese sind Glaubensreligionen, die ein höheres Wesen »Gott« voraussetzen und verkündigen, und sie verlangen blinden Glauben daran. Und sie wollen die Menschen ausrichten nach den Normen: den Gesetzen und Glaubenssätzen, die sie daraus ableiten. Radikal anders der Buddhismus in dieser seiner einzigartigen Einstellung: Er ist in scharfem Gegensatz dazu die *Erkenntnisreligion*, in der nichts anderes als bloß das eigene Erkennen, die eigene Erfahrung der Wirklichkeit, das höchstpersönliche Erlebnis Ziel und Richtschnur des Denkens und Tuns ist. Entsprechend ist ihre Morallehre durch die Selbsterlösung gekennzeichnet.

Folgerichtig gibt es im Buddhismus *keinen »Gott«, keine äußere Autorität, keinen Papst, kein Dogma, keine zwingenden Vorschriften.* Der Buddhist erweist sich in seinem Tun: Einzig und allein seine persönliche Erfahrung ist die Autorität auf seinem Weg. Nur in ihm selbst ist sein Glaube begründet, nicht in einer göttlichen oder menschlichen Gewalt oder Institution außerhalb seiner selbst. Daher hat er auch keinen Anspruch auf die absolute Wahrheit und ist deshalb seinem Wesen nach tolerant.

Ist der Buddhismus dann überhaupt eine Religion, wenn er doch keinen Gott, keine verbindlichen Lehrsätze und keinen festen Kult kennt? Diese Frage wird gelegentlich diskutiert. Aber zu wessen Nutzen? Das buddhistische Denken führt zu ethisch-religiösen Folgerungen und Forderungen an uns selbst, vor allem für unsere praktische Lebensführung. Weitgehend sind sie ganz ähnlich, wenn nicht genau die gleichen, wie die des Christentums. Das wird sich in diesem Buch noch deutlich zeigen. Hat der Buddhismus in den langen Jahren seiner Geschichte auch viele Wege des Denkens und des Übens entwickelt, so ist doch allen gemeinsam: Der überragende, unbestrittene Lehrmeister und das große Beispiel ist der erleuchtete Buddha. In ihm ist das Zentrum des großen Bereiches von Lehre und Praxis, das in alle Richtungen ausstrahlt. Die Meinungen mögen in Einzelheiten verschieden sein, aber gemeinsam ist allen die der Lehre innewohnende Friedfertigkeit und Toleranz. Um Glaubensfragen willen hat es in zweieinhalbtausend Jahren nicht einen einzigen buddhistischen Krieg gegeben. Welche andere Religion könnte das von sich behaupten? Und: Kann es ein stärkeres Zeugnis geben für den inneren Wert einer Religion als dieses?

Um die Menschen von ihrem Leiden zu befreien, sie zu erlösen, verkündet Buddha seine Lehre von der Wirklichkeit. Ihr ist unser Leben unterworfen. Aber die Ohren der Menschen sind in hohem Maße taub vor lauter selbstsüchtiger Gedanken und Wünsche. Wie Jesus in seiner Bergpredigt ruft auch er in *seinen* Worten: Wer Ohren hat zu hören, der höre! Und er fordert sie auf *seine* Weise auf, den Weg zur Überwindung ihres Leidens zu gehen. Aber gehen müssen sie ihn selber. Ganz allein. Ein jeder für sich.

Die drei Kennzeichen des Seins

>»Fließen und Strömen
>in den Lebensgezeiten –
>dem Ewigen zu.«
>Haiku von Marie-Luise Stangl

Vor kurzem wies ich darauf hin: Der Kern der buddhistischen Lehre sind die vier Edlen Wahrheiten. Ganz bewußt beginne ich jetzt nicht gleich mit ihnen, sondern mit dem, was man im Buddhismus als die drei Kennzeichen des Seins bezeichnet. Buddha selbst hat sie zu seinen Lebzeiten als solche klar herausgestellt. Sie sind gleichsam *die tieferliegende Grundlage für die ganze Lehre*. Sie öffnen sich unserem oberflächlichen Denken im allgemeinen nicht ohne weiteres. Die vier Edlen Wahrheiten tragen sie sozusagen wesensmäßig schon in sich, wie Sie selbst bald sehen werden. Dasselbe gilt für die anderen traditionellen Kernbegriffe des buddhistischen Lehrgebäudes, so wie es Buddha seinerzeit verkündete. Der Klarheit halber werde ich einen Punkt nach dem anderen behandeln. Dabei gibt es gelegentlich Wiederholungen, besser gesagt: Rückgriffe auf ein bereits behandeltes Thema. Bei der sprachlichen Darstellung und Aufgliederung eines in sich verwobenen Gedankengebäudes ist das – wie überall, so auch hier – gar nicht zu vermeiden.

All das, worum es hier geht, wird von vornherein sehr viel klarer, wenn ich mich gleich zu Beginn unserer Betrachtungen auf *die Wurzeln unserer menschlichen Existenz besinne*. Dann haben wir von Anfang an festen Boden unter den Füßen. Viele sonst mögliche Unklarheiten und Mißverständnisse können sich dann gar nicht mehr einstellen. Deshalb gehe ich von der Frage aus, mit der sich viele so gut wie gar nicht oder doch nur oberflächlich auseinandersetzen: *Wie sind wir Menschen eigentlich aufgebaut?* Wie sind wir – technisch ausgedrückt – von der Natur »konstruiert«? Was sind die wesentlichen Züge unserer menschlichen Natur, etwa im Vergleich zu anderen Lebewesen und auch zu den sonstigen Dingen unserer Welt? Dieser fundamentalen Frage möchte ich zuallererst nachgehen. Je klarer die Antwort ausfällt, um so klarer und um so rascher werden sich Ihnen alle weiteren Ausführungen öffnen.

Aber schon jetzt rufe ich Sie dazu auf: *Verfolgen Sie alles*, was Sie hier vorgetragen finden, *mit ausgeprägter Kritik*. Das heißt: Denken Sie mit Ihrer eigenen Unterscheidungskraft alles durch! Fragen Sie sich in jedem Fall, ob Sie es als richtig und wahr von sich aus erkennen können. Sollte Ihnen das hier oder dort nicht möglich sein, so prüfen Sie sich bitte auf eine möglicherweise in Ihnen verankerte Voreingenommenheit. Fragen Sie sich dann, wie sie sich allenfalls in Ihrem seitherigen Leben gebildet haben könnte. Nur dann verfahren Sie im Sinn der kostbarsten Gabe, die uns die Schöpfung verliehen hat, nämlich der Fähigkeit des selbständigen Denkens. Nur dann verfahren Sie eigentlich erst im – zutiefst gesehen – *menschlichen* Sinn. Und Sie handeln ganz im Sinn der Lehre, die sich um die ausschließliche Orientierung an der Wirklichkeit, an der Realität unseres Lebens bemüht: der buddhistischen Weltbetrachtung. Denn in ihr zählt nichts, was man Ihnen sagt oder zu glauben aufgibt, sofern Sie es nicht selbst als richtig beurteilen.

Nun zu der angekündigten Frage: Wir hören und sagen immer, der Mensch »bestehe« aus Leib, Seele und Geist. *Was der Leib oder der Körper ist*, das wissen wir alle, und da gibt es kaum Meinungsverschiedenheiten. Wir können ihn in seiner Materie anfassen, und wir erleben ihn durch alle unsere

Sinne. Heute wissen wir auch sehr viel über seinen Aufbau, die einzelnen Organe und ihre Funktionen. Das verdanken wir der allerdings recht einseitig nur auf den Körper ausgerichteten Naturwissenschaft der letzten Jahrhunderte.

Und *was ist die Seele?* Alle entwickelten Sprachen der Welt haben sich dieses Wort, diesen Denkbegriff, gebildet als Kennzeichen dafür, daß der Leib »lebt«. Solange er »beseelt« ist, lebt er. Weicht die Seele aus ihm, wird er »entseelt«, so stirbt er, und seine Materie löst sich auf. Insoweit ist die Seele nur ein anderes Wort für unsere Lebenskraft. So trägt dieses Wort auch alle die Lebenserscheinungen in sich, die sich mit dem lebendigen Leben des Körpers verbinden: das im Sinnenhaften verwurzelte Aufnehmen und Reagieren auf Eindrücke, Hören, Sehen usw. mit allen damit zusammenhängenden Antrieben und Gefühlen. Es ist das, was wir Menschen mit den Pflanzen und Tieren – jedes Lebewesen auf seiner Entwicklungsstufe – gemeinsam haben. Es ist die animalisch-vitale Basis unserer Existenz. Heute wissen wir aufgrund der modernen wissenschaftlichen Erkenntnisse auch recht viel über die unglaublich vielfältigen Lebenserscheinungen unseres körperlich-seelischen Organismus.

Wir wissen nur eines nicht: *das Geheimnis des Lebens,* das in ihm und hinter ihm steckt. Wo kommt es her, was ist es eigentlich? Nur das eine wissen wir: Wo Leben ist, ist Energie. Sprechen wir doch dauernd von der Lebensenergie, der Lebens- oder Vitalkraft, von der Abwehr- oder Immunkraft, in der sie sich so deutlich zeigt. Nun hat die moderne Kernphysik in diesem Jahrhundert unbezweifelbar das bewiesen, was griechische Philosophen (die »Atomistiker« Leukipp und Demokrit) schon vor zweieinhalbtausend Jahren ausgeführt haben: Alles und jedes, was existiert, ob als vermeintlich tote Materie oder als lebende Organismen, *ist schwingende, fließende Energie.* In früheren Veröffentlichungen habe ich die Folgerungen daraus aufgewiesen, die sich in so vielfacher

Hinsicht für unser menschliches Sein ergeben.[2] Hier nur der eine Hinweis: Jede körperlich-seelische Regung ist ausnahmslos auf der Stelle an den Veränderungen der Energieschwingungen in unserem Organismus ablesbar, was EKG (Elektrokardiogramm: Aufzeichnung der Energieströme im Herzen) und EEG (Elektroenzephalogramm: das gleiche im Gehirn) beweisen. Das Geheimnis des Lebens ist also insoweit entschleiert, als wir feststellen können: Es ist ausnahmslos Erscheinungsform oder Ausfluß der schwingenden, fließenden Energie. Ohne sie, ohne diese »Schöpferkraft«, ist nichts geschaffen. Und alles Geschaffene trägt in gleicher Weise das Geheimnis seines letzten Ursprungs dieser Schöpfungsenergie in sich. Gleich werde ich auf diese Feststellung zurückkommen können.

Nun bleibt die Frage: *Was ist dann eigentlich der Geist?* Wiederum haben uns die alten Griechen mit ihrem dafür zuständigen Wort »logos« schon einen wichtigen Hinweis gegeben. Die Bedeutung dieses Wortes umfaßt den »großen« Geist im allerweitesten Sinn des Ur- und Schöpfergeistes ebenso wie den »kleinen« menschlichen Verstand des uns eigenen logischen, kritischen und – soweit uns möglich – objektiven Denkvermögens. Das letztere in seiner Bedeutung zu erfassen, bereitet uns keinerlei Problem. Denn wir erleben es täglich an uns selbst und an allen anderen Menschen.

Anders ist es mit dem *großen, unendlichen Geist.* Gar manche können seine überragende Bedeutung ähnlich wie »den Wald vor lauter Bäumen« nicht mehr erkennen. Vom Intellektuellen her gesehen ist es der uns unfaßbare, unerklärliche Schöpfergeist, der die vieltausendfachen Erscheinungsformen des gesamten Universums mit seinen heute nachgewiesenen über 20 Millionen Sonnensystemen geschaffen hat. Alles und jedes an Materie wie Leben zeugt von seiner Unendlichkeit. Mehr als alles andere kennzeichnet ihn das Ordnungs- oder (ein heute fast beliebteres Wort) Organisationsprinzip, das ihm innewohnt. Es wird im gesamten »Kosmos« offenbar. Dieses Wort bedeutete für die Griechen ursprünglich ja auch nichts anderes als »Ordnung«. Albert Einstein und mit ihm viele große Naturwissenschaftler betonen oft und oft ihre Bewunderung der geistigen Ordnung der Naturgesetze im Kosmos. Denken wir an Kosmos und Schöpfung, so sind wir schon wieder bei der Erkenntnis: Alles ist schwingende, fließende Energie. Gemeint ist die *urgewaltige Energieentfaltung* in allem und jedem, was da existiert. Jetzt sehen wir von der energetischen, der naturwissenschaftlich faßbaren Seite her dasselbe, was wir soeben vom intellektuellen Blickpunkt erkannt haben: den großen, allumfassenden »Geist« gleichzeitig im Sinn der allumfassenden Urkraft oder Urenergie. Max Planck sagt in diesem Zusammenhang: »Das Atom öffnet der Menschheit die Tür in die verlorene und vergessene Welt des Geistes.« Oder: »Materie an sich gibt es nicht, es gibt nur den belebenden, unsichtbaren, unsterblichen Geist als Urgrund der Materie«, und er fährt fort: »den ich mich nicht scheue, Gott zu nennen.«

Jetzt sind wir bei *dem tiefen Sinn des Begriffes »Seele – Geist«*, den die Weisheit der Sprache geschaffen hat. Beide können nicht voneinander getrennt werden, weil sie im letzten Grund wesenseins sind. Die Einheit alles Seienden haben wir hier vor uns. Mein Körper lebt nur so lange, wie meine individuelle Seele ihn in Gestalt der geheimnisvollen Lebensenergie belebt. Und diese kann auch nur ein Ausfluß sein der alles und jedes umfassenden Kraft der ebenso geheimnisvollen Urenergie. Von ihr ist sie wesensmäßiger Teil, wenn vergleichsweise auch noch so winzig. Der Vergleich könnte nicht treffender sein: Sie ist der winzige Tropfen Wasser aus dem unendlichen Ozean der alles schaffenden und alles erhaltenden Urgewalt. Christlich formuliert: Der göttliche Funke ist in jedem Menschen. Und buddhistisch: Ein jeder hat die Buddhanatur in sich.

An dieser Stelle kann ich mich nicht enthalten, auf die geistige Hybris, die totale Selbstüberheblichkeit derer hinzuweisen, die *den Zusammenhang von Seele und Geist verloren* haben. Sie verabsolutieren ihre kleine Seele, also ihr kleines ICH, zur Richtschnur ihres Denkens und Tuns. Sie verabsolutieren zugleich den »kleinen Geist«, den menschlichen Verstand, also wiederum das Bewußtsein vom ICH, zur Richtschnur ihres Denkens und Tuns. Sie haben vergessen, daß der Geist der wahre Kern des Menschen ist. Sie haben vergessen, daß ihr vergänglicher Körper gleichsam nur der Diener der Unvergänglichkeit von Seele – Geist sein kann. Haben sie nicht den Verstand auf den Thron gehoben und damit den Knecht zum Meister gemacht? Wenn wir das tun, dann kommen wir mit dem ehernen Gesetz von der Erhaltung der kosmischen Energie und Ordnung in Konflikt: Es wird über uns hinweggehen und auf seine Weise die von uns gestörte Harmonie wieder herstellen. Denn es duldet keinerlei Störung des Gleichgewichts. Hat die Natur uns nicht schon deutliche Zeichen dafür gesetzt?

Sie fragen vielleicht: Was hat das alles mit *dem Thema dieses Buches*, dem Buddhismus, zu tun? Oberflächlich betrachtet vielleicht nichts oder nur wenig. Bei genauerem Hinsehen jedoch sehr viel. Denn die »moderne« Kernphysik hat mit ihren Erkenntnissen und ihrer Beherrschung des Atoms als der innersten Quelle aller Energie in geradezu erstaunlicher Weise das bestätigt, was unausgesprochen auch die Grundlage der buddhistischen Lehre ist. Das wird sich recht bald zeigen, wenn wir uns nun mit den drei buddhistischen Kennzeichen des Seins auseinandersetzen. Besonders beim dritten dieser Punkte, wenn uns »Seele« und »Geist« gleichsam wieder hautnah begegnen werden.

1. Die Tatsache vom ständigen Wandel
(anicca)

»Alles fließt.«
Heraklit
(540–480 v. Chr.)

Der altgriechische Philosoph Heraklit prägte dieses berühmt gewordene Wort (»panta hrei«). In der Tat ist nichts beständig. Wiederum kann uns die Kernphysik von heute den tiefsten Grund dafür nennen. Er liegt natürlich *im Inneren des atomaren Geschehens*. Das unvorstellbar winzige Atom ist von noch viel unvorstellbar winzigeren »Teilchen« (in Wahrheit Energieeinheiten von Elektronen, Neutronen, Protonen) durchsetzt, die unaufhörlich mit der Geschwindigkeit von 2000 km pro Sekunde um seinen »Kern« herumwirbeln. Und der Atomkern seinerseits dreht sich mit 100 000 km pro Sekunde um seinen eigenen Mittelpunkt. Alles was existiert, hat seine Eigenschwingung in der unaufhörlich rhythmischen Bewegung: alles was lebt in seinen vieltausendfachen Arten und Formen, alle vermeintlich tote Materie vom Stein bis zu den größten Gebirgen unserer Welt und den gigantischen Sternsystemen des Universums. Dieses Prinzip des rhythmischen Schwingens von Auf und Ab, zwischen Spannung und Lösung der Energie können wir im Pulsschlag des Herzens und im rhythmisch wechselnden Atemprozeß an unserem eigenen Körper jederzeit beobachten.[3] Wenn diese innerste Quelle alles Existierenden durch so unvorstellbare Kraftfelder und unaufhörliche Schwingungen gekennzeichnet ist, wie könnte es dann irgendwo etwas wahrhaft unverändert Beständiges geben?

Das Wort *anicca* bedeutet im altindischen Sanskrit wörtlich *Vergänglichkeit, Unbeständigkeit*. Der Begriff schließt in sich die unaufhörliche Veränderung von ausnahmslos allem Existierenden, also den ständigen Wandel bis hin zu seinem Vergehen. Entstehen und Vergehen gehören immer zusammen als ihre natürlichen Gegenpole. Sie kennen alle das vielzitierte Wort: »Alles Irdische ist vergänglich.« Wir leben auf diesem Stern letztlich alle von der Sonne. Vor Urzeiten ist sie entstanden, und ihr Bestehen scheint uns ewig. In Wahrheit wird auch sie – wie sich heute berechnen läßt – in etwa dreieinhalb Milliarden Jahren nicht mehr sein. Und damit wird alles Leben, das von ihr gespeist wird, verlöschen. Es gibt keine Beständigkeit außer der des ständigen Wandels.

So ist in der Tat *alles und jedes in ständigem Wandel begriffen*. Ob es sich um körperliches oder geistiges Geschehen handelt, ob im Inneren oder in der äußeren Welt, ob es starke oder ganz feine Prozesse sind, die da ablaufen. In jeder Sekunde sterben in unserem Körper Millionen von Zellen ab, und ebenso viele werden neu aufgebaut. Unser Bewußtsein, unsere Gedanken fließen so gut wie unaufhörlich dahin wie das mehr oder minder bewegte Wasser eines dahinströmenden Flusses. Es gibt keinen Stillstand. Warum fällt es denn dem Meditierenden so schwer, mit den »tanzenden Affen der Gedanken« fertig zu werden? Ist doch unser ganzes Leben gekennzeichnet durch die unaufhaltsam stetige Weiterentwicklung ohne jeden Stillstand. Von der absoluten Hilflosigkeit des Säuglings über die vielen Entwicklungsstufen im Kennenlernen und bewußten Erfahren der Welt bis hin zur mehr oder minder gelungenen Beherrschung der Lebensprobleme und der hoffentlich einsetzenden Reifung des Alters. Bei genauem Hinsehen ist kein Augenblick so wie der vorherige. Man könnte die ganze Welt vergleichen mit einem großen Haus, das in allen seinen Teilen ohne Unterlaß zusammenfällt und gleichzeitig wieder aufgebaut wird. Wir Menschen nehmen diesen unausgesetzten Prozeß des Wandels und der Erneuerung normalerweise nur nicht wahr.

Die Gehirnforschung kann heute an den Energieschwingungen des EEG trefflich aufzeigen, wie speziell auch unsere Gedanken nahezu unaufhörlich dahinfließen. Auch *die geistigen Vorgänge in uns sind von Natur aus alle unbeständig.* Sie können sich mangels fester Substanz von einem Augenblick zum andern hin verändern. Aber wir können sie steuern, sie in bestimmte Bahnen lenken. Denn oft wiederholte Denkmuster spielen sich in Gestalt der »Gehirnbahnen« mehr oder minder fest ein. Je tiefer sie sich durch die Gewöhnung etwa in der Erziehung oder durch immer wieder wiederholte äußere oder innere Beeinflussung eingegraben haben, um so schwerer wird es, sie zu ändern.

Das gibt uns allen *die Möglichkeit zur heilsamen Selbstbeeinflussung.* Ich denke jetzt weniger an eine gezielte Autosuggestion zu einem bestimmten Zweck [4] als an die kluge Steuerung unserer mehr allgemeinen Denkungsweise und Lebenseinstellung. Diese haben selbstverständlich eine große Auswirkung auf all unser Denken und Tun. Konkret gesprochen: Das Bild, die Vorstellung, die man von sich selbst hat, schwankt ständig. Natürlich in gewissen Grenzen, die bei den einzelnen Menschen verschieden weit auseinanderliegen. Sie wissen alle, wie ein Erfolgserlebnis oder eine Demütigung ein und demselben Menschen seine Selbstschätzung befruchten und stärken bzw. schlimm herunterziehen kann. Wir brauchen nur einen bestimmten Gedanken, eine bestimmte Vorstellung, die uns innerlich weiterbringt, immer wieder in uns lebendig zu machen, dann wird das mit Sicherheit seine Auswirkungen haben. Halten Sie einem aufsteigenden Wunsch nur immer wieder die Vorstellung entgegen »Das brauche ich in Wirklichkeit gar nicht«: So vertiefen Sie diesen Gedanken an der Realität Ihres Alltags, und wenn es jedesmal noch so kurz ist. Nach einiger Zeit wird sich Ihr Besitzwunsch gelegt haben. Um bei dem Bild des unaufhaltsam in seinen Bahnen dahinströmenden Wassers zu bleiben: Da es sich sowieso in ständigem Wandel befindet, läßt es sich um so leichter in der

Richtung seines Dahinfließens beeinflussen. So können wir manches Problem in uns zur Ruhe bringen und damit uns selber.

Der ständige Wandel und Wechsel ist *die Folge des Gesetzes von Ursache und Wirkung*. Dieses Kausalitätsgesetz hat absolute Allgemeingültigkeit. Nichts an Abläufen und Dingen aller nur denkbaren Art, Ereignissen, Prozessen, Lebenserscheinungen jedweder Form ist ohne Ursache. Die vorschnelle Behauptung, dieses Gesetz sei heute »überholt« (Heisenbergsche Unschärferelation), ist in dieser Form völlig unhaltbar, wie sich mittlerweile gezeigt hat.[5] Dieses fundamentale Gesetz hat nach wie vor seine sozusagen eherne Gültigkeit im praktischen Leben ebenso wie im geistigen. Bleibt in dieser Welt nichts, aber auch gar nichts für immer unverändert, so ist das das Ergebnis von Vorbedingungen und Ursachen. Jedes Entstehen und Vergehen, jedes Kommen und Gehen, jedes Auf und Ab ist dem unterworfen.

Des öfteren wird der Standpunkt vertreten, *alles Geschehen sei schicksalhaft bedingt*. Andere sagen: Alles ist von Gott geschaffen und wird von ihm gesteuert. Und wieder andere führen alles auf den bloßen Zufall zurück ohne Vorbedingungen für das, was eintritt. Wenn es tatsächlich so wäre, würden dann nicht in jedem dieser Fälle alle menschlichen Bemühungen von vornherein hoffnungslos und vergebens sein? Was Wunder, daß die, die das ernsthaft glauben, dem Fatalismus verfallen: In völliger Passivität unterlassen sie jede eigene Bemühung. Ich brauche den krassen Gegensatz dieser Ansichten zum unbestreitbaren Gesetz von Ursache und Wirkung gar nicht zu betonen.

Dieses Naturgesetz ist von derselben Unerschütterlichkeit und Bedeutung wie der ständige Wechsel von Tag und Nacht oder das Gesetz der Schwerkraft. Hätte es irgendeinen Sinn, sich gegen diese Naturgesetze aufzulehnen? Oder hätte es irgendeinen Sinn, sich gegen das Altwerden zu wehren, dagegen, daß unsere Kräfte schwächer werden und wir auf manches verzichten müssen? Hat es je einem Menschen geholfen, das Sterben nicht wahrhaben zu wollen und es auf alle nur denkbare Art zu verdrängen? Alle derartigen Bemühungen können sich nur gegen den Betreffenden selbst richten. Denn er verschwendet seine kostbare Energie von vornherein sinnlos, statt sie zu einem echten Gewinn für seine Persönlichkeit einzusetzen. Solche naturgesetzlichen Tatsachen voll zu akzeptieren kann doch nur das einzig Richtige sein. Denn ändern können wir sie nicht. Muß das nicht genauso für die Tatsache des ständigen Wandels und für das Gesetz von Ursache und Wirkung gelten?

Es bleibt noch ein weiterer Punkt von großer Bedeutung in diesem Zusammenhang: Die stetige Bewegung, der ständige Wandel, die unaufhörliche Veränderung machen es schlechthin unmöglich, daß es in dieser Welt für alle ihre Probleme absolut feststehende Regeln geben kann, die ein für allemal ihre Gültigkeit hätten. Die unendliche Vielfalt des Lebens zeigt es immer wieder: *Alle Gesetze und Richtlinien haben ihre Grenzen.* Sie versagen in gar nicht so wenigen Fällen, in denen ungewöhnliche Vorbedingungen und Abläufe herrschen. Also müssen wir auch der Tatsache ins Auge sehen, daß *es keine feste, keine starre Autorität geben kann.* Wer sie begründen, wer an ihr unbedingt festhalten wollte, ist am lebendigen Leben noch immer gescheitert. Es läßt sich nun einmal nicht in starre Formen pressen. Wer das in der Wirklichkeit der Welt anerkennt, der versteht sofort, weshalb es im Buddhismus keinerlei feste Regeln gibt. Jedermann hat durch sein eigenes Erkennen die für ihn gültigen Formen zu finden, um sich dann auch an sie halten zu können.

Das in Asien oft gebrauchte *Bild vom ständig sich drehenden Rad* des Lebens spiegelt den ewigen Wandel der Dinge treffend wider. Das Rad vom unaufhörlichen Werden und Vergehen, von Geburt, Wachstum, Niedergang und Tod, dreht und dreht sich. Ob es uns gefällt oder nicht: Wir sind dem ständigen Kreislauf unterworfen. Ob dieser sich wiederholende Kreislauf auch den Menschen erfaßt, werden wir später in dem Kapitel über Karma und Wiedergeburt genauer betrachten. Das eine aber können wir schon jetzt sagen: So sehr sich das Rad des ständigen Wandels auch dreht und dreht, ohne jeden Halt – wir befinden uns immer sozusagen im Mittelpunkt der Drehung, im Mittelpunkt der Achse dieses Rades. Und da sind wir zu jeder Stunde und jeder Minute gebunden im Augenblick des Hier und Jetzt. Das ist das ewige Jetzt. Es ist der Angelpunkt für unseren Frieden: unsere innere Ruhe und Geborgenheit im ständigen Wandel der Dinge.

2. Die Tatsache vom Leiden (dukkha)

»Das Leben ist Leiden.«
Buddha

Buddha ruft seine Schüler auf, die Tatsache vom Leiden ungeschminkt zu erkennen und durch eigene Erfahrung und eigenes Urteil als absolut wahr zu erfassen. Gerade dieser Punkt ist um so bedeutungsvoller, als ihn Buddha überhaupt *zum Ausgangspunkt seiner Lehre von der Wirklichkeit* macht. Denn er ist zugleich die erste der vier Edlen Wahrheiten. Wenn wir demnächst zur genaueren Betrachtung dieses Kernstücks des Buddhismus kommen, werde ich mich daher im wesentlichen schon auf dieses zweite der drei Kennzeichen des Seins als den Ausgangspunkt dafür beziehen können. Um so wichtiger ist es, daß wir dieser Tatsache des Leidens ohne Vorbehalt und ohne Beschönigung entgegentreten.

Der Sanskritbegriff dukkha schließt in sich *jegliches Gefühl des Leidens im körperlichen und geistigen Sinn*. Er trägt in sich das fortgesetzte Drehen des Rades von Werden und Vergehen mit seiner konstanten und zermürbenden Bedrückung aller Wesen und Dinge. Und schließlich dürfen wir den traurigen Umstand nicht vergessen, daß alles Schöne und uns Glück Spendende schon deshalb den Leidenskern in sich trägt, weil es wie alles vergänglich ist und wir hilflos seinem Ende entgegensehen. dukkha wächst aus anicca und aus der Unvollkommenheit alles Existierenden.

Buddha selbst begründete in seinen Predigten den Lehrsatz »*Das Leben ist Leiden.*« Bereits in seiner ersten Predigt vor den fünf Gefährten aus der Zeit seines konsequenten Asketenlebens führte er unmißverständlich aus: »Geburt ist Leiden, Krankheit ist Leiden, Alter ist Leiden, Sterben ist Leiden. Erfülltsein von Trauer, Jammer, Schmerz, Gram und Verzweiflung, von Abneigung und Haß ist Leiden. Vereintsein mit dem Ungeliebten ist Leiden. Getrenntsein vom Geliebten ist Leiden. Nicht erlangen, was man begehrt, ist Leiden.« In der Tat, ein Leben, das nicht frei ist von Wunsch und Leidenschaft, ist immer verbunden mit Leiden. Kennen *Sie* ein solches Leben, das ganz frei davon wäre?

Das Leiden begegnet uns in tausend Erscheinungsformen: Schmerzen, bittere Armut, Mißernten, Hunger und Durst, Naturkatastrophen und Unglücke, bedrückende Schlechtigkeiten und Ungerechtigkeiten, das Prassen der einen und das Elend der anderen, Willkür und Machtmißbrauch, Verfolgungen, Grausamkeiten, niederziehende Enttäuschungen und Demütigungen, bohrende Zweifel, Ängste, Verzweiflung und Hoffnungslosigkeit. Schon alles, was irgendwie fehlerhaft oder unvollständig ist, trägt den eines Tages aufsprießenden Keim des Leidens in sich. Damit kein Zweifel selbst für das »ganz normale« Leben bleibt, sagt schon die jüdisch-christliche Bibel: »Im Schweiße deines Angesichts sollst du dein Brot essen.«

Gute Lebensumstände bedeuten nicht, frei von Leid zu

sein. Wieviel inneres Leid liegt gar oft hinter äußerem Reichtum, auch äußerem Wohlbefinden verborgen! Alter und Siechtum oder die Angst davor sind allgegenwärtig. So erst recht das Sterben mit seinen Nöten: »Kaiser – König – Bettelmann: Jedermann!« (Hugo von Hofmannsthal, 1874–1929). Jedermann hat es zu ertragen, ausnahmslos. Und die beneidete blühende Jugend? »Ach wie bald / schwinden Schönheit und Gestalt! / Tust Du stolz mit Deinen Wangen,/ die wie Milch und Purpur prangen, / ach die Rosen welken all« (Wilhelm Hauff, 1802–1827). Über nichts in dieser Welt kann man sich lange erfreuen. Und sollte es mir selbst gerade besonders gut gehen – ich brauche nur über die Straße zu schauen oder ins Nachbarhaus . . . Wie oft erhebt sich dann die Frage: In welchem Verhältnis steht mein Glück zu seinem Leid?

So darf und muß ich feststellen: *Das Leiden ist naturgegeben.* Es ist offensichtlich untrennbar mit unserer irdischen Existenz verbunden. Keiner bleibt davon verschont, auch wenn es manchmal den äußeren Anschein haben mag. Der Kluge akzeptiert diese Tatsache. Er nimmt das Leiden als unvermeidlich und nahezu allgegenwärtig an. Und weil er weiß, daß es ein notwendiger Teil seines Lebens ist, kämpft er nicht dagegen an. Es wäre doch von vornherein sinnlos und könnte höchstens einen augenblicklichen Scheinerfolg bringen. Und wie viele Menschen verzehren und ruinieren sich erst vollends in ihrem nicht endenden selbstquälerischen Ankämpfen gegen das, was sie doch nicht ändern können!

Alles was wir erleben, ist unser Leben. Wir mögen es als gut oder schlecht, als positiv oder negativ erleben. Wir können es annehmen oder dagegen ankämpfen: Es ist unser Leben! Und diese Tatsache ändert sich dadurch nicht einen Deut. Deshalb können uns auch *die unzähligen Versuche, dem Leiden zu entgehen*, in keiner Weise davor bewahren. Ja sie können es nur verstärken, weil wir uns in unserem Denken dabei nur um so mehr damit beschäftigen. Das gilt für alles, was uns schmerzt: von jeder echten oder vermeintlichen Verletzung unserer Gefühle, unseres persönlichen Stolzes über das hypochondrische Hochspielen eines verletzten Fingers bis zur sinnlosen Angst vor dem Zahnarzt. Wir neigen alle dazu, das, was wir nicht wahrhaben wollen, weil es uns schmerzt, aus unserem Leben zu verdrängen. Kann es uns deshalb auf lange Sicht davon befreien?

So sagen manche, *der Buddhismus sei eine negative Lehre des Leidens*, und deshalb wollen sie mit ihm nichts zu tun haben. Hilft es ihnen, wenn sie die unbestreitbare Tatsache des Leidens nicht wahrhaben wollen? Hilft es einem, dem ein Ziegel vom Dach auf seinen Kopf herunterfällt, daß er das Gesetz der Schwerkraft verleugnet?

Der Weise sieht die »unerfreuliche« Tatsache und leugnet sie nicht. Er *fragt vielmehr nach den Hintergründen des Leidens.* Denn nach dem Gesetz von Ursache und Wirkung muß auch das Leid seine Ursache, seine Begründung haben. Und er sucht nicht nur in der äußeren Welt und ihren vielfältigen Lebensumständen, die bei oberflächlicher Betrachtung zu Schwierigkeiten und Leid führen. Er sucht tiefer in sich selbst – da, wo er sein Leid auch erlebt. Da kann er die Antwort finden, die ihm dann auch den Weg der Abhilfe zeigen kann. Dann erkennt er, daß das Leid nicht nur ein Übel ist, sondern gleichzeitig wie ein Wegweiser ein guter Freund: Es zeigt den richtigen Weg zur Befreiung aus dem Übel auf, das dem Leid immer innewohnt. Dann wird er auch die vier Edlen Wahrheiten anerkennen können, mit denen wir uns demnächst beschäftigen werden.

3. Die Tatsache von der Illusion des ICH (anatta)

> »Ein jeder Grashalm
> singt sein ur-eigenes Lied.
> Das Lied der Schöpfung.«
> Haiku von Marie-Luise Stangl

Die Tatsache vom ständigen Wandel ist uns westlichen Menschen relativ leicht verständlich, und wir können sie im allgemeinen ohne Schwierigkeit akzeptieren. Die Tatsache vom Leiden anzunehmen fällt uns schon wesentlich schwerer. Denn da sträubt sich etwas in uns: »Wir sind zur Freud' geboren und nicht zum Trauern hier«, haben wir als junge Burschen gesungen. Aber sozusagen zähneknirschend müssen wir auch sie akzeptieren, wenn wir uns nur ohne Vorurteil und Selbsttäuschung hinreichend mit ihr auseinandersetzen. Am schwersten fällt es uns jedoch durchweg, die dritte der drei buddhistischen Kennzeichen des Seins als richtig zu erkennen. Sie will uns die Tatsache vermitteln, daß unser ICH im tiefsten Grund nichts anderes sei als eine große Illusion.

Das Sanskritwort anatta bedeutet »Kein Ding hat echte Wesenheit.« Bezogen auf den Menschen besagt es »*Nicht-Ich-heit*« *oder »keine Persönlichkeit*«. Es beinhaltet, daß es in uns nichts gibt, was man im eigentlichen Sinn eine eigenständige Ich-Wesenheit oder eine echt selbständige, unabhängige Persönlichkeit nennen könnte. Das wirklich anzuerkennen, es sozusagen zu »schlucken«, ist für uns ein »schwerer Brocken«. Das ist verständlich. Denn seit Jahrhunderten hat sich im Westen als Ideal- oder Leitbild die »Persönlichkeit« aufgebaut, im Sinne des Individualismus, im Sinne der Entfaltung des ICH, im Sinne des HABEN-wollens. (Die jüdisch-christliche Forderung: »Erfüllet die Erde und machet sie Euch untertan!«) Im Osten dagegen herrschte das Idealbild der

Universalität, im Sinne des Aufgehens in der Gemeinschaft, im ES, im Sinne der Hinwendung zum SEIN und seiner Ergründung.

In meinem letzten Buch über die Quelle unserer Lebensenergie habe ich genauer dargelegt, *daß wir Menschen in der begrenzten Welt unserer Sinne leben*, um nicht zu sagen im Kerker unserer begrenzten Sinne.[6] Diese Erkenntnis ist ein hervorragender Einstieg in das Problem, um das es hier geht. Den meisten fällt sie am Anfang gar nicht leicht. Aber dann kann sich ihr doch kaum einer entziehen. Nun kann hier nicht der Ort sein, das alles so ausführlich zu wiederholen, wie es dort dargelegt ist. Deshalb empfehle ich Ihnen, daß Sie es dort in aller Ruhe nachlesen, durchdenken und sich dann Ihr eigenes Urteil darüber bilden.

An dieser Stelle kann ich nur – schlagzeilenartig – *die wesentlichen Gedanken* zusammenfassen:

- Kernphysikalisch gesehen gibt es »die Materie« und damit auch unsere materielle Welt überhaupt nicht. Es gibt nur schwingende, fließende Energie in unendlich vielfältiger Differenzierung und Stärke. Erst mit der Aufnahme der Schwingungen in unseren Sinnen wird Materie »durch den Geist zu dem, was wir darunter verstehen« (Max Planck). So können wir auch getrost formulieren: Unsere materielle Welt ist eigentlich eine Täuschung durch unsere Sinne. Denn nur sie machen aus den Energieschwingungen unsere Welt.
- Jeder der Sinne kann nur eine bestimmte Frequenzbreite aufnehmen, z. B. das Auge die Schwingungen zwischen 4/10 000 und 7/10 000 mm Wellenlänge. Diese Schwingungen kommen vom Auge als elektrischer Strom durch die Sehnerven ins Gehirn. Dieses läßt dann das ganze Farbspektrum in uns erstehen, das wir sehen. Sinngemäß trifft das gleiche für die anderen Sinne zu.
- Aus den tatsächlich existierenden vielfältigen Energiewir-

beln stellen uns unsere Sinne nur den schmalen Ausschnitt »unserer Welt« zur Verfügung. Die wahre, große, unendliche Welt, die unzähligen anderen Erlebnisbereiche = Welten sind uns alle verschlossen. Sie sind für uns ganz einfach nicht vorhanden. Wir haben von ihnen keine Ahnung.

- Viele Tiere (wie Fledermäuse, Fische und Schmetterlinge, wo sich das heute zweifelsfrei nachweisen läßt), Insekten und wahrscheinlich andere Lebewesen sonstiger Art, von denen wir möglicherweise auch nichts wissen, leben jeweils in ihrer speziellen Welt. Sie ist eine andere als die unsere. Er scheint uns aber so, als würden wir in ein und derselben Welt leben. Da irren wir uns.

- Wir glauben, die Welt, in der wir leben, sei *die* Welt schlechthin. Eine andere könne es nicht geben. Das ist die Begrenztheit unseres Denkens. Das Gefängnis unserer Sinne, unseres Verstandes, unseres ICH gaukelt uns das nur vor.

- Wir können die Wirklichkeit, die wahre Welt also gar nicht sehen oder erleben, wie sie tatsächlich ist. Unsere geistige Blindheit, unsere große Unwissenheit ist eine Realität. Wir überschätzen maßlos die Leistungen unseres Verstandes, wir überschätzen maßlos die Bedeutung unseres ICH.

- Dabei sind manche Menschen so grenzenlos stolz auf die vermeintlich unbegrenzten Fähigkeiten ihres einseitig herrschenden Verstandes, daß sie nichts mehr anerkennen außer nur diesen! Und damit ihr verabsolutiertes und so kostbares ICH, das subjektiv der Mittelpunkt der Welt ist. Unsere an Fleisch und Blut gebundenen fünf Sinne gaukeln uns auch das vor. Das läßt mich an Wilhelm Buschs Verse denken:

> »Wenn einer, der mit Mühe kaum
> gekrochen ist auf einen Baum,
> nun meint, daß er ein Vogel wär'
> – so irrt sich der.«

Kennen Sie die nette altindische *Geschichte vom König, der einige Blinde einen Elefanten abtasten läßt* und sie um ihre Ansicht über das Gefühlte befragt? Der erste fühlt einen der langen Stoßzähne und meint, der Elefant sei wie eine riesige Rübe. Der zweite betastet ein Ohr und sagt, der Elefant sei wie ein großer Fächer. Der dritte spürt den Rüssel und erklärt, der Elefant sei wie der Stößel für einen Mörser. Der vierte umschließt zufällig ein Bein und erklärt den Elefanten zu einem Mörser. Der fünfte erwischt den Schwanz und spricht: Der Elefant ist wie ein Seil.

Wie die Blinden vor dem Elefanten, so stehen wir mit unseren begrenzten fünf Sinnen und dem davon abhängigen Verstand *vor der uns unfaßbaren Vielfältigkeit und Unendlichkeit der Welt.* Wir wissen heute im Gegensatz zu früher nur ganz gewiß, daß alles, was in ihr existiert, vom kleinsten Stein bis zum unfaßbaren Universum, in seinem tiefsten atomaren Kern schwingende, fließende Energie ist. Sie ist in allem, was es überhaupt gibt. Ja, sie *ist* alles. Unser kleiner Verstand kann das nicht begreifen, aber es kann kein Zweifel sein: Es ist so. Alles und jedes hat diese eine und einzige Quelle des Seins.

Täuschung und Blindheit sind uns also von Natur aus zu eigen. *Alle Täuschungen entstehen in unserem begrenzten Verstand.* Alle uns erfahrbaren Lebenserscheinungen sind das Ergebnis unserer Verstandesfunktionen. Es gibt in der Tat nichts für uns, was nicht im Verstand geboren würde. Dabei ist auch er in ständigem Wandel, dem Gesetz von Ursache und Wirkung unterworfen. Nochmals: Es gilt zu begreifen, daß es für uns keine Täuschung außerhalb unseres Verstandes gibt. Erst dann und nur dann löst sich unser Verstand aus seiner Verwirrung. Dann sind wir befreit aus unserem Gefängnis. Dann wird alles klar. Und das ist das eigentliche Ziel des Buddhismus, dieser Philosophie der Wirklichkeitserkennung: die »Wesensschau« (Kensho) oder die »Erleuchtung« (Satori).

Die seitherigen Überlegungen haben ursprünglich mit dem Buddhismus gar nichts zu tun. Sie *werden von den unbezweifelbaren Ergebnissen der heutigen Kernphysik getragen* bzw. von ihnen bestätigt. Dabei sind sie doch in engster Nachbarschaft zu den Grundlagen der buddhistischen Lehre! Ja, ich kann getrost sagen: Sie sind es geradezu unmittelbar. Haben Sie bemerkt, wie sie auch ganz in Linie dessen liegen, was ich in dem einleitenden Teil dieses Kapitels über die drei Kennzeichen des Seins zum Thema Seele und Geist ausführte?

Von einem anderen und jetzt ursprünglich buddhistischen Blickpunkt her kann uns unsere falsche Einstellung recht deutlich werden. Es ist *die Dualität, der unser ganzes Denken notwendigerweise unterworfen ist*. Auf sie stellt die buddhistische Lehre in erster Linie ab. Die Unterscheidungsgabe (Kritik) unseres Verstandes und die ihr von Natur aus innewohnende Wertung nötigen uns dazu.[7] Denn »alles ist relativ«. Irgendwie steht alles in Beziehung zu allem. Wir sehen die Dinge immer nur in ihren Beziehungen zueinander und zuallererst zu uns selbst. Wir hängen an unseren Wünschen, Meinungen und Ideen, an allen möglichen Menschen und Dingen. Und so erleben wir alles aus unserer persönlichen Warte.

Kaum erleben wir irgend etwas, so reagieren wir, sei es bewußt oder unbewußt, sofort mit *unserem Urteil. Und das immer im Rahmen der Dualität*, das heißt der polar einander gegenüberstehenden Gegensätze: gut oder schlecht, angenehm oder unangenehm, Glück oder Unglück, richtig oder falsch, Gewinn oder Verlust usw. Dabei fragen wir selten: für wen, für welche Zeit? Jetzt oder später, nur oberflächlich oder tiefgreifend und was es für hundert Relativierungen gibt: also Wertverschiebungen je nach der Gesamtheit aller betroffenen Notwendigkeiten und Interessen. Wie oft stellt sich ein »Unglück« von heute später als großes »Glück« heraus und umgekehrt! Alles hat eben seine *zwei* Seiten, wie die Redensart so treffend sagt.

Dasselbe gilt für die unzähligen Gegensätze, in die das Leben in unserem alltäglichen Denken eingespannt ist, wie Licht und Schatten, Anziehung und Ablehnung, Zuneigung und Abneigung, Liebe und Haß, Lob und Tadel, Länge und Kürze, Ruhm und Schande, weiß und schwarz, sauber und schmutzig, rein und unrein, mein und dein usw. Nur im Rahmen dieser verstandesgemachten Dualität können wir uns geistig bewegen. Immer brauchen wir geradezu das Gegenteil, um eine gegebene Situation in unserem Denken einordnen zu können. So vermögen wir das Leiden als solches auch nur deshalb zu erfassen, weil wir auf der anderen Seite auch Freude erleben dürfen. Ein letztes bezeichnendes Beispiel von umfassender Bedeutung: das ICH, dem der »Gegenstand« gegenübersteht (die Beziehung Subjekt – Objekt).

Und nun kommt das Wesentliche: *Diese Dualität hindert uns am Erkennen des Urgrunds des Seins, der unseren Sinnen verborgen ist.* Der so voreingenommen gemachte Verstand macht es uns schwer, wenn nicht fast unmöglich, zum Wesen der Dinge durchzudringen. Deshalb können wir die tatsächliche Wirklichkeit nicht oder kaum erkennen, um uns dann entsprechend zu verhalten. Und solange wir das nicht können, hängen wir gleichsam in der Luft und schwanken und schaukeln mit jedem Windstoß oder gar Lufthauch unserer Gefühle und Gedanken hin und her. Das empfinden wir dann je nachdem als »schön« oder als »unschön« oder »häßlich«.

Was aber ständigem Wechsel unterworfen ist, kann nicht die wahre Natur der Dinge sein. Die in der Sache liegende Wahrheit kann nur universell, absolut allgemeingültig sein. Ihre äußere Erscheinung, die wir erleben, der Name, den wir ihr geben, die vielerlei Unterscheidungen, die wir ihr anhängen, vernebeln nur ihre wahre Natur, über die wir in unserer Blindheit nichts, gar nichts aussagen können. Von der persönlichen Einschätzung des einzelnen wird sie überhaupt nicht berührt. Erst wenn wir das erkennen, haben wir die Chance, die Wahrheit, das Wesen der Dinge, die unverfälschte Wirklichkeit zu erfassen. Und um dahin zu kommen, müssen wir zuallererst lernen, nicht sogleich zu urteilen, wenn wir irgendetwas erleben oder erfahren. Denn schon wären wir wieder in der Dualität des Denkens. Wir dürfen uns nicht sozusagen gleich zum Richter aufspielen. Wir müssen die Dinge loslassen: Sie lassen, wie sie sind, ohne persönliche Stellung zu beziehen. Nur dieses Lassen, dieses Auf-Abstand-Bleiben kann uns die Befreiung geben. Aber: Wer von uns »ganz normalen« Menschen könnte das so ohne weiteres?

Für die Dualität und ihre Auswirkung noch zwei Beispiele, die uns Menschen besonders berühren. Das erste ist *unsere Bindung an Leben und Tod*. Wir sind ihr unterworfen. Sind wir es wirklich? Auch die »Erkenntnis« von Tod und Leben vollzieht sich in unserem Verstand und hat sich hier verfestigt. Sie existiert in ihm. Wenn wir uns darüber klar sind – wir haben das schon gesehen –, daß der Wesenkern des Menschen nicht der vergängliche Körper ist, sondern Seele–Geist, die nicht sterben können, dann dürfen wir getrost sagen: Geborenwerden und Sterben existieren *nur* im Verstand, in seiner Unfähigkeit, den wahren Kern der Wirklichkeit zu erkennen. Daher vergeht die Welt von Leben und Tod auch mit dem Verstand dessen, der die Welt verläßt. Der Tod ist ja nur die Auflösung der zeitweilig existierenden äußeren Form. Die wahre Wesenheit des Sterbenden bleibt bestehen in einer anderen Welt, die der Begrenztheit, dem Gefängnis unserer Sinne, verborgen bleiben muß. Wir nennen sie gern die geistige Welt. Mit der Geburt hat die Seele das Kleid des Körpers angelegt, und mit dem Tod legt sie es ab. Sie geht dahin zurück, wo sie hergekommen ist, in eine andere Erscheinungsform des ursprünglichen Seins, der uns unfaßbaren Urenergie als der Wurzel alles Existierenden. Religiös ausgedrückt: Sie ist »Gott« ein Stückchen nähergerückt.

Das zweite Beispiel ist *unser Gefühl von gut und schlecht oder gut und böse, von recht und unrecht.* Wie alle Unterscheidungen ist auch diese nur in uns selbst, in unserem Verstand und Denken verfestigt. Es gibt kein Gutes und kein Schlechtes an sich. Das Leben *ist*. Und so, wie es *ist*, ist es weder gut noch schlecht. Das universelle Prozeß ist frei von dieser Unterscheidung unseres Denkens. Im unendlichen Geschehen, das sich jenseits unserer so kleinen menschlichen Welt des Verstandes vollzieht, kann es das nicht geben. Wie vor kurzem schon gesagt: Das uns heute als »gut« Erscheinende kann schon morgen für uns »schlecht« sein und umgekehrt. Ich glaube, jeder von uns kennt solche Fälle aus seinem Leben. Wer sich von dieser Unterscheidung frei machen kann – soweit es uns Menschen überhaupt möglich ist –, dem öffnet sich der innere Frieden. Der Frieden ist eng damit verbunden. Er ist Teil dieser Befreiung.

Aber: *Natürlich kann nur das große SELBST,* das allgewaltige Schöpfungsgesetz mit seiner unendlichen Kraft, fern der menschlichen Dualität des Denkens, *frei sein von gut und böse.* Wir Menschen sind ihm in unserem kleinen ICH mit dem winzigen göttlichen Funken ebenso unterworfen wie dem Phänomen des Todes. *Häufig ist der Einwand zu hören:* Wenn Gott, das Schlechte, das Böse, die schrecklichen Dinge unserer Welt zuläßt, dann kann es ihn nicht geben. Oder: dann ist das ein schlechter Gott, dann wolle man mit ihm nichts zu tun haben. Dieser Einwand setzt den personalen Gott, den weisen alten Mann mit dem langen Bart voraus, den »Gott« der christlichen Kinderstube. Mit der Erkenntnis »Gottes« als der Urgesetzlichkeit, der Urkraft, die das gewaltige, uns unvorstellbare Universum schafft und regiert, verliert er jeden Sinn. Und was steht dieser Erkenntnis im Wege? Doch nur die uns nicht bewußte Hybris des Menschen! – Übrigens: Wenn wir kleine Menschen mit diesem Gott nichts zu tun haben wollen: wird ihn das sehr beeindrucken?

Wenn wir diese Gedanken akzeptieren können, dann wird uns nun der letzte Schritt in den Überlegungen der buddhistischen Lehre wohl nicht mehr allzu schwer fallen. Das um so weniger, als ihn die Kernphysik von heute auf ihre Art in geradezu verblüffender Weise bestätigt. Es geht um *die Frage nach unserer menschlichen Persönlichkeit, nach unserem ICH. Die Kernphysik sagt, daß alles und jedes*, was überhaupt existiert, in der letzten Wurzel atomarer Natur, das heißt *schwingende, fließende Energie ist*. Das Wesen dieser unsagbaren, unendlichen Kraft ist uns ein Rätsel. Es steckt in jedem »primitiven« Grashalm – ein Wunder an technischer Konstruktion! – über die gesamte Schöpfung und das ganze Universum bis hin zum Menschen – erst recht ein Wunder an »Konstruktion«! Das ist die eine und einzige wirkliche Schöpfungskraft, mit der sich die Naturwissenschaft beschäftigt. Aber auch sie kann das Rätsel dieser geheimnisvollen Energie nicht lösen. Es steht buchstäblich himmelhoch über unserer so beschränkten Denkfähigkeit. Sie weiß nur: Diese uns unerklärliche Energie ist in allem, was existiert. Sie ist in jeglichem Leben in allen seinen Formen, sie ist die Lebenskraft schlechthin. Auch jeder von uns Menschen lebt nur von ihr. Ohne sie könnten wir nicht sein.

Und der Buddhismus lehrt seit zweieinhalbtausend Jahren im Kern genau das gleiche: *die absolute Einheit von allem Existierenden*. Diese Einheit zeigt sich in der einen und einzigen Lebensenergie oder Lebenskraft, die sich in unendlichen Formen manifestiert – ich wiederhole: vom Grashalm bis zum Menschen und zum Universum. In jedem letzten Partikel dessen, was im ganzen Universum existiert und im kleinsten Partikel des Lebens ist dieses EINE: das All-Eine, das alles in sich vereinigt. Es ist immer ein und dieselbe, »die große Kraft«. Wo ist da ein Unterschied zu den Erkenntnissen der Kernphysik?

Der einfache Vergleich mit der Elektrizität und den heute

unzähligen elektrischen Birnen und sonstigen Stromverbrauchern kann das deutlich machen. Im Zeitalter der Elektronik sind sie selbst für den Fachmann kaum noch zu überblicken. Hinter diesen unendlich vielen Erscheinungen steht immer nur der eine und einzige elektrische Strom als das, was allen diesen unüberblickbaren Massen von verschiedenartigsten Verbrauchern »Leben« verleiht. Sein wahres Wesen ist uns Menschen bis heute genau so unbekannt und rätselhaft wie unsere Lebenskraft!

In diesem All-Einen sind die Unterscheidungen, die unser dualistisches Denken notwendig macht und ohne die wir gar nicht richtig denken könnten, *total gegenstandslos*. Werden und vergehen, Leben oder Tod, gut oder schlecht können nicht die Natur des Wesens der Dinge sein, sondern nur ihre Erscheinung für unseren kleinen menschlichen Verstand. Denn er ist in seinem Werten an die Dualität gebunden. Er ist bar jeder eigenen Substanz. Die menschlichen Triebe und Wünsche sind seine Wurzel. Die wahre Natur der Dinge ist jenseits dieser Unterscheidungen, die ihnen das menschliche Denken nur anheftet. Die wahre Natur ist konstant. Die wahre Natur ist immer dieselbe, frei von allem Wechsel und allem Schwanken. Im übrigen werde ich später, bei der Betrachtung des Mittleren Wegs des Buddha, nochmals auf die Dualität unseres Denkens zurückkommen müssen.

Für die wahre Welt, für den großen Geist, für die unendliche alles schaffende, uns unfaßbare Kraft kann *unsere kleine Welt der Täuschungen* nur so etwas Ähnliches sein wie ein Schatten, wie eine vorüberziehende durchsichtige, dünne Wolke, wie ein oberflächlicher und sofort vergessener Traum. Alle Schätze dieser Täuschungswelt können allenfalls nur als ein lockendes Trugbild für uns Menschen erscheinen.

Jetzt sind wir bei dem entscheidenden Punkt: Wenn das so ist, *ist dann der Mensch nicht auch nur ein Glied von Millionen anderer in der unendlichen Kette aller Dinge und Lebewesen?*

Warum sollte ausgerechnet er eine Ausnahmestellung haben? Kann der Mensch dann eine echte, nur ihm eigentümliche ursprüngliche Wesenheit in sich haben, die ihn in seiner Substanz von der gesamten anderen Schöpfung unterscheidet? Auch er ist eingebunden in das große Gesetz der Schöpfung. Was allem und allen Menschen gemeinsam ist, kann nicht typisch sein für eine ganz bestimmte Gruppe oder für den einzelnen in ihr! Die Lehre von *der Illusion des ICH* besagt folglich schlicht und einfach, daß es im Rahmen aller materiell-körperlichen und geistigen Daseinserscheinungen auch des Menschen nichts gibt, was man eine eigenständige ICH-Wesenheit oder eine wesensmäßig selbständige Persönlichkeit kennen könnte. Die Sinnenhaftigkeit unseres Körpers und unseres Verstandes gaukelt uns das in Gestalt unseres kleinen ICH nur vor.

Die unausweichlichen Folgen dieser Tatsache lassen sich in den folgenden drei Feststellungen zusammenfassen:

1. Wie soeben gesagt: *Die Selbsteinschätzung »Ich bin eine im Wesen eigenständige Persönlichkeit« ist falsch*. Sie beruht auf dem aufgeblähten Selbstschätzungstrieb unseres ICH. Auch der Mensch ist nur *eine* von unendlich vielen Erscheinungsformen der einen und einzigen Schöpfungskraft, des All-Einen oder des großen SELBST, das alles Existierende umschließt. Dieses große, gewaltige All-Eine gehört niemandem. Es ist dem menschlichen Verstand unfaßbar. Die Erkenntnis ist ihm verschlossen, da wir *in Wahrheit kein echtes ICH haben*. So wie die Wolken unseren Augen den Blick auf Sonne und Mond nehmen, so daß sie fälschlicherweise für uns nicht da sind, so nimmt uns unser in seinem Gefängnis eingekerkerter Verstand den Blick auf die All-Einheit allen Seins und damit auf die wahre Nicht-Ichheit unserer Natur, um diesen buddhistischen Ausdruck zu gebrauchen. Dieses große SELBST ist nichts anderes als der allumfassende Geist, der dem All-Einen wesensmäßig innewohnt und es steuert.

2. Wenn alle Menschen auch unterschiedslos die eine und einzige Lebenskraft als tiefste Quelle ihrer Existenz in sich tragen, so gibt es doch heute schon mehr als fünfeinhalb Milliarden Menschen auf unserem Stern. Sie unterscheiden sich sehr wohl voneinander als einzelne Menschen. *Jeder einzelne von ihnen hat seine persönliche Individualität.* Jeder einzelne hat – so lehrt der Buddhismus – *die Buddhanatur in sich.* Das gleiche sagt der Christ: Jeder trägt den göttlichen Funken in sich. Auch im »übelsten« Menschen ist diese Buddhanatur, wenn auch noch so verdeckt. Um den schon erwähnten und den Kern der Dinge treffenden Vergleich zu wiederholen: Es ist der Tropfen Wasser des individuellen Lebens aus dem unendlichen Ozean des uns allen gemeinsamen Lebens, der Urschöpfungskraft, des All-Einen, des großen SELBST. Es ist das höhere Selbst in uns. Dieses Selbst ist nichts anderes als die individuelle Seele, also unsere persönliche Lebensenergie oder Lebenskraft mit der ihr innewohnenden geistigen Fähigkeit. Es ist Seele–Geist oder die Geist-Seele unseres persönlichen Daseins.

3. Von der Kraft dieser Energie ist unser Körper belebt, solange er »beseelt« ist und nur so lange. »Stirbt« der Leib, so verfällt er in Kürze. Seele–Geist lösen sich von ihm und kehren zurück in die rein geistige, unserem Verstand verschlossene Welt. *Damit verlöscht unser ICH,* das ich groß schreibe, weil es uns so wichtig vorkommt. Dabei ist es doch nur unser kleines selbst. *Die Illusion des Menschen seiner Identität mit seinem Körper und nicht mit seinem Geist ist die Ur-Sünde.* Denn das kleine und so groß empfundene ICH, das kleine selbst, blockiert die in jedem von uns angelegte Wahrheit, weil es uns von unserem höheren Selbst und damit vom großen SELBST trennt. Aus dieser Ursünde erwächst alles falsche Denken und Handeln. Nicht umsonst ist diese Erkenntnis geradezu der Angelpunkt der buddhistischen Lehre von der Wirklichkeit. Das Bild, das wir als vermeintli-

che Realität von uns selbst haben, ist die schwere Hypothek, die wir ständig mit uns herumschleppen.

Ja, es ist *der in uns selbst versteckte Feind unserer Befreiung* von dem illusionären Weltbild und von unserer Lösung von ihm, von der »Erlösung«, wie wir noch sehen werden. Denn das höhere Selbst muß lernen, das kleine selbst zu kontrollieren und zu steuern. Die entscheidende Frage ist immer: Werden wir beherrscht von den unteren: unseren animalischen, niedrigeren, egozentrischen Schichten in uns oder von den höheren: den mitfühlenden, den geistigen? Wer erkennt, daß der Glaube an die überragende Bedeutung des ICH nichts ist als eine Illusion, ja eigentlich eine alberne Idee, der weiß es als die wahre Ursache des Übels und der meisten unserer Leiden richtig einzuschätzen.

In diesen drei Feststellungen ist die Position des Menschen in dieser Welt so wiedergegeben, wie sie die buddhistische Lehre sieht. Das sind keine Glaubenssätze, sondern Tatsachen, die uns diese Weltbetrachtung lehrt, die sich um die unverfälschte Wirklichkeit unseres Daseins bemüht. Jeder einzelne möge sie selber kritisch durchdenken und prüfen. Er möge sich dabei bemühen, ihm liebgewordene Vorstellungen von dieser kritischen Bemühung nicht auszunehmen. Zu diesen drei Feststellungen noch einige notwendige Anmerkungen:

- In der buddhistischen Literatur der verschiedenen Länder und Richtungen werden *viele Namen benutzt für die letzte Kraft* oder Wesenheit, die große Kraft, das große Gesetz. Ich brachte schon das große SELBST, das All-Eine, die Urenergie, den allumfassenden Geist, die absolute Einheit (Sanskrit: sunyata). Unser Begriff von »Gott« ist im buddhistischen Sinn das namenlose Absolute, aus dem das Universum geboren wurde mit allem, was da existiert. Buddhistische Schriften sprechen so wie Buddha selbst oft vom »Ungeborenen« oder »Nichterschaffenen«, »Nichtgeformten«, weil es vor aller Zeit schon da war. So erklärt sich auch der Ausdruck »Leere«, der anfangs oft Verwirrung stiftet, der das Leer-sein von jeglicher Unterscheidung oder Getrenntheit betont, ähnlich wie »das Nichts« (japanisch »mu«), »die Fülle des Nichts«, »das Nichts der Fülle« oder »das Jenseits des Denkens« (englisch »Nomind«). Die Hindus sprechen von »brahman« als der absoluten Wirklichkeit und von »atman« als dem ihr innewohnenden Geist. Uns westlichen Menschen liegt der Begriff Geist zunächst viel näher: der »eine kosmische Geist«, »die Wesenheit des Geistes« (englisch »Onemind«) und ähnliche Umschreibungen. Der große Chinese Laotse spricht vom TAO, der Meister Eckehart von der »Gottheit jenseits Gottes«. Warum diese verschiedenen Wortbegriffe für ein und denselben Wesensgehalt? Die Antwort ist einfach: Weil das SELBST jenseits unserer normalen menschlichen Denkmöglichkeit liegt. Die anfangs verwirrende Verschiedenheit der Bezeichnungen kann später zur Klärung des zunächst so schwer Begreiflichen nur hilfreich sein.

● Noch ein Wort *zum Problem unserer »Seele«*. Die Theravada-Schule hat in der Nachfolge des frühen Hinayana-Buddhismus eine individuelle Seele geleugnet. Das hat Buddha niemals gelehrt! Es handelt sich hier offensichtlich um eine falsche Auslegung später Interpreten seiner Lehre (ganz ähnlich wie das analog auch in der Geschichte des Christentums vielfach zu beobachten ist). Der indische Geist neigt nun einmal zum Intellektualisieren und zum Spielen mit Worten und Begriffen. Kann uns das in unserer Lebenspraxis helfen? In dieser Welt, in die uns unser Schicksal hineinstellte, haben wir uns zu bewähren. Und hier erleben wir uns, jeder für sich, als Einzelmensch, als Individiuum. Auch wenn jegliches Leben aller Lebewesen aus ein und derselben schöpferischen, uns unerklärlichen

Lebenskraft entspringt (Vergleich Tropfen – Ozean!). So wird auch in allen Schulen des weitaus weiter verbreiteten Mahayana-Buddhismus diese als »Mönchsweisheit« bezeichnete Betrachtung abgelehnt. Wir können sie vergessen. Ich führte diesen Punkt hier nur an, um einer möglichen Verwirrung vorzubeugen.

- Nun erhebt sich auch die Frage, *ob jeder von uns eine eigene, auf ewig unsterbliche Seele habe.* Die Antwort darauf dürfte schon jetzt klar sein. Wir werden uns damit indessen in einem späteren Kapitel noch genauer befassen.

4. Schlußbemerkung

> »Blühen und Welken
> im großen Meer des Lebens.
> Lautloses Wogen.
> Unnennbar und namenlos
> sinkt alles in großes Nichts.«
> Waka von Marie-Luise Stangl

Wir haben uns nun die drei Kennzeichen des Seins klargemacht, die wir getrost als die Grundlage der buddhistischen Lehre von der Erfassung der Wirklichkeit unserer Existenz bezeichnen können. In wenigen Sätzen lassen sich *die inneren Beziehungen dieser drei geistigen Säulen des Buddhismus* aufzeigen:

- Nach dem Gesetz von Ursache und Wirkung sind alle Dinge dieser Welt in ständigem Wandel. Also ist nichts von Dauer. Alles ist vergänglich (anicca).
- Daher ist alles Existierende unvollkommen und insofern mangelhaft. Besonders für uns Menschen erwächst daraus das allgegenwärtige Leiden (dukkha).
- Nun glaubt der Mensch in seiner Illusion und Selbstüberschätzung an seine einmalige Wichtigkeit und Bedeutung.

Er glaubt, daß er seiner ursprünglichen Natur nach eine individuell eigenständige, echt in sich selbst unabhängige Persönlichkeit sei. Das ist aber nicht so. In Wahrheit ist das Fehlen einer eigenen, immer fortbestehenden Substanz, ist die Nicht-Ichheit sein Schicksal (anatta).

So verursacht ihm der ständige Wandel und die absolute Vergänglichkeit alles Irdischen (anicca) nichtendendes Leid (dukkha). Er erlebt es immer wieder von neuem in seinem ICH. *Es gilt also, die wirklichkeitsfremde Illusion von der einmaligen Bedeutung des ICH (anatta) zu überwinden*, sich wenigstens Stückchen um Stückchen von ihr zu befreien. Dann bricht die uns quälende Verbindungskette auf. Dann können wir auch das Leiden überwinden.

Die wohl tiefste buddhistische Wahrheit steckt in dieser Erkenntnis, daß es eine wirkliche Persönlichkeit im Sinne eines wahrhaft eigenständigen ICH nicht gibt, nicht geben kann. Das müssen wir in unserer menschlichen Tiefe begreifen, nicht nur oberflächlich in unserem bewußten Denken. Und das ist schwer. Eine große Hilfe dazu kann es sein, sich immer wieder deutlich zu machen: Wir haben es in dieser Welt in Wahrheit nicht mit Realitäten zu tun, sondern immer nur mit äußeren Erscheinungen. Denn wir leben in der begrenzten Welt, im Gefängnis unserer Sinne, unseres Verstandes, unseres ICH. So ist es unsere Aufgabe, die Vergänglichkeit, das Leid und die uns ständig täuschende Illusion des ICH als Tatsachen zu begreifen und mühsam zu lernen, uns danach zu richten. Die Folgerungen, die sich aus dieser Forderung an uns selbst ergeben, werden wir nun im weiteren Verlauf dieses Buches genauer betrachten.

DIE VIER EDLEN WAHRHEITEN

»Wer aus der Wahrheit ist, der höret
Gottes Stimme.«
Johannes 8.47

Das Gesetz, das Buddha erkannte und predigte (dharma), ist im Grunde in seiner Summe in den vier Edlen Wahrheiten enthalten. Sie werden in dem plastischen Bild des sich ständig drehenden Rades des Gesetzes als der Mittelpunkt, als die Nabe dieses Rades bezeichnet. Die vier Edlen Wahrheiten zeigen uns den Weg auf, der uns *von dem allgegenwärtigen Leid hinführt zu seiner schließlichen Überwindung* und damit zu unserer endgültigen Befreiung oder Erlösung.

Wer diese Befreiung ernsthaft sucht, muß *diese vier Edlen Wahrheiten in ihrer Tiefe verstehen*. Sonst bleibt er für immer verhaftet in der verwirrenden Wildnis unserer Lebensillusionen. Es ist, wie wenn man einen großen unbekannten und ganz dunklen Raum betritt und ein helles Licht in seiner Hand hält: Die undurchsichtige Dunkelheit weicht, und der Raum mit seinen vielen Ecken und Nischen erstrahlt in der Fülle des Lichts. Es ist das Licht der geistigen Klarheit, die das Dunkel der Unwissenheit durchstrahlt. Und in diesem Licht klärt sich weitgehend alles andere, was in der allgemeinen Dunkelheit verborgen war.

Die vier Edlen Wahrheiten lassen uns die Tatsache des Leidens und seine Natur verstehen. Sie lassen uns die wahre Ursache des Leidens erkennen. Sie zeigen uns auf, wie das Leiden beendet werden kann. Und sie lassen uns den Weg erkennen, der uns zu diesem Ziel, zur Überwindung des Leidens führt.

1. Die Wahrheit vom Leiden

»Hier leiden wir die größte Not,
und vor uns steht der bitt're Tod . . .«
Kölner Gesangbuch 1628

Sie erinnern sich an das kürzlich besprochene zweite Kennzeichen des Seins: die Tatsache vom Leiden (dukkha). Dieser fundamentalen Tatsache ist unser ganzes Leben unterworfen. Niemand kann sie wegdisputieren. Ist es da zu verwundern, daß sie als die erste der vier Edlen Wahrheiten den *Ausgangspunkt für die Wirklichkeitslehre Buddhas* darstellt? Was ich in diesem vorletzten Kapitel ausgeführt habe, brauche ich hier nicht zu wiederholen. Jedoch empfehle ich Ihnen, das dort auf wenigen Seiten Dargelegte jetzt noch einmal aufmerksam zu durchdenken. Denn diese Tatsache, diese Wahrheit ist das Fundament für die folgenden Ausführungen. Im besonderen bitte ich Sie, die eindrucksvollen Worte Buddhas selbst auf sich wirken zu lassen, mit denen er seinen Schülern die auffallendsten und ganz verschiedenen Gesichter des Leidens quer durch unser ganzes Leben in Erinnerung ruft.

Es handelt sich um Geburt, Krankheit, Alter und Tod, um die vielerlei Aspekte von körperlichem und seelischem Schmerz, um zwangsweise Vereinigung mit Ungeliebtem, um Getrenntsein von lieben Menschen und Dingen, um Nichterfüllung von Wünschen. Wie könnte ein Leben unter diesen Umständen »glücklich« genannt werden? *Ein Leben ohne diese Leiden gibt es aber nicht.* Also hat der Satz »Das Leben ist Leiden« seine volle Berechtigung.

Natürlich *ließe sich gegen diese Feststellung einwenden*:

Auch wenn das Leben keine reine Freude sei, so bringe es auf der anderen Seite doch zu viel Freude und Glückhaftes mit sich, um es schlechtweg als Leiden abzutun. Nun leugnet Buddha keineswegs die erfreulichen Seiten des Lebens, das gerade durch sie seine Lockung ausübt. Aber sein Maßstab reicht entschieden tiefer: Das wahre Glück setzt Beständigkeit voraus. Indessen sind Freude und glückhafte Zustände jeder Art vorübergehender Natur (anicca). Sie tragen die Wurzel des Leids, von Tränen, Schmerz und Kummer, schon wegen ihrer Vergänglichkeit in sich. Trauer und Abschied sind unvermeidlich. So sagt Buddha einer ob des frühen Todes ihrer geliebten Enkelin verzweifelten Frau: »Wer hundert ihm liebe Dinge hat, hat hundert Leiden ... Wer nichts Liebes hat, der ist frei von Leiden.« So gesehen trägt jede seelische Bindung den Keim des Leids in sich. Ja, man kann daher zugespitzt sagen: Freude und Leid sind im Kern dasselbe. Hat also der Satz »Das Leben ist Leiden« nicht seine von Natur aus gegebene grundsätzliche Berechtigung?

Leiden und Schmerz sind nichts Eindeutiges. Sie verweisen auf Zusammenhänge und Dimensionen, die das bloß Körperliche, Medizinische ebenso wie die oberflächlich-seelische Seite überschreiten. *Was ist der tiefer liegende Sinn des Leidens?* Es ruft uns auf, nach der Botschaft zu fragen, die es für den Suchenden in sich trägt. Wer den Ruf hört, der nimmt ihn auf und forscht nach dem, was er sagen und bewirken will.

2. Die Wahrheit von der Entstehung des Leidens

> »Der Grund, warum ich großes
> Übel leide, ist, daß ich ein ICH
> habe. Hätte ich kein ICH, welches
> Übel gäbe es dann noch?«
> Laotse
> (6. Jahrhundert v. Chr.)

So steht die Frage vor uns: *Was ist die letzte Ursache, was ist der tiefere Grund für unser Leiden?* Alles, was in dieser Welt geschieht, ist das Ergebnis des unermeßlichen Zusammenwirkens von Vorbedingungen und Ursachen. Unser Körper ist dem ebenso unterworfen wie unser Geist, und beide verändern sich fortgesetzt mit ihnen. Unser Denken ist sich des wahren Grundes für die gesetzmäßige Aufeinanderfolge der Dinge nur selten bewußt, wonach jegliches Tun seine Folgen ebenso wie seine Ursachen haben muß. So füllen das falsche Denken und die Unwissenheit, die es in sich trägt, unseren Verstand. Daher streben wir Menschen mit blindem Eifer und ruhelos nach Dingen, die in Wahrheit unerreichbar sind.

Soeben sagte ich: Wir streben mit blindem Eifer und ruhelos . . . Da sind wir schon *in der Ursachenkette*, die die buddhistische Lehre deutlich herausstellt: Am Anfang steht das Streben, wie ich es eben nannte, das heißt – ohne daß wir uns im allgemeinen darüber klar wären – unser innerer Antrieb. Wie bezeichnend, wie viele Worte unsere Sprache dafür gebildet hat. Wie sprechen von Trieben, Triebfedern, Wünschen, Strebungen, Begierden, Gier, Neigungen oder Interessen. Heute ist besonders das Wort »Motiv« modern mit den hundertfältigen Bemühungen der Motivforschung. Ich persönlich bevorzuge das schlichte Wort »Antriebskräfte«. Es drückt ganz unmittelbar das aus, worum es geht: Wir werden von der in uns lebendigen Kraft »angetrieben« und das unausgesetzt, solange der in uns sitzende Stachel eines unerfüllten Wunsches uns sticht. Das Schlimme dabei ist, daß wir uns dessen bei weitem nicht so bewußt sind – wenn überhaupt –, wie wir das glauben. Es ist der Primat der Interessen in uns, den ich an anderer Stelle genauer beschrieben habe.[8]

Die buddhistische Lehre sagt klar: *Am Anfang stehen Begehren und Wunsch.* Aus dieser Antriebskraft folgt das Denken, aus dem Denken das Tun und aus dem Tun das Leid. Wunsch, Denken, Tun und Leid sind wie ein sich endlos drehendes Rad. So folgt nach dem ehernen Gesetz von Ursache und Wirkung aus jedem Wunsch früher oder später unweigerlich die Wirkung, die Folge des Leidens. – Umgekehrt: Denken Sie nur an die befreiende Wirkung der ehrlichen Feststellung »Das brauche ich nicht«. Befreiend, weil es jetzt zu keinerlei Streben danach und zum Nachdenken darüber und zu entsprechendem Tun kommt. Mit dem Ergebnis: Frieden und Ruhe des Herzens bleiben gewahrt.

Die Wurzel allen Leids liegt im heftigen Verlangen, im bohrenden Drängen der Wünsche, der Begierden, des Habenwollens. Der Durchsetzungswille des Begehrens sucht mit aller seiner Kraft das zu bekommen, was ihm wünschenswert ist. Das begegnet uns in hunderterlei Gestalt:

- Die Sinnlichkeit, das sinnliche Verlangen und die sinnliche Begierde sind ein wesentlicher Teil der menschlichen Natur. Denn auch wir Menschen sind primär Gefühls- und Erlebniswesen.[9] Unsere Sinnesorgane brauchen nur durch Fühlen, Sehen, Hören, Riechen und Schmecken irgendwie gereizt zu werden, und schon erwacht mit dem bloßen Kontakt unser Verlangen. Die triebhaften Antriebe der physischen Instinkte stehen allzeit bereit und geben dem Verlangen dann seine oft unwiderstehlich erscheinende Kraft.

- Hartnäckig hängen die Menschen an einem Leben von Wohlhabenheit und persönlicher Geltung, von Bequemlichkeit und Vergnügen, von ständigem Anreiz zu angenehmem Zeitvertreib und egoistischer Befriedigung. Und sie wissen und bedenken nicht, daß eben das der Grund ihres Leidens ist.

- Der unaufhörliche Hunger auf jeglichen Genuß, von dem wir sehen oder hören, bewirkt die falschen Gewohnheiten unseres Tuns. Dieser Hunger geht ja weit hinaus über das Maß der Befriedigung, das unser Organismus zu seiner Selbsterhaltung nötig hat. In seinem Gefolge bilden sich dann die unzähligen und unbeschreiblich vielfältigen Spielarten der Selbstsucht mit ihrer Gier, der körperlichen und geistigen Trunkenheit, falscher Stolz und primitiver Dünkel, Verachtung und widerwärtige Schmeichelei, Betörung und Eifersucht, Ärger, Groll und Haß bis hin zu seelischem und körperlichem Siechtum mit allen nur denkbaren Variationen des Unglücklichseins.

- Die gesteigerte Begierde wird nur zu leicht zu Gier und Sucht und zur schlimmsten »Leidenschaft«. Dieses Wort gibt uns den Schlüssel zu dem, was geschieht: Wir »erleiden« die Leidenschaft. Wir sind ihr hilflos preisgegeben.

- Alles das ergreift nicht nur die eigene Person, es bringt so oft auch anderen Menschen Leid und Not und führt wiederum sie zu falschem Tun. Es ist wie Gift, das die ganze Umgebung verseucht.

- Die menschlichen Begierden sind endlos. Wer sie unkritisch zu befriedigen sucht, erntet gesteigerte Unzufriedenheit. Sein Elend wird vervielfacht. Denn das Mehr-haben-Wollen hat nie ein Ende. Es ist wie der Kampf gegen Windmühlen. Je mehr Wünschen und Wollen in einem ist, um so problemreicher, schwieriger und schwerer zu ertragen gestaltet sich sein Leben. Gar mancher ruiniert es in dem von vornherein vergeblichen Versuch, alle seine Wünsche zu erfüllen und all sein Begehren zu sättigen.

Die buddhistischen Schriften erwähnen oft *die drei Wurzeln des Leidens:* Begierde oder Gier, böses Denken mit seinem Haß (im weitesten Sinn zu verstehen) und schließlich geistige Blindheit aus egoistischer Verblendung. Die Gier wächst aus der Befriedigung von Wünschen, die nach mehr verlangen. Böses Denken und Haß kommen aus fehlender Befriedigung von Wünschen und Begierden. Und die Verblendung ist das Ergebnis des falschen Denkens, dessen tiefste Wurzel wir uns schon im vorigen Kapitel (anatta) klargemacht haben.

Indessen lohnt es sich, *diesem falschen Denken hier noch etwas nachzuspüren.* In seiner Verblendung läßt es dieses flüchtige Leben als das wirkliche Leben in der wirklichen Welt erscheinen und erkennt die große Täuschung nicht. Daher bleibt es stets in den falschen Gedankenbahnen verhaftet, ohne den rechten Ausblick. Es bleibt gefangen in seinem Bündel von Selbsttäuschung und Verwirrung. Es klebt zäh am kleinen ICH und führt unablässig zu falschem Tun. So schafft sich das Denken in seiner Verblendung und Begier aus seinen eigenen Erinnerungen, Ängsten und seinem Wehklagen seine eigenen Lebensumstände, denen es sich ergibt. Wie könnte nach dem Gesetz von Ursache und Wirkung daraus etwas anderes erwachsen als das Elend des Leidens, in das man geradezu hineinstolpert: Schmerz und Angst, Gram und Jammer? Fazit: Die Begierden, die Irrungen des Denkens und die daraus folgenden Irrungen des Handelns fließen zusammen in die Quelle allen Unglücks.

Und was steht hinter allen diesen Erscheinungen als der letzte Kern, als der tiefste Grund des Leidens, des sich unaufhörlich drehenden Rads von Begehren, Denken, Tun und Leid? Es ist doch *nichts anderes als das ICH, das Ego.* Ich habe es schon einige Male wie am Rande ausgesprochen. Und jetzt kann ich getrost feststellen: Es ist der zentrale Punkt für alle unsere Misere, für all unser Leiden. Denn die unersättliche Begier des Habenwollens ist sein Kern. Der eng in seinem ICH Verhaftete kennt nur das, was sein eigenes ICH angeht, und nichts anderes. Er bezieht alles, was geschieht, sofort auf sich selbst. Bei jeder anstehenden Tätigkeit fragt er sich: »Was habe *ich* davon?«, und wenn sie ihm nicht irgendeinen persönlichen Vorteil einbringt, ist sie ihm nicht der Mühe wert. Einem anderen zuliebe etwas zu tun ist unnütz oder gar eine Dummheit!

Natürlich sind wir alle miteinander *von Natur aus Egoisten*. Denn unsere individuelle Seele ist in dieser Welt gebunden an unseren Körper und dessen Abhängigkeit von den Sinnen. Daher muß sich jeder von uns subjektiv als der Mittelpunkt der Welt vorkommen. Was nichts daran ändert, daß jeder objektiv gesehen ein ganzes 5,4milliardstel der heutigen Menschheit auf unserem winzigen Stern darstellt. Und der ist nur einer aus Milliarden anderer allein in unserem Sonnensystem. Und das wiederum ist nur eines aus heute nachgewiesen mehr als zwanzig Millionen anderer, wahrscheinlich mehr als hundert Millionen anderer im Universum. Für uns unvorstellbar! Welche Überheblichkeit und Anmaßung, welcher Verlust an Wirklichkeitssinn, wenn ich mich in dieser meiner Winzigkeit als das Zentrum allen Geschehens wähne und mich von meinem Egoismus in seinen hundert Formen leiten lasse!

Das ist *die Grundwahrheit des Buddhismus:* Das subjektiv so starke und in Wahrheit doch so kleine, ja winzige ICH, der Glaube an die letzte Wichtigkeit und Wirksamkeit des ICH, *das unablässige Begehren des ICH* – das *ist die wahre Ursache allen Übels und aller unserer Leiden.* Gegen Ende des ersten Kapitels habe ich in drei Feststellungen die Folgerungen aufgeführt, die sich aus der falschen Einschätzung unseres ICH (anatta) ganz natürlicherweise für jeden von uns ergeben. Der Egoismus ist mit allen seinen Auswirkungen in der Tat die größte negative Kraft in der Welt. Erst wenn Habenwollen und Habsucht (»die Sucht zu haben«) überwunden werden kann, wird das menschliche Leid zum Ende kommen. Erinnern Sie sich an die Worte des weisen Laotse, die ich an den Kopf dieses Kapitels gesetzt habe?

Der Mensch in dieser Welt denkt zuerst immer an sich, an sein ICH. Er hat gar oft kein oder nur wenig Verständnis und Mitgefühl für das fremde Leben in Pflanzen und Tieren oder seinem Mitmenschen. Statt dessen gute, positive Seiten zu sehen, konzentriert er sich auf seine schlechten, negativen. Er hadert und streitet über nebensächliche Dinge, die ihm persönlich nicht gefallen, zu seinem eigenen Schaden und Leiden. Weil sein Leben vom Habenwollen und von der Begier gelenkt wird, ist er niemals zufrieden. Der Arme quält sich ob seiner finanziellen Begrenzung und täglichen Schwierigkeiten, der Reiche ob seiner Sorgen um seine Reichtümer. Immer gibt es Probleme zwischen Mann und Frau, zwischen Eltern und Kindern wegen der Mißachtung der Rechte des anderen und der Vernachlässigung der Pflichten ihm gegenüber. Und jeder jammert über seine eigenen Schwierigkeiten und Leiden und erhofft sich Verständnis und Mitgefühl bei den anderen. Diese sind aber auch in erster Linie mit sich selbst beschäftigt so wie auch er.

Die Ursache für persönliche Fehlschläge und Schwierigkeiten sucht der in sich Verklemmte immer außerhalb seiner selbst. Sein ihm kostbares ICH darf ja keinen Fehler gemacht haben! So ist das eigene Versagen grundsätzlich von anderen verschuldet: von Vater oder Mutter oder beiden durch ihre falsche Erziehung, von einem Lehrer oder dem Lehrherrn, vom Nachbarn oder vom Arbeitskollegen, vom Lebenspartner oder dem eigenen Kind. Und gewisse moderne »sozialwissenschaftliche« Lehren verkünden diese frohe Botschaft vom Verschulden der anderen am eigenen »Unglück«. Wie beruhigend ist das doch! Wie stärkt es die eigene Position: das ICH! Für sich selbst ist man ja auch viel weniger verantwortlich als die anderen und ganz besonders die »Gesellschaft«, wen und was immer man sich darunter vorstellt. Überall, wo es in ihr für das eigene ICH etwas zu holen gilt, ist sie zuständig. Das ICH regiert.

Selbstredend darf für den Egoisten auch nicht wahr sein, daß er bald nur noch *mehr oder weniger gestörte Beziehungen zur Umwelt* haben kann. Wer fühlt sich schon beim Egoisten wohl, bei dem man sich nur ausgenützt oder gar mißbraucht vorkommen muß? Ob das in der Schule oder Ausbildung, in der Ehe oder am Arbeitsplatz geschieht oder irgendwo sonst, wo Menschen aufeinandertreffen und in der einen oder anderen Form zusammenwirken müssen? Kontaktstörungen bis zu weitgehender Isolierung sind die Folge. Und die den anderen zugeschobene Schuld daran kann die Isolierung bloß verstärken. Sie kann auch nur zur Beschränkung des geistigen Horizonts beitragen. Also sind Enttäuschung und Unzufriedenheit bis zu Lebensüberdruß unausbleiblich. Das ist der Preis, den der Egoist für seine Selbstsucht noch zusätzlich zu bezahlen hat. Er kann gar nicht glücklich sein.

Das buddhistische Gesetz (dharma) trägt den Zweck und die Ordnung des Lebens in sich. Wenn ich dagegen verstoße, dann muß ich unweigerlich leiden. Die große Ordnung erfaßt das ganze Leben – ohne irgendeine Ausnahme. Sie läßt uns unsere »Pflicht« wissen. Erfüllen wir sie nicht, dann läßt sie uns mit »Schuld« zurück, das heißt, wir bleiben etwas »schuldig«. Dazu braucht es keinen Gesetzgeber. Das große Gesetz trägt seine Autorität in sich selbst (Karma).

Es ist das, was *in unserem Kulturkreis Platon in seiner Ideenlehre* verkündete, die in Gestalt des »Gewissens« in die christliche Lehre einging: Jeder trägt a priori, das heißt von allem Anfang an, die Idee des Vollkommenen: des Wahren, des sittlich Guten und des Schönen in sich. Sowenig sich das Wahre, das Rechte und das Schöne vom unvollkommenen Menschen in dieser unvollkommenen Welt verwirklichen läßt, so sehr sind sie doch die geistige Richtschnur eines jeden Menschen. Zu jeder Stunde ist diese Stimme des Gewissens in ihm lebendig, auch wenn er sie vorübergehend zu überhören oder zu übertönen vermag. Es ist das Gesetz, uns als die höchste richterliche Instanz eingeboren. Wie das buddhistische Dharma trägt es seine Autorität in sich selbst.

Und genau wie dieses erklärt das Gewissen das kleine ICH des Menschen, das sich ungebührlich aufbläst und der Herr des Geschehens sein will, für schuldig und legt ihm die Sühne auf nach dem ehernen Gesetz von Ursache und Wirkung: Das ICH ist zum Leiden verurteilt.

3. Die Wahrheit von der Überwindung des Leidens

> »Merket wohl, alle nachdenklichen Gemüter: Das schnellste Roß, das Euch zur Vollkommenheit trägt, ist Leiden ... Nichts ist so gallebitter wie leiden und nichts so honigsüß wie gelitten haben.«
> Meister Eckehart (1260–1327)

Die Wahrheit von der Entstehung des Leidens stellt klar heraus, daß seine Ursache im ständigen menschlichen Begehren und in der geistigen Verblendung liegt, das heißt im Nichterkennen der buddhistischen vier Edlen Wahrheiten. Beide Ursachen sind verankert in unserem kleinen und von uns fälschlicherweise als so wichtig empfundenen ICH. Wenn das so ist, dann ergibt sich die zwingende Folgerung: Mit der Überwindung, mit der Aufhebung von Begier und Verblendung, mit der Überwindung, der Abtötung, dem Aufgeben dieses ICH muß das Leiden sein Ende finden.

Das ist der buddhistische Weg: Mit der Reinigung des ICH oder des kleinen selbst durch das höhere Selbst (die Buddhanatur, christlich: der göttliche Funke in uns) werden immer mächtiger die Ausstrahlung, das Licht des großen SELBST, also die schließliche Erkenntnis des Allgeistes oder der All-Energie (christlich: »Gott«), woher unser kleines selbst als winziges Teilchen kommt (Vergleich Tropfen – Ozean). Die Vereinigung mit ihm (Nirwana) »erlöst« uns, das heißt, sie befreit uns endgültig von jedem Leid und damit – ich greife einem späteren Kapitel voraus – auch von dem schmerzlichen Kreislauf der sonst endlosen Wiederkehr von Geburt und Tod. Hier geht es nun in erster Linie um die Aufhebung, die Tilgung des Begehrens als der Wurzel allen Leids. *Natürlich sind nicht alle Wünsche zu verurteilen.* Der aus der Tiefe kommende Erkenntnistrieb, der unablässig nach der Wahrheit und nach dem Rechten strebt und ihnen zur Durchsetzung verhelfen will, hat gewiß seine überragende Bedeutung. Entscheidend ist immer die Frage: Kommt ein Wunsch aus meinem niedrigen oder meinem höheren Selbst? Will ich das Gute nur deshalb tun, um mein ICH zu stärken, Verdienste einzusammeln, oder will ich es wirklich nur um seiner selbst willen tun, ohne einen Zweck zu verfolgen? Was in mir ist es, das mich da bewegt und »antreibt«? Diese selbstkritische Frage klärt gar oft das Motiv unseres Denkens, und sie sorgt für eine deutliche Antwort.

Begier, schlechtes Wollen und Verblendung wachsen aus unreinen Gedanken. Wann und wo sie auch immer aufkommen – es gilt, sich an Buddhas Lehre vom guten Willen und der liebevollen Güte zu erinnern. Wenn der Geist gefüllt ist mit reinen, selbstlosen Gedanken, kann kein Platz mehr sein für ungebührliches Begehren und weltliche Leidenschaften. Dann können uns die Wegweiser des Achtfaches Pfades – oder auch des »Mittleren Weges« genannt – dahin führen, das für uns Richtige zu tun. Dann wird der Weg glatt und unsere Reise friedlich sein. Ist der Geist unrein, wird er uns auf holprigem Weg stolpern lassen und schmerzhaft zu Fall bringen.

So wie diese drei Triebkräfte in uns lebendig sind, die uns unweigerlich zum Leiden hinführen, so sind es die gegenteiligen drei, die uns frei machen: *Uneigennützigkeit, liebevolle Güte und weise Erkenntnis*. Beobachten wir ganz sachlich im Alltag das Wirken der einen oder der anderen Triebkräfte in uns, ohne sogleich zu werten: zu tadeln oder zu loben! Es wird uns bald zu größerer Klarheit verhelfen und unsere Beziehungen zu anderen Menschen beträchtlich verbessern lassen.

Wer das Leid überwinden, es aufheben will, sollte als erstes *seine inneren Beziehungen zu ihm auf eine realistische Basis stellen*: Das Leid ist naturgegeben. Es ist untrennbar mit unserer irdischen Existenz verknüpft. Es ist selbstverständlicher Teil des Lebens. Wir sind ihm ausgeliefert. Keiner bleibt von ihm verschont, auch wenn es von außen oft so scheinen mag. Kein einziges Wesen und kein einziger Mensch kann dem ausweichen, was unser aller Schicksal ist: Alter, Niedergang und schließlich Untergang und Tod. Mit allen Wesen dieser Welt teilen wir das Leid. Jedermann hat sich mit ihm auseinanderzusetzen. Daher brauche auch ich mich nicht wie von einem speziell auf mich gezieltem Unglück persönlich getroffen zu fühlen. Genausowenig wie von einem schweren Gewitter oder einer Naturkatastrophe, die jeden trifft.

Unserem westlichen Denken fällt das schwer. Denn wir empfinden das Leid als ein großes Mißgeschick, als Unglück, als eine persönliche Tragödie! Und warum? Weil uns unser ICH so unantastbar, so gleichsam heilig vorkommt, daß wir jeden echten oder vermeintlichen Angriff darauf so ähnlich wie eine persönliche Kränkung empfinden. Wenn uns ein Übel angetan wird, denken wir dann daran, daß es letzten Endes doch nur aus tiefster Unwissenheit kommt? Daß wir den Übeltäter eigentlich bedauern sollten?

Wenn wir im Sinn der buddhistischen Wirklichkeitserkenntnis anfangen, *die Dinge so zu sehen, wie sie wirklich sind*, dann löst sich unsere Ablehnung, unser Widerwille gegen die Gesetze überhaupt auf. Sie beherrschen unser Leben nun einmal, ob uns das im Einzelfall gefällt oder nicht. Dann bekommen wir auch Abstand zu dem, was die Welt an irdischen Reizen bietet. Wir spüren und erkennen bald, wie nur äußerlich, kurzlebig und oberflächlich die meisten davon sind. Und alle Abwechslung von einem zum andern kann uns nicht mehr so locken wie früher. Denn wir schauen durch den äußeren Schein hindurch auf das Wesentliche.

So lernen wir also und so können wir zutiefst verstehen, daß *dieses Leiden absolut unvermeidlich und ganz natürlich ist*. Jetzt können wir mit unserem Klagen darüber aufhören und mit dem doch sinnlosen Widerstand dagegen, der es nur noch schwerer ertragen läßt. Akzeptieren wir das Leid in dieser Weise, dann hört sein Stachel auf, uns zu stechen. Es wird seines subjektiven Übels entleert. Es rückt in eine höhere, objektive Ebene hinauf. Jetzt können wir auch jegliche fehlende Befriedigung mit unserem Leben als Teil des Leides in der Welt sehen so wie alle Unvollkommenheiten, die uns begegnen.

Viele versuchen, vor dem Leid zu fliehen. Auf vielerlei Art kann man das tun: durch Nicht-wahr-haben-Wollen, dadurch, daß man sich ständig in Abwechslungen stürzt wie Vergnügungen aller Art, prickelnde Erlebnisse und Abenteuer, Reisen, immer neuen Partnerwechsel usw. Weder Augen-zu-Machen und Verdrängen noch Weglaufen und Abschüttelnwollen, weder sich selbst zu bemitleiden noch andere der Schuld zu bezichtigen kann helfen. Das alles bringt nur noch mehr Leid mit sich. Denn es dient doch nur zur Selbsttäuschung. Es ist der von vornherein erfolglose Versuch, die wahre Wirklichkeit nicht wahrhaben zu wollen. Ihre klare Erkenntnis würde ja zu sehr schmerzen.

Aber: *Für die Wahrheit gibt es keinen Ersatz*. Sie ist in ihrer Kraft so »brutal«, daß sie sich allen Täuschungen, Fluchtversuchen und Widerständen zum Trotz am Ende doch durchsetzt. So bleibt es auch uns früher oder später, in diesem oder in einem anderen Leben, ob auf dieser oder in der geistigen Welt, nicht erspart, die wahre Bedeutung des Leidens für uns zu erkennen.

Es ist doch nur die Botschaft an uns, aufzuwachen. In vielen seiner Unterweisungen wies Buddha darauf hin, daß der Weg zur Erlösung nur frei werden kann durch das Loslassen von dem Begehren der Sinne dadurch, daß man es lernt, sich darüberzustellen. Das ist schwer. Denn das sinnliche Verlangen ist nun einmal ein wesentlicher Teil der menschlichen Natur. Es kann nur gelingen mit der tiefen Einsicht in die wahre Wirklichkeit des Seins und unseres Lebens. Eine große Hilfe kann dabei sein, sich klarzumachen: Zwar kommt der sinnliche Reiz von außen, aber die Reaktion darauf liegt ausschließlich in uns selber und unterliegt damit unserer Steuerung. Das kann der Schlüssel zur Aufhebung des Leidens sein.

Eben ist das Stichwort gefallen: *das Loslassen von dem Begehren in uns.* Das falsche Begehren in unserem Herzen lassen, Abneigung in allen seinen Formen bis hin zum Haß lassen, die bloß oberflächlichen Gedanken lassen. Wenn wir all das lassen können, dann strömen in uns ein das uneigennützige Denken an andere, liebevolle Güte, und unser Gehirn wird frei für die weise Erkenntnis der Wirklichkeit.

Lassen bedeutet, Wünsche, Hoffnungen, Gedanken loszulassen, die den Weg zur Befreiung versperren. *Lassen ist in der Tat der Schlüssel* dazu, das nahezu allgegenwärtige Begehren immer mehr zu schwächen und schließlich zum Versiegen zu bringen. Was ist schon in der äußeren Welt, was unser Begehren ein für allemal befriedigen könnte? Hundert neue Versprechen der Befriedigung bleiben hundertmal ohne die erhoffte Erfüllung. Nur wer sein Begehren lassen, fallenlassen, wirklich vergessen kann, sieht keinen Mangel mehr, dem es zu entfliehen gelte. Schon im letzten Kapitel erwähnte ich die befreiende Wirkung der Feststellung »Das brauche ich nicht«, wenn sie nur ehrlich ist. Dieser Verzicht schmerzt nicht. Da bleibt kein Leid zurück. Da ist vielmehr Sicherheit, Selbstvertrauen, Stärke. Auch von einer noch so guten Sache soll man sich lösen, wenn sie ihre Aufgabe erfüllt hat und nun zur unnötigen Last wird. Dann gilt es, auch sie zu lassen.

Lassen beginnt mit der Erkenntnis, daß das seitherige begehrliche Denken nicht in einem einzigen Fall wirkliche Hilfe gebracht hat. Daß es nichts anderes bewirkte als immer nur neues Leid. Das macht es leicht, sich von der Selbsttäuschung frei zu machen, die uns lange genug immer wieder erfolgreich gefoppt hat. »Ich will etwas haben«, »Ich will anerkannt, will gelobt werden«, »Ich möchte . . .«, »Ich will . . .« Was hat es gebracht? Hat es etwa zum wahren inneren Frieden etwas gebracht? Würde es dafür auch in der Zukunft etwas bringen können? Würde all das, was man von außen her zu sich heranholen wollte und will, dafür etwas beitragen können? Diesen Fragen wirklichkeitsnah nachzugehen bedeutet, den Anfang zu machen mit dem echten Lassen; den Weg zu beschreiten zu innerer Erfüllung und wahrem Frieden, den WEG zur Überwindung seines kleinen und seither so gewichtigen ICH.

Noch ein praktischer Rat, die Haftung am ICH zu mindern, die Lösung davon zu erleichtern: Geben Sie bewußt irgendeinem Ihrer Mitmenschen, der auf Hilfe angewiesen ist, eine echte Hilfestellung, wenn vielleicht auch nur eine kleine. Die Kraft, die Sie für diese gewisse Selbstüberwindung aufwenden, kommt bestimmt auf Sie zurück. Die innere Befriedigung darüber wird Sie zu weiterer Aktivität in dieser Richtung anreizen. Sie werden innerlich freier und froher werden. Und Ihr höheres *Selbst* wird das ICH mehr und mehr zu steuern lernen.

Wir alle ersehnen uns Frieden und Glück im Herzen. Das

fliegt uns nicht zu, und keiner kann es uns schenken. *Wir müssen es uns selbst erringen durch nicht endendes Bemühen.* Nur so kommen wir dem vollen Vertrauen in unser Geschick, Vertrauen in das große Gesetz (dharma) näher. Spüren wir, daß wir uns ihm ohne Vorbehalt anvertrauen können, dann kehren Ruhe, Frieden, Gleichmut, ja Freude in uns ein. Dann fängt unser Geist an, sich über das kleine ICH zu erheben und darüberzustehen. Dann überwinden wir das Leiden. Und dann können uns tiefinnere Heiterkeit und freudige Grundstimmung über die Mißlichkeiten unseres Daseins hinwegtragen. Betrachten wir sie als den Startpunkt für die lange Wegstrecke auf dem großen WEG zu unserer geistigen Befreiung! Kämen wir ohne diese Erkenntnis vom tiefen Sinn des Leidens je auf diesen WEG?

Sich so dem Leid mit wacher Seele zu öffnen heißt, seine Botschaft zu hören, daß es im tiefsten Grund wahres Heil in sich trägt. Das *läßt uns am Leiden wachsen und stark werden*, um stärker und reicher zu werden, als wir je zuvor waren. So wird das Leid wahrhaftig zum guten Freund. Denn es dient am Ende zu unserem Besten. Es führt uns auf den Weg zur echten Befreiung: daß das höhere *Selbst* in uns das kleine *selbst*, unser ICH, durch seine Überwachung und Steuerung mehr und mehr überwindet. – Auch hier kann ich mir einen Seitenblick auf das christliche Denken nicht versagen. Der Mystiker Meister Eckehart hat das gleiche erfahren und in seiner Sprache so zum Ausdruck gebracht, wie Sie es am Kopf dieses Kapitels gelesen haben.

4. Die Wahrheit von dem Weg zur Überwindung des Leidens (»Der Mittlere Weg«)

> »Der große WEG hat kein Tor.«
> Einführung zum Mumonkan
> (»Das torlose Tor«)

Um den ersehnten Zustand zu erreichen, wo es kein Begehren und kein Leiden mehr gibt, muß man den WEG gehen, der zur Erweckung führt. Er ist gekennzeichnet durch weise Erkenntnis in unserem Denken, durch Sittlichkeit in unserer Lebensführung und durch innere Sammlung für unsere Geistesschulung. Zu dieser Erweckung (oder »Erleuchtung«) führt uns *der Achtfache Pfad des Buddha*, so genannt, weil er acht Stufen oder Pfade umfaßt. Wir werden sie eine nach der anderen im folgenden Teil dieses Buches genauer betrachten.

Dieser Weg wird auch *»Der Mittlere Weg des Buddha«* genannt, weil er nach seinen wiederholten Unterweisungen jedes Extrem vermeidet: das eine Extrem des falschen Nachgebens und der falschen Befriedigung des Begehrens und das andere Extrem des asketischen Disziplinierens und des unvernünftigen Quälens von Körper und Seele–Geist. Das eine ist die Hingabe an die Sinnenlust, der unbeherrschte Genuß des Lebens, und das andere die Selbstkasteiung, die totale Ablehnung dieses Lebens, in das uns die große Ordnung doch hineingestellt hat. Buddha verwarf den Genuß um seiner selbst willen ebenso wie die Entsagung um ihrer selbst willen. Beide sind des Menschen unwürdig und ohne Nutzen für ihn. Der Mittlere Weg führt uns über diese Extreme hinaus und öffnet uns die geistige Erweckung und den Seelenfrieden.

Pindola, ein Jünger Buddhas, drückte das einem ratsuchenden Fürsten gegenüber so aus: »Der Erleuchtete lehrt uns, *die Türen der fünf Sinne zu bewachen*. Wenn wir mit unseren

Augen schöne Gestalten und Farben sehen, mit unseren Ohren wohltuende Töne hören, wenn wir mit unserer Nase Wohlgerüche riechen oder mit unserer Zunge Süßes schmecken, wenn wir mit unseren Händen Wohlig-Weiches fühlen, sollen wir uns nicht hängen an diese reizvollen Dinge noch sollen wir davon abgestoßen sein, auch nicht von reizlosen Dingen. Wir sollen die Türen dieser Sinne sorgfältig bewachen. Durch diese Lehre des Erleuchteten können auch junge Schüler es schaffen, Geist und Körper rein zu halten.«[10]

Buddha selbst ermahnte einen jungen Mann, der sich so kasteite, daß seine Füße bluteten, mit folgendem *Vergleich*: »Mein junger Freund, hast du in eurem Haus jemals *die Harfe gespielt*? Du weißt, daß eine Harfe keine Musik macht, wenn die Saiten zu scharf angezogen oder im Gegensatz dazu zu lose sind. Sie macht Musik nur, wenn ihre Saiten gerade richtig gespannt sind. Genauso ist es mit der Arbeit für die Erleuchtung.«[11]

Buddhas Geist und Buddhas Lehre – sie sind überall:
- Wenn sich ein Mensch nicht dem Schwelgen des Wohllebens ergibt oder sich dadurch, daß er dem Leben entsagt, nicht der Selbstkasteiung unterwirft;
- wenn er weder stolz ist auf seine Verdienste noch bösem Tun zugetan;
- wenn er in seiner Suche nach Erweckung die übliche Verblendung nicht verachtet noch sie fürchtet;
- wenn er weiß: Buddha ist überall, in tausend verschiedenen Erscheinungsformen, im Königspalast und beim Regierungschef, in der erbärmlichsten Hütte des Landes, im Spielsaal wie im Bordell;
- wenn er es in seinem Alltag bei allen Gelegenheiten beachtet, die Extreme zu vermeiden und die Mitte zu suchen: dann folgt er dem Mittleren Weg.

Sie erinnern sich an das dritte Kennzeichen des Seins: die Tatsache von *der Illusion des ICH* (anatta). Wieder begegnet uns das dort besprochene Problem des dualistischen Denkens. Nun sind wir erneut an seiner Wurzel. Es geht um die aus ihm wachsende Verblendung. Das ICH meint, etwas Einmalig-Selbständiges zu sein, und ist in Wahrheit doch nur eine unter unzähligen Manifestationen des All-Einen, der unendlichen Schöpfer- und Lebenskraft. Der Mittlere Weg führt zum Ende der Illusion, daß wir ein getrenntes ICH hätten, und damit zur Beendigung des Leidens in allen seinen Formen. In ihm wird »das Absolute« erkenntlich (für das es viele Namen gibt, wie wir schon gesehen haben), wenn wir es von der Dualität des menschlichen Denkens her betrachten.

Wie wir uns bei der dortigen Betrachtung schon klargemacht haben, *leben wir in der Welt der polaren Gegensätze:* Tag und Nacht, Sommer und Winter, Werden und Vergehen, Geburt und Tod, männlich und weiblich, rechts und links (wir leben auf diesen zwei Beinen!), positiv und negativ. Weil wir nicht in der Mitte zwischen den beiden Polen stehen können, sehen wir in erster Linie die Erscheinungsformen der Gegensätze: Licht oder Dunkelheit, Aktivität oder Passivität, Wachstum oder Niedergang, Mann oder Frau, jung oder alt, oben oder unten (körperlich-materiell oder geistig) und genauso richtig und falsch, recht oder unrecht, gut oder schlecht. So sehen wir alles subjektiv.

Was ist die Wahrheit, was ist die Mitte, was ist »das Absolute«, frei von meinem einseitig-begrenzten Blickpunkt der Dualität? Jeder Gedanke bindet mich nun einmal an die Illusion der augenblicklich gegebenen Umstände. Die Wahrheit ist jenseits meiner Betrachtung, jenseits von wahr und falsch. Das Rechte ist jenseits meines augenblicklichen Gefühls von recht und unrecht. Genauso ist das Schöne jenseits meiner derzeitigen Ansicht von schön und häßlich.

So gesehen kann es auch *keine wirkliche Autorität* geben. Das haben wir schon im Zusammenhang mit der Tatsache des ständigen Wandels (anicca) gesehen. Jetzt begegnet uns auch dieses Problem wieder. Jede Ansicht und jede Feststellung muß irgendwie unrichtig sein. Denn sie kommt aus dem dualistischen Denken und muß ebenso einseitig sein wie ihr Gegenteil. Daher hat es sich Buddha auch selbst verboten, seine Ansichten nur deshalb für richtig zu halten, weil *er* sie vorträgt. Und so versteht sich seine Forderung: »Lasset den Geist nirgendwo wohnen!« Dieser Satz erinnert mich an das Wort der Bibel: »Der Geist weht, wo er will. Sein Brausen hörest Du, aber Du weißt nicht, von wannen er kommt und wohin er geht« (Johannes 3.8). Ist es nicht der gleiche Grundgedanke hier wie dort?

Hier ist die Wurzel für die Toleranz des Buddhismus. Sie ist eine seiner Grundforderungen bis zum heutigen Tag. Toleranz allem Leben und dem anderen Menschen gegenüber! Es steht uns nicht zu, aus unserer einseitigen, im Grunde unwissenden, immer irgendwie schiefen persönlichen Betrachtungsweise heraus vorschnell zu urteilen und zu verurteilen. Woher nehmen wir das Recht dazu? Was ist recht und unrecht, gut oder schlecht? Wie könnten wir in unserem beschränkten Denken die unendlichen Hintergründe davon erfassen? Die Dinge sehen, wie sie sind! Das ist alles. Und sich kein Urteil anmaßen. Der andere hat genauso recht wie ich, also möge er auf seinem Weg weitergehen. Jeder hat »*seine Wahrheit*«. Aus dieser Toleranz heraus wurde in der Tat im Namen der buddhistischen Lehre noch nicht ein einziger Krieg geführt, kein Kreuzzug ausgerufen, niemand wegen seiner Glaubensüberzeugung vor Gericht gestellt, gefoltert oder qualvoll getötet. Daher gibt es im Buddhismus auch eine Reihe besonderer Richtungen – in unserer Sprache Sekten genannt –, die friedlich nebeneinander leben und arbeiten in der gemeinsamen Bemühung, die Wirklichkeit im Dienste und zum Wohl der Menschen bestmöglich zu erfassen.

Hier ist auch die Wurzel für die spezielle Arbeit im Zen. Ihm geht es mehr als alles andere um die Erweckung zur

Erkenntnis der Nichtdualität, also des Absoluten, des All-Einen, das befreit ist von den polaren Gegensätzen. Häufig wird sie »Erleuchtung« genannt. Es ist das Durchbrechen unserer Ichheit, der Durchbruch hinauf in diese Ebene, die unserem Verstandesdenken verschlossen ist. Sie läßt sich nur in der Tiefe unserer Persönlichkeit erleben. Aber so, daß nicht der leiseste Zweifel zurückbleibt. Und wenn eine andere buddhistische Richtung betont, es ginge ihr mehr als alles andere um eine Lebensführung, die, in welcher Hinsicht auch immer, der Menschheit dient oder hilft, so stehen beide Anschauungen tolerant nebeneinander. Nicht im Sinne eines eher negativ gestimmten Duldens, sondern in echter Anerkennung des anderen Standpunktes. Warum sollen sie sich in der Praxis des Lebens nicht zu einem Ideal ergänzen können? Wer wirklich im Geist des Zen lebt, kennt nicht den Unterschied zwischen »ICH« und »der andere«. Er steht in dieser Einheit auf festem Boden. Seine Ruhe und tiefinnere Heiterkeit kann nichts erschüttern.

Im Zentrum des Mittleren Weges ist dieses unerschütterliche Absolute, das überall gegenwärtig ist: an jedem Ort und zu jeder Zeit. Ob wir es erkennen oder nicht, es ist auch in jedem von uns. Der typische Zen-Satz »Der große WEG hat kein Tor« sagt es deutlich: Wir brauchen kein eigenes Tor, keine eigene Zulassung oder irgendeinen Ritus, um den großen WEG betreten zu können oder zu dürfen – er liegt offen vor uns, allüberall, in jeder Minute. Oder: Wir sind schon längst auf ihm. Wir haben es mit unserem Verstand nur noch nicht erkannt.

Jeder, der die geistige Erweckung sucht, muß die Wahrheit des Mittleren Weges im Zusammenhang der vier Edlen Wahrheiten verstehen und tief in sich tragen. Wenn nicht, wird der Suchende ohne Ende in der verwirrenden Vielfalt der Lebensumstände und seiner Illusionen umherirren. Wer die vier Edlen Wahrheiten in ihrer Klarheit begreift, den führt der

Mittlere Weg fort von seinem unaufhörlichen Begehren. Und wenn er davon frei geworden ist, wird seine frühere Auseinandersetzung mit der Welt ihr Ende haben. Es ist so, als wenn er in einen dunklen Raum tritt mit einem hellen Licht in der Hand, das ihm jeden Schritt erhellt: das Licht der Erkenntnis durchdringt die Dunkelheit des Nichtwissens und der Verblendung.

In diesem Kapitel haben wir uns den Mittleren Weg des Buddha zur Überwindung des Leidens in seinen verschiedenen Aspekten und Folgerungen deutlich gemacht. Das ist die eine Seite der Münze. Die andere Seite der gleichen Münze zeigt uns die verschiedenen Stufen oder Pfade dieses Weges auf, die uns – ganz praktisch gesehen – an das Ziel unserer Bemühungen führen.

DER EDLE ACHTFACHE PFAD DES BUDDHA

>»Die großen Taten der Menschen
>sind nicht die, welche lärmen. Das
>Große geschieht so schlicht wie das
>Rieseln des Wassers, das Fließen der
>Luft, das Wachsen des Getreides.«
>Adalbert Stifter (1805–1868)

Wie soeben schon gesagt, sind die Begriffe »Der Mittlere
Weg« und »Der Achtfache Pfad des Buddha« im Kern ein und
dasselbe. Beide bilden die vierte der vier Edlen Wahrheiten:
Sie zeigen uns den Weg auf, der uns aus dem Leiden befreit
oder uns »erlöst«. *Der Begriff des Mittleren Weges* macht
mehr den philosophischen Untergrund dieser Befreiung
deutlich. *Der Begriff des Achtfachen Pfades* rückt die mehr
lebenspraktische Seite dieses Sichherausarbeitens aus der Welt
des Leidens in den Vordergrund, und zwar in seinen acht
»Pfaden« oder Stufen. Deshalb auch von alters her dieser
Name. Logischerweise müßten die folgenden Betrachtungen
noch in das letzte Kapitel der vier Edlen Wahrheiten einbe-
zogen sein. Wegen der großen Bedeutung des Achtfachen
Pfades im praktischen Leben halte ich mich jedoch an die
vorwiegende Tradition und widme ihm dieses Hauptkapitel.
Das entspricht auch dem notwendigen Umfang und der besseren Übersichtlichkeit im Rahmen der buddhistischen Lehre
insgesamt.

In dieser vierten seiner vier Edlen Wahrheiten zeigt Buddha
also *die notwendige Verhaltensweise für die Überwindung des
Leidens,* für die »Erlösung« auf. Im Alltagsleben gilt es, diese
Weisungen oder Gebote zu beachten. Jedoch sind diese acht
Lebensregeln – wie wir sie auch nennen können – *keine
»Gebote« im eigentlichen Sinn.* Denn der Erleuchtete betont
immer wieder, daß er niemand etwas zu »gebieten« habe. Er
weist in seinen Predigten und Belehrungen lediglich den Weg

zur Befreiung aus dem Leiden auf. Ob ihn der einzelne als wahr erkennt, ihn geht oder nicht, ist nicht mehr seine Sache und kann es auch gar nicht sein.

Er spielt sich also nicht zum Richter auf. Denn *jedermann ist nach dem absolut unpersönlichen Gesetz des Karma sein eigener Richter*. Im nächsten Kapitel werden wir uns damit beschäftigen. Buddha ruft nur dazu auf, im persönlichen Leben fruchtbare, heilsame, wertvolle Taten zu vollbringen. Nur so kommen wir der Erlösung näher. Fruchtlose, zerstörerische, wertlose Taten entfernen uns nach dem unerbittlichen Gesetz des Karma nur noch weiter von ihr. Beachten Sie bitte: Alle acht Regeln sind ausschließlich Anleitungen zur richtigen Lebensführung, zum richtigen Verhalten im Alltag. Keine einzige verlangt als Voraussetzung zum Heil etwa irgendwelche rituellen Handlungen, seien sie unmittelbar auf eine (nicht vorhandene) personale »Gottheit« gerichtet oder symbolischer Natur. Keine einzige verlangt irgendwelche Formalien und das Wirken eines dazu bevollmächtigten Priesters niederer oder höherer Ordnung. Denn – ich wiederhole – jeder Mensch ist sein eigener Richter.

Seitenblick auf die christlichen Kirchen: Sie bezeichnen die Bergpredigt (Matthäus 5–7) gern als den Kern der Lehre Jesu und als sein Vermächtnis an uns. Wo spricht da Jesus von etwas anderem als der rechten Lebensführung jedes einzelnen, für die nur jeder einzelne selbst und kein anderer verantwortlich sein kann? Wie oft betonte er in seinen Lehrreden so vielsagend: »Wer Ohren hat zu hören, der höre!« Und gerade in der Bergpredigt sagt er mehrfach von denen, die nicht hören: »Siehe, sie haben schon ihren Lohn.« Das heißt, sie haben schon den kurzfristigen Gewinn ihres egoistischen Tuns, und sie haben den langfristigen Verlust auf dem Weg zu ihrem Heil. Von nichts anderem ist in ihr die Rede. Wo ist da ein wesentlicher Unterschied zu Buddhas Achtfachem Pfad, der nach *seiner* Lehre zur Erlösung führt?

Der Erlösungsweg, die Aufhebung des Leidens, verlangt die Überwindung der Begierde ebenso wie das Herauswachsen aus der Verblendung. Demgemäß *läßt sich der Achtfache Pfad in drei Abschnitte teilen*:

die Erlangung der Weisheit durch
[1. rechte Erkenntnis
2. rechte Gesinnung,

die Erringung der Sittlichkeit durch
[3. rechtes Reden
4. rechtes Handeln
5. rechten Lebensunterhalt,

die Vollendung der Geistesschulung durch
[6. rechtes Bemühen
7. rechte Achtsamkeit
8. rechte Sammlung (Meditation).

Diese acht »Pfade« sind als Tugenden zu verstehen, *um die man sich alle in gleicher Weise bemühen soll*. Es geht nicht um die Erarbeitung einer nach der anderen, sondern um ein durchaus gleichzeitiges Geschehen. Denn die acht Glieder sind innigst miteinander verflochten und verwoben. In welchen dieser achtfachen Pfade man gleichsam einsteigt, ist also gleichgültig. Die anderen kommen dann auch zur Entwicklung. Ihre wechselweise Wirkung und Befruchtung der Persönlichkeit erklärt auch, daß nicht eine der acht Regeln vernachlässigt werden soll. Es würde die Entwicklung der anderen ebenso beeinträchtigen. Ihre fixiert erscheinende Reihenfolge ergibt sich ausschließlich aus der verstandesmäßig zerlegenden Betrachtung dessen, was in Wirklichkeit eine untrennbare innere Einheit ist. Es gibt sicherlich Menschen, die aus innerem Verlangen, aus ihrer inneren Führung heraus genau diesen Weg gehen, ohne je von Buddha oder von ihm gehört zu haben. Das zeugt vom großen, allumfassenden Gesetz. Sein Wirken hängt ganz gewiß nicht von unserem analysierenden Intellekt ab.

Demgemäß lautet *die Regel für den Anfänger*, der sich den buddhistischen Weg vorgenommen hat: Beginnen Sie einfach da, wo Sie sich für den Anfang am meisten Fortschritt erwarten. Und wenn Sie begonnen haben, dann machen Sie weiter, an jedem Tag, bei jeder Gelegenheit. Auch wenn es gar manches Mal schwer sein mag. Dann wachsen Sie. Dann werden Ihnen die Kräfte zum steten Fortschreiten aus Ihnen selbst heraus auch weiterhin zuwachsen.

Erlangung der Weisheit

> »Die Wahrheit liegt jenseits aller
> Worte.«
> Buddha

»*Was ist Weisheit*? Es ist Weisheit, tief zu verstehen und geduldig anzunehmen die vierfache Edle Wahrheit: von der Tatsache des Leidens und ihrer Natur zu wissen; die Ursache des Leidens zu erkennen; zu wissen, was das Ende des Leidens bewirkt; und den edlen Pfad zu erkennen, der zum Ende des Leidens führt.« So beschreibt das wohl am meisten gelesene japanische Lehrbuch des Buddhismus – selbstverständlich aus der buddhistischen Sicht heraus – den Kern der Weisheit.[12] Über ein solches Zitat lesen wir leicht und rasch hinweg. Erst wenn wir anfangen, darüber nachzudenken, merken wir: Diese Weisheit kann sich wahrhaftig nur ein durch und durch gereifter Mensch errungen haben, der durch die Stürme des Lebens in allen ihren Tiefen und Höhen hindurchgegangen ist.

Weise kann in der Tat nur der gereifte Mensch sein. Der Sinn des Lebens kann nur Reifung zur höchstmöglichen Entwicklung, Vollendung oder Vollkommenheit sein. Leider sind Reife und Alter verschiedene Dinge. Wie schön wäre es und wieviel weniger problemreich wäre unser Leben, würde es nicht so sein! Reifwerden setzt wahrhaftig harte Arbeit an sich selbst voraus. Die Stichworte Erkenntnis und Tat geben den gewiß nicht leichten Weg an, den der Reifende zu gehen hat.

Am Anfang steht das Erkennen der Wirklichkeit unseres Seins in dieser Welt, das Erkennen dessen, was sich daraus für mich ergibt. Weil sich das zwingend und unerbittlich für mich als eine schwere Aufgabe ergibt, neige ich natürlich dazu, es nicht wahrhaben zu wollen. Und dieser Neigung, die Tag und Nacht in mir lebendig ist, muß ich Herr werden. Das ist gewiß nicht leicht. Dazu brauche ich ständige Schulung meines Geistes und ständige Disziplinierung meines Tuns. Was will das richtige Erkennen uns sagen?

1. Rechte Erkenntnis

Sapere aude! – Wage zu denken!
Horaz 65–8 v. Chr.

Der buddhistische Prozeß der Selbstbefreiung hat seine Wurzeln mehr als irgendwo anders im Denken des Menschen. Denn in der buddhistischen Lehre ist alles, was wir sind, das Ergebnis dessen, was wir gedacht haben. Alles baut auf den Gedanken auf. Wir neigen alle nun einmal dazu, uns nahezu unwiderstehlich in Richtung unserer Gedanken zu bewegen. Und das heißt, sie in das Tun umzusetzen, sie in unserer Welt zu verwirklichen. Wer die Gedanken des Habenwollens hegt, der wird immer habsüchtiger in seinem Tun. Wer sich Rachegedanken hingibt, der wartet auf die ersehnte Stunde, sich zu rächen, oder er führt sie selbst herbei. Wen in seinem Denken speziell die Geschäfte dieser Welt erfreuen, der wird ihnen nachjagen. Und wer sich in seinem Geist dem Pfad seiner inneren Erweckung widmet, der wird ihm ebenso unweigerlich folgen. Im Matthäus-Evangelium heißt es sinngemäß (15.18–19): »Was aus dem Munde kommt, stammt aus dem

Herzen (das heißt: aus dem Denken), und das macht den Menschen unrein. Denn aus dem Herzen kommen böse Gedanken . . .«

Die rechte Erkenntnis muß sich in jedem einzelnen *durch sein eigenes Denken einstellen*. Sie verlangt also das selbständige Denken und das eigene, ganz selbständige Überprüfen dessen, was einem da vorgesetzt wird an Ideen und Regeln, die man glauben und an die man sich halten soll. Das betont Buddha selbst immer wieder. Wie schon gesagt, soll das auch seinen eigenen Worten gegenüber gelten. Nur was man selber für richtig erkennt, kann man dann auch getrost annehmen. Jeder einzelne ist seine eigene Persönlichkeit. Niemand anders ist verantwortlich für das, was einer denkt und tut, als nur er selber. Man kann sich nicht verstecken hinter einem Meister, einem Guru, einem Pfarrer, einem Papst oder einem Buddha.

Das rechte Denken setzt voraus *die rechte Erkenntnis in ungetrübter Klarheit*: Was ist die Richtung, was ist das Ziel meiner Bemühungen? Muß nicht ohne diese Klarheit jegliches Mühen von vornherein vergeblich sein? Ungetrübte Klarheit verlangt aus der Tiefe kommendes, sozusagen ursprüngliches Denken im Gegensatz zu dem bloß oberflächlichen. Die Wahrheit kann ein jeder eben nur in sich selbst finden und verwirklichen. Sie lebt in der Stille, im Schweigen, in der inneren Ruhe. In der Abgeschiedenheit vom äußeren Getriebe kann sie wachsen. Folglich sagt auch Bernhard von Clairvaux (1091–1153): »In der Stille ist alle Kraft.«

In dieser Klarheit stellt sich die rechte Erkenntnis ein. Sie ist nicht bloß im Intellektuellen, sondern ihre wahre und tiefe Wurzel ist *die Verankerung im emotionalen Grund* des Menschen. Es ist geistige und intuitive Erkenntnis zugleich, die Durchdringung des Denkens aus den Tiefen der Gefühle. Da ist der ganze Mensch in Seele, Geist und Körper erfaßt, in seiner vollen Einheit. Diese Erkenntnis ist die Wurzel für jede unerschütterliche Überzeugung. Sie steht auch erhaben über dem heutigen Aberglauben, daß nur das von Bedeutung sei, was sich rational-statistisch messen und nachvollziehen läßt.

Vergessen wir jedoch nicht: *Am Anfang steht die Klarheit über uns selbst.* Wie viele täuschen sich über ihre wahren Fähigkeiten hinweg, indem sie sich selbst unter- oder im Gegenteil dazu überschätzen. Im großen gesehen haben indes alle Menschen die gleichen Schwierigkeiten und Probleme. Sie sind alle in gleicher Weise in der Lage, mit ihnen heute oder morgen oder übermorgen fertig zu werden. Der wesentliche Unterschied für den einzelnen liegt immer nur in der Frage, wo er auf dem oft langen Weg dazu selber steht. Ein jeder von uns hat seine Fähigkeiten und seine Grenzen: Warum daran zweifeln?

Nur wenn wir mit uns im reinen sind, haben wir unsere volle Kraft zur Verfügung, die doch in uns ist. Nur wenn wir uns selbst so akzeptieren, so anerkennen, wie wir nun einmal sind, kommen wir aus der im Grunde selbstgemachten Lähmung unserer Kraft heraus und können sie jetzt voll einsetzen. Dann können wir auch selber mit unserer eigenen Kritik unsere Schwächen besser erkennen und brauchen nicht auf die wechselnden Meinungen anderer Leute zu achten. Es gilt doch nur, die Welt und uns darin so zu sehen, wie sie und wie wir wirklich sind. Dann hören wir auf, uns wegen jedem Fehler unnötig zu tadeln und lähmende Schuldgefühle zu hegen. Und andererseits befreien wir uns von eitlen Hoffnungen und Trugbildern, die uns nichts bringen können als die sichere Enttäuschung.

Der Kern des Geistes und der Wahrheit liegt jenseits des Begehrens und des Habenwollens, jenseits der Illusionen und der falschen Unterscheidungen. Er liegt in der tiefen Erkenntnis der wahren Wirklichkeit des Seins. Der Geist in uns ist das Höchste. Der spätrömische Kaiser und Philosoph Mark Aurel (121–180): »Die denkende Seele, von Leidenschaft frei, ist gleichsam eine Festung.« So ist ein Kernstück der Lehre Buddhas die innige Verbindung und die wechselweise Befruchtung von klarer Erkenntnis in Kopf und Herz und der Achtsamkeit im Tun, die uns bald noch genauer beschäftigen wird.

Die buddhistische Lehre sieht auch den Glauben viel mehr im Geistigen als im Emotionalen begründet. Denn *der Glaube wächst aus der in der Tiefe verankerten Erkenntnis.* Der Glaube, den nichts erschüttern kann. Der Glaube, der eben deshalb die stärksten inneren Kräfte aktivieren und freilegen kann, von denen man zuvor selber keine Ahnung haben konnte. Der Glaube läßt Begehren, negatives Denken, Angst und falschen Stolz überwinden. Er gibt den Mut und die Kraft, sich der größten Unbill und der stärksten Versuchung zu stellen und mit ihnen fertig zu werden. Der Glaube hält Seele und Geist rein inmitten des übelsten Unrats. Der Glaube besiegt jeden Zweifel und alles Gift, das er ausstreuen will. Er trägt die absolute innere Sicherheit in sich. Aber: Er muß aus der Tiefe gewachsen und nicht bloß aufgesetzt sein.

In beträchtlichem Umfang *hat also der buddhistische Glaube andere Wurzeln als der des Christentums.* Das gilt besonders für die Zeit nach den ersten frühchristlichen Jahrhunderten, als die Kirche anfing, eine mächtige auch weltliche Organisation von autoritärem Charakter und starren Glaubenssätzen zu werden. Es war die Zeit, da das Machtdenken und die blutige Verfolgung Andersdenkender einsetzte. Wenn Jesus das bekannte Wort sprach, der Glaube könne Berge versetzen (Matthäus 17.20), so hatte er gewiß den in der Tiefe der Persönlichkeit gewachsenen Glauben im Sinn, von dem ich eben sprach. In der späteren Kirche wurde und wird der Glaube jedoch von oben herunter angeordnet, der Glaube an ganz besondere in Einzelheiten starr festgelegte Dogmen, die nicht selten weit über das rationale Verständnis hinausgehen. Kann dieser verordnete »Glaube« mit seinen in der Geschichte schrecklichen Strafdrohungen und Strafaktionen je mit dem verglichen werden, der in der Tiefe gewachsen und der verstandesmäßiger Einsicht zugänglich ist? Dem Buddhismus ist – worauf ich schon einige Male hinwies – ein solches Gebot des Glaubens wesensfremd.

2. Rechte Gesinnung

> »Die Wahrheit kannst Du nicht
> außerhalb Deiner selbst finden.«
> Bodhidharma (um 500)

In manchen buddhistischen Schriften wird nicht von der rechten Gesinnung, sondern vom rechten »*Entschluß*« gesprochen. Im Kern ist das gleiche gemeint. Das erste deutet mehr auf die Grundlage und das zweite auf die Folgerung daraus. Denn das Sichentschließen wächst aus dem klaren und unbeirrten Denken und damit aus der Gesinnung, die sich ja nur darauf aufbaut.

Die rechte Gesinnung und Durchdringung des Herzens sind eins. Nur wenn Kopf und Herz, wenn Denken und Fühlen nicht im Widerstreit liegen, sondern in der Einheit sind, ist die rechte Erkenntnis möglich. Darüber habe ich schon soeben im vorigen Kapitel gesprochen. Auf ihr baut sich dann die rechte Gesinnung auf, die das Denken des Menschen und sein Tun insgesamt in allen seinen Entscheidungen bestimmen.

Der Lebenspraktiker Buddha wußte aus seinen eigenen siebenjährigen bittersten Erfahrungen, daß wir das Negative in uns nicht durch schöne Worte, nicht durch gute Vorsätze, auch nicht durch strenge Askese überwinden können. Er wußte zu genau, daß bloßes Verurteilen nichts hilft. Weiterbringen kann uns zunächst nur *das rechte Bewußtmachen und Erkennen*, das innere Akzeptieren, daß wir das endlose Begehren nun einmal in uns haben mit dem schlechten Denken von egoistischem Habenwollen, von Habgier, Neid, Ärger, Ablehnung, Haß und Eifersucht. Das müssen wir uns – wie schon gesehen – schonungslos und in der Tiefe klarmachen.

Erst wenn sich diese Erkenntnis in voller Klarheit in uns verankert hat, kann *der ebenso tief verankerte Entschluß* in uns wachsen, diese Welt des Begehrens endgültig hinter uns zu lassen und *nach der wahren Erweckung unserer Seele zu streben*. Dann wissen wir, daß wir mit aller Entschiedenheit zu Werke gehen müssen. Das in jedem von uns schlummernde höhere Selbst hat die Zügel zu ergreifen und das niedere selbst, das kleine ICH, zu dirigieren. Das ICH, das uns seither so wichtig war. Dann fangen wir aus der rechten Gesinnung heraus an, den Weg zur Erweckung ernsthaft zu suchen. Auch wenn uns andere dann gelegentlich ob unseres geänderten und so seltsamen Lebens verspotten oder uns zu ihren Zwecken mißbrauchen oder uns gar Übles antun – wir wissen, auf dem rechten WEG zu sein.

Das ICH dirigieren, es beherrschen lernen, heißt *seinen Geist schulen und kontrollieren*. Wirkliche Geisteskontrolle zu erreichen ist schwer. Vor allem gilt es dabei, alle weltlichen Wünsche und jegliches Begehren kritisch zu prüfen und es beherrschen zu lernen. Nur das ist die Grundlage für die rechte Gesinnung. Diese braucht sich aber nicht herumzuschlagen mit Dingen und Zusammenhängen, die der persönlichen Entwicklung, der Reinigung von Begierde, schlechtem Tun und geistiger Verblendung nicht weiterhelfen können. Solche Fragen sind zum Beispiel, ob das Universum wohl Grenzen hat oder ewig bestehen wird oder was wohl die ideale Organisationsform der menschlichen Gesellschaft sein mag. Was bedeuten solche nur unsere Ratio beschäftigende Probleme angesichts des Elends, der Leiden und Schmerzen, die uns tagtäglich begegnen oder gar uns selbst anfallen? Buddhas Lehre macht deutlich, was wichtig zu wissen und geistig zu beherrschen ist. Sie sagt nicht das dafür Unwichtige. Wozu auch? Zuerst gilt es, das Wichtigste, das unmittelbar am meisten Drängende zu erfassen: Und das ist nichts anderes als die Kontrolle unseres Denkens.

Aber alle diese Arbeit an uns selbst und in der Folge dann auch an anderen sollten wir *nicht eines bloßen Zweckes wegen* tun. Dann würde sie ihren wahren Sinn und ihren wahren Wert verlieren. Wir sollten sie ganz einfach nur deshalb tun, weil sie das Richtige ist, um ihrer selbst willen. Etwa aus dem Geist des Mitempfindens mit dem leidenden Menschen in unserem Nachbarhaus und nicht etwa zu dem Zweck, vor der Nachbarschaft als guter Mensch dazustehen. Das würde den inneren Wert dieses Tuns in hohem Maß zunichte machen. Denn das Motiv wäre unrein. So wie eine Mutter sich um ihr krankes Kind bemüht und es umhegt, ohne Rücksicht auf ihre eigene Bequemlichkeit und die Erschöpfung ihrer eigenen Kraft. Das allein ist die rechte Gesinnung. Und in ihr allein liegt das echte Glück, das sie jetzt und für die Zukunft in sich trägt.

Aus der rechten Gesinnung wächst auch die innere Stimme, der wir uns anvertrauen können. Ein jeder hat diese innere Stimme in sich. Sie ist das »daimonion« des Sokrates (470–399 v. Chr.). Die Frage ist nur, wieweit man sie gleichsam kultiviert und wie weit man sich ihr im tatsächlichen Leben öffnet. Sie ist nicht eine sozusagen allgemeingültige Lehrinstanz. Es sind immer ausgesprochen individuell gültige Aussagen für den einzelnen, sosehr sie im Sinne von Platons Ideenlehre geprägt sind von den allgemeingültigen Wahrheiten. Von großer Hilfe ist diese innere Stimme in besonderen, ganz konkreten Lebenssituationen. Da gibt sie klare Antwort etwa auf die Fragen: »Was soll ich jetzt tun – das eine oder das andere?«, »Ist es gut, wenn ich jetzt *das* mache?« oder »Bleibe ich mit diesem Schritt auch auf dem rechten Weg?« Zu ihm führt sie uns hin, auf ihm zu verharren hilft sie uns. So wird sie ein starker Helfer auf dem schmalen Pfad unserer Läuterung und unserer Erweckung zum Geistigen, zum »Göttlichen«.

Aus der rechten Gesinnung entwickelt sich auch die Liebe. Sie ist bei Buddha nicht sosehr als Gefühl zu verstehen, vielmehr als aus der rechten Gesinnung geboren. Sie umfaßt die ganze Welt, in der wir leben, und das ganze Universum, von dem wir Teil sind. Und sie umfaßt alle Wesen, das heißt alles Existierende und im besonderen alle Lebewesen. Wir sollen ihnen zugetan sein als unseren Brüdern und Schwestern. Die Liebe wird so zum Mitempfinden, zum Verstehen, ja – es ist schwer, in unserer Sprache den besten Ausdruck dafür zu finden – zum erbarmenden Verstehen aller Wesen. Denn auch sie sind alle wie wir in dieser Welt der Tatsache des Leidens unterworfen. Vielleicht ist für unser Sprachgefühl das Wort »Güte« für all das treffender als das weithin abgenutzte Wort »Liebe«. Wir werden uns über diesen fundamentalen Aspekt des Buddhismus später als der ersten der vier Erhabenen Tugenden des Buddhismus noch genauer befassen.

Noch ein Wort an die vielen »esoterisch« Suchenden, die auf *ihrer ständigen Suche nach den besten Möglichkeiten zu ihrer weiteren Entwicklung* fast unausgesetzt unterwegs sind. Sie eilen ein Wochenende nach dem anderen von *einem* Meister zum nächsten, von *einem* indischen Guru zum anderen, vom amerikanischen Indianer zum japanischen Zen-Meister, vom brasilianischen Wunderheiler zum philippinischen, vom afrikanischen Stammeskult zum Wikingerglauben. Sie besuchen laufend Vorträge und Seminare aller »esoterischen« Arten. Und sie merken gar nicht, wie sie immer nur im Kopf sind, wie sie sich im Kreise drehen und immer auf der gleichen Stelle verharren. Oder besser gesagt, wie sie vor sich selber ständig davonlaufen. Sie suchen außerhalb wieder und wieder

Neues, statt in sich selber die nötige Klarheit über *ihren* Weg zu schaffen. Was nützt es ihnen? Ihre eigentliche Persönlichkeit bleibt in der Tiefe unberührt. Zur echten zielgerichteten Arbeit an sich selbst kommen sie nicht. Und viele scheinen es auch gar nicht zu wollen. Denn dann würde die harte Arbeit am ICH beginnen. Und dazu fehlt ihnen die Motivation und damit der innere Schwung der festen Entschlossenheit. Das erinnert mich an den netten Vers:

> Der will zur See, doch nicht zu Schiffe,
> und bleibt nur immer im Begriffe.

Erringung der Sittlichkeit

> »Am Jüngsten Tag wird Gott Dich
> nicht fragen, was Du weißt. Er wird
> Dich fragen, was Du getan hast.«
> Verfasser unbekannt

Die zweite Gruppe dieser Regeln innerhalb des Achtfachen Pfades zielt darauf ab, dem Buddha-Schüler *den richtigen Weg zu weisen für die Erringung der erforderlichen inneren Disziplin oder Zucht*, die Erringung des sittlich sauberen Denkens und Tuns. Ohne diese ethische Grundhaltung wäre es unvermeidlich, daß sich fortlaufend neue karmische Belastung aufhäufen würde. Das zu vermeiden und im Gegenteil karmische Verdienste aufzubauen ist der tiefe Sinn dieser folgenden drei Gebote. So wird nach der Lehre von Karma und Wiedergeburt die Grundlage für ein besseres Leben in der nächsten Inkarnation gelegt auf dem Weg zur endgültigen Befreiung vom Leiden. Zudem haben diese Regeln ihre starke Auswirkung nach außen hin und damit zu allen anderen Menschen und Lebewesen, die unsere Weggenossen sind.

Die folgenden drei »Gebote« haben *die praktische Lebens-*

führung im Alltag zum Inhalt. Sie sollen helfen, in allen Bereichen und Seiten des täglichen Lebens das jeweils Gute, Rechte und Hilfreiche zu tun. Denn einzig der Alltag ist das Feld unserer Bewährung. Er legt uns von morgens bis abends sozusagen eine Prüfung nach der anderen auf. Wir sind uns dessen im allgemeinen nur nicht bewußt. Der Alltag ist das Vehikel, ist das »Fahrzeug« für unser Weiterkommen in der inneren Entwicklung und Erweckung unseres Geistes. In ihm geht es so gut wie unausgesetzt darum:

- in welcher Weise wir *unsere täglichen Bedürfnisse befriedigen*, die zu tun haben mit Hunger und Durst, mit Hitze und Kälte, mit der Bekleidung unseres Körpers, mit unserer Behausung und den nahezu unendlichen größeren und kleineren Problemen, und das immer und immer wieder von einem Tag zum anderen: die Mühle des Alltags.

- in welcher Weise wir dabei *mit unserem Ehe- oder Lebenspartner umgehen*, ob wir ihn würdig behandeln, ihm vertrauen, ob wir uns bemühen, ihm ein wirklich guter Partner und Helfer zu sein in guten wie in schlechten Zeiten. Warum hat die große Ordnung wohl zwei verschiedene Geschlechter geschaffen, die aufeinander zugeordnet und wechselweise aufeinander angewiesen sind? Kann das nicht wie eine immerwährende Prüfung und zugleich Aufforderung an uns verstanden werden, dabei zu bestehen und so wenig wie möglich zu versagen?

- in welcher Weise wir genau aus dem gleichen Grund mit *unseren Eltern, unseren Kindern, unseren Nachbarn und Arbeitskollegen* umgehen, auch mit irgendwelchen Menschen auf der Straße oder sonstwo, etwa wenn sie in Not geraten.

- in welcher Weise wir im besonderen *unsere Kinder erziehen*, von denen nach dem unabänderlichen Gesetz der Natur ein jedes seine höchstpersönlichen Erfahrungen machen muß, die wir ihm nicht abnehmen können mit noch soviel Reden und Ermahnen, soll es sich zum selbständigen Menschen entwickeln.

- wie wir dazu stehen und uns dabei verhalten, daß jeder Mensch von klein auf wie von einem Nullpunkt her *alles* (im Sinn der Wiedergeburt: immer wieder) *neu lernen muß* und dabei die Aufgabe hat, die ihm von der Natur verliehenen Gaben zu entwickeln und zu nutzen, »mit seinem Talent zu wuchern«, wie es in der Bibel heißt.

Bei alldem zeigt sich der große Unterschied: die mehr oder weniger grenzenlose und hemmungslose Befriedigung aller egoistischen Wünsche in diesem Leben im Gegensatz zu der maßvollen Befriedigung beim Bemühen, im Sinn der großen Ordnung den wahren WEG zu gehen. Nun zu diesen drei Lebensregeln.

3. Rechtes Reden

> »Eure Rede sei ja, ja – nein, nein; und was darüber ist, das ist vom Bösen.«
> Matthäus 5.37

Die Sprache ist das wohl wichtigste Werkzeug des Menschen für sein Zusammenleben mit den anderen. Mit ihrer Hilfe kann er sie leicht beeinflussen und sie zum rechten ebenso wie zum schlechten Verhalten bewegen. Kein Wunder, daß ihr in allen Religionen so viel größere Aufmerksamkeit zuteil wird als im Alltagsleben. Es lohnt sich, mit der buddhistischen Lehre *klar auseinanderzuhalten*:

- Die einen Worte sind geeignet für bestimmte Gelegenheiten, und andere sind da fehl am Platz.
- Die einen treffen die Tatsachen, um die es geht, und die anderen verfehlen sie.

- Die einen klingen wohltuend-angenehm und die anderen unkultiviert, grob und patzig.
- Die einen sind heilsam und nützlich und die anderen übel und schädlich.
- Die einen sind mitfühlend-wohlwollend und die anderen ablehnend und voll Haß.

So sollten wir unsere Worte mit Sorgfalt wählen und keine bösen Worte über unsere Lippen gehen lassen, damit sie nicht Ablehnung, Unmut und Haß erzeugen. Und umgekehrt werden wir üblen Worten, die wir hören, standhalten, wenn wir selbst erfüllt sind von Mitempfinden und Verständnis für die menschlichen Schwächen.

Üben wir uns ganz bewußt in dieser Richtung, so gleiten üble Äußerungen an uns ab. Sie berühren uns nicht. Was uns auch immer begegnet – seien wir stark in der Überzeugung: Ich stehe auf festem Grund. Worte von Ärger und Haß spreche ich nicht. Sie verletzen den anderen und mich selbst. Und wenn mir Ärger und Haß begegnet, so begegnet mir nichts anderes als die allgegenwärtige menschliche Schwäche. Auch ich bin nicht frei davon. Sie kann mich nicht verletzen.

Buddha mahnt seine Jünger, *sich freizuhalten von Lüge, Verleumdung und aller doppelzüngigen Rede*. Er mahnt sie, niemanden zu täuschen oder zu schmähen, nicht barsch und unhöflich zu sprechen und *sich vor Klatsch, leerem Gerede und Geschwätz zu hüten*. Er erklärt es zu einer Lebensregel, nutzlose und unnötige Diskussionen und Streitgespräche zu vermeiden. Nur über vorwiegend positive Themen solle man sprechen, und zwar so, daß die negativen Inhalte unserer Gedanken aus dem Bewußtsein schwinden und die positiven, heilsamen Inhalte zunehmen und in den Vordergrund rücken. Alles andere sei Verschwendung von Worten und innerer Kraft.

Nur zur rechten Zeit und am rechten Ort reden. Es ist schwer, sich nicht über wahr oder falsch, über recht oder unrecht, über schön oder häßlich mit anderen Menschen auseinanderzusetzen. Und es ist schwer, dabei seinen Geist in Frieden zu erhalten. Aber wenn das Sprechen nicht bewirkt, daß der Gesprächspartner zu gutem, heilsamem Tun bewegt werden kann, dann ist Schweigen dem Sprechen entschieden vorzuziehen. Es wäre nicht die rechte Rede.

Zum Vergleich *das Wort Jesu*: »Ich sage euch aber: Von jedem unnützen Worte, das die Menschen reden, müssen sie am Tage des Gerichts Rechenschaft geben« (Matthäus 12.36).

4. Rechtes Handeln

> »Der Menschheit ist es nicht um Wissen und Reden, sondern um Charakter und Handeln zu tun.«
> nach Wilhelm v. Humboldt
> (1767–1835)

Für das rechte Handeln oder das rechte Verhalten im Lebensalltag gelten im Buddhismus *im wesentlichen die gleichen Forderungen wie im Christentum*:

- Nicht töten (kein Leben zerstören).
- Nicht stehlen (einem selbst nicht übergebene Dinge nicht nehmen).
- Nicht ehebrechen und keine sexuellen Ausschweifungen.
- Keine berauschenden Mittel irgendwelcher Art nehmen (in den tropischen Ländern Asiens von alters her eine große Gefahr, Stichwort Opium).

Für seine Lebensführung wird der buddhistische Jünger angewiesen, *den rechten Gebrauch zu machen von allen Dingen*, die wir zum Leben brauchen. Entscheidend sind nur die Bedürfnisse des Körpers, nicht aber besondere Bequemlichkeit oder besonderer Genuß. Typische Beispiele sind

- *die Nahrung*: Sie ist in ausreichendem Maß lebenswichtig, aber jedes Zuviel, erst recht jede Völlerei, ist zu verurteilen.
- *die Kleidung*: Sie soll den Körper vor extremer Hitze und Kälte schützen und die Scham des Körpers bedecken, aber nicht zu besonderem Aufwand um der Darstellung oder Eitelkeit willen führen.
- Darüber hinaus gilt es, *unnötige Gefahren zu erkennen und zu meiden*, um sich nicht selbst Versuchungen auszusetzen, die wegführen vom rechten Weg. Da ist vor allem an schlechte Menschen und an schlechte Orte zu denken.
- Auch die Gefahren *der übermäßigen Bequemlichkeit* soll man im Auge behalten. Nur zu leicht führen sie zum Unterlassen der nötigen Bemühungen und zum genießerischen Nichtstun.
- Bemerkenswert ist auch die besondere Warnung, im Fall einer Beleidigung dem verständlichen *Drang zum »Heimzahlen«, zur Rache* zu widerstehen. Es sei wie Spucken gegen kräftigen Wind, was einen nur selber beschmutzt!

Das sind alles wesentliche Hilfen, um *der Entwicklung weltlicher Leidenschaften vorzubeugen*. Gerade bei diesen Anweisungen zum rechten Handeln zeigt sich klar das, was Buddha den Mittleren Weg nennt: Er vermeidet nach beiden Seiten hin das Extrem, das Zuwenig und das Zuviel. Durch Verfehlungen, besonders der zuerst genannten Punkte schwerwiegender Art, wird natürlich das Karma mehr oder minder stark belastet, wobei wie immer die Motivation eine entscheidende Rolle spielt. Darüber, wie schon gesagt, demnächst Genaueres.

Körper und Seele sind rein zu halten. Der unreine Geist bewirkt unreines Tun. Und das führt unweigerlich zum Leiden. Daher sollten wir uns auch schon vor geringfügigen Verfehlungen oder Übertreibungen hüten. Ganz im Sinne des uns allen wohlbekannten Wortes »Wehret den Anfängen!«

Besonders bemerkenswert ist *die Mahnung Buddhas zur*

Achtung der Frau: »Schaut auf alle alten Frauen wie auf eure Mütter, auf die eures eigenen Alters wie auf eure Schwestern und auf die jüngeren als eure Töchter. So könnt ihr Geist und Körper rein und frei von Begierde halten.«

Erlauben Sie mir am Ende dieses kurzen und doch so bedeutungsvollen Kapitels ein Wort zu *gewissen »Wissenschaften« von heute*. Ähnlich wie die Mode wechseln bei manchen Wissenschaftlern der pädagogischen, sozialen und dergleichen Richtungen Theorien und Lehrmeinungen. Diese Art von Wissenschaft hat nichts Endgültiges zu bieten, wie die ständigen »neuesten Erkenntnisse der Wissenschaft« beweisen, die jene von gestern als fehlerhaft oder falsch aufzeigen. Die tägliche Praxis des Lebens ist aber endgültig. Sie ist unumkehrbar. Daher muß der Wert dieser Wissenschaft für das lebendige, unaufhaltsam weiterfließende Leben recht beschränkt, im Prinzip damit gar unvereinbar sein. *Überzeugungen und Wertordnungen, die das Leben prägen, stehen und fallen mit ihrer inneren Wahrheit* und ihrem Anspruch auf allgemeine und absolute Gültigkeit. Denn für die Wahrheit gibt es keinen Ersatz.

5. Rechter Lebensunterhalt

> »Viel gibst Du, wenn Du ein gutes
> Beispiel gibst.«
> Konfuzius (551–479 v. Chr.)

Dieser Abschnitt des Achtfachen Pfades wird oft auch als »Rechte Lebensführung« bezeichnet. Diese ist jedoch schon soeben mit einbegriffen gewesen. Tatsächlich steht nun auch immer im Vordergrund, was die materielle Grundlage unserer Lebensführung angeht. Daher bleibe ich auch bei dieser treffenderen Formulierung »Rechter Lebensunterhalt«.

Das bedeutet, sein tägliches Brot in einer Weise zu verdienen, *die anderen Menschen und anderen Wesen kein Leid und keinen Schaden zufügt.* Dabei ist im besonderen zu denken an die Herstellung bzw. den Handel mit Waffen, mit Gift, mit Lebewesen überhaupt und mit Fleisch, genauso auch mit berauschenden Mitteln, die den Menschen die eigene Entschlußkraft mindern oder gar lähmen. In welcher Art man in dieses Geschäft oder in diesen Handel eingebunden ist, ist von durchaus zweitrangiger Bedeutung.

Demgemäß gibt es *Berufe, die* mit der Forderung nach dem rechten Lebensunterhalt *nicht vereinbar sind.* Neben Waffen- oder Gifthändlern sind es vor allem Schlachter oder Fänger von allen Tierarten zu Land, zu Wasser und in der Luft. Darüber hinaus sind es selbstverständlich mordende oder das Leben bedrohende Räuber, auch Scharfrichter, Henker und Kerkermeister. Bezeichnenderweise sind diese Berufe im buddhistischen Bereich zumeist in den Händen von Moslems oder Christen.

Die gewisse Ächtung des Metzgerberufes bedeutet jedoch *nicht eine allgemeine Ächtung des Fleischgenusses*, was nicht ganz konsequent ist. So verbietet Gautama den Mönchen nicht das Verzehren des Fleisches, das ihnen jemand in ihre Almosenschalen gegeben hat, es sei denn, das Tier wurde ihretwegen getötet. Auch hier begegnet uns das Motiv einer Handlung als wichtiges Kriterium für deren Beurteilung. Unbestritten ist jedoch, daß ein ernsthaft im Sinne Buddhas an sich und seiner geistigen Erweckung Arbeitender auf den Verzehr von Fleisch verzichtet oder ihn mindestens stark einschränkt.

Recht interessant sind die Hinweise des Erleuchteten auf den *Besitzstand.* Völlige Armut führe zu Diebstahl und zu Gewalttätigkeit bis zu Mord. Der Wohlstand setze voraus Fleiß und Tüchtigkeit in der Berufsarbeit, Bewahrung des Eigentums vor Verlust, guten gesellschaftlichen Umgang und vernünftige Lebensweise je nach den finanziellen Möglichkeiten. Auch hier wieder die Betonung der Mitte.

Ein Seitenblick auf den altjüdisch-christlichen Kulturkreis im Zusammenhang mit der Tötung von Tieren: Der jüdische und heute weltberühmte Maler Marc Chagall (1887–1985) berichtet in seinen Lebenserinnerungen aus seiner ukrainischen Heimatstadt Witebsk, daß sein strenggläubiger Großvater, der Schlachter war, jede Kuh erst nach Verrichtung eines Gebetes tötete. Ich selbst erinnere mich aus meiner eigenen Kindheit von ganz ähnlichen Berichten meiner Eltern über manche Metzger jener Zeit. Wie Chagalls Großvater sagten sie der Kuh, daß sie sie nur im Dienste ihrer Mitmenschen und deren Ernährung töten müßten, und sie baten sie deshalb um Verzeihung. Offensichtlich war die Ehrfurcht vor dem Leben noch im vergangenen Jahrhundert auch in der westlichen Welt ungleich lebendiger als heute. Ein Zeichen unseres »Fortschritts«?

Vollendung der Geistesschulung

> Frage des Zen-Schülers: »Was ist der Sinn des Lebens?«
> Antwort des Zen-Meisters: »Ein jedes Ding.«
> Kosko Ushiyama Roshi
> (geb. 1911)

Jetzt sind wir bei der dritten Gruppe des Achtfachen Pfades angelangt. Sie umfaßt seine letzten drei Glieder, die oft unter dem Oberbegriff »Meditation« zusammengefaßt werden. Andere benutzen dafür *den Begriff der »Geistesschulung«*, von der die Meditation ja nur ein Teil ist. Das ist der Grund, weshalb ich mich dem anschließe. Denn es geht hier in der Tat um die notwendige Disziplinierung, die notwendige Schulung des Geistes. Wie das Wort not-wendig sagt, wendet nur sie die Not, in der wir uns in der Welt des Leidens befinden. Nur jeder einzelne kann diese not-wendende Arbeit an sich selber tun. Kein anderer kann es ihm abnehmen. Und ohne diese Schulung seines Geistes kann er auch den Forderungen der anderen Glieder des Achtfachen Pfades nicht nachkommen. Denn nur in ihrer Einheit bilden alle zusammen den Pfad oder DEN WEG.

Hegen wir kein Bedauern und pflegen wir keinen Kummer über *vergangene Dinge und vergangene Fehler*, die doch nicht mehr zu ändern sind! Sie fressen unsere Energie auf und hindern uns so am weiteren Vorankommen. Wir können nicht mehr tun, als zu versuchen, sie möglichst ins reine zu bringen. Dann liegen sie hinter uns. Und da sollen sie bleiben.

Verlieren wir uns ebensowenig in *künftig kommende Dinge*, die nahezu immer noch reichlich Unbekanntes in sich tragen. Auch das hindert uns, an das zu denken, worum es jetzt geht und was unmittelbar auf uns zukommt. Das alte Wort »Kommt Zeit, kommt Rat« kann uns eine Stütze sein. Natürlich brauchen wir deshalb Vorbereitungen für morgen, die jetzt nötig sind, nicht zu vernachlässigen.

Mit dem, was jetzt kommt, müssen wir fertig werden. Und jetzt ist die not-wendende Schulung unseres Geistes immer aktuell. Und zwar ohne jede Ausnahme. Fahren wir Tag für Tag und Stunde um Stunde fort, in der richtigen Weise an uns zu arbeiten! Die folgenden drei Glieder des Achtfachen Pfades zeigen es uns im einzelnen. Erwarten wir aber keine schnellen Ergebnisse: Was sich in langen Jahren oder gar in soundsovielen Leben entwickelt und aufgebaut hat, kann nicht in kurzer Zeit geändert oder gar ausgelöscht werden.

Alles was lebt, entwickelt sich unaufhaltsam weiter, für unsere menschliche Ungeduld aber viel zu langsam. *Das ist unser Problem: Wir brauchen viel Geduld*. Der verstümmelte große spanische Dichter Miguel de Cervantes (1547–1616), der als langjährig Gefangener von Piraten ein schweres Leben zu bestehen hatte, spricht eine tiefe Wahrheit aus, wenn er sagt: »Geduld ist eine zweite Art von Mut.« Denn das vermeintlich passive Entgegennehmen sozusagen von nichts erfordert viel aktive Kraft, ja Mut, um nicht aufzugeben und zu versagen. Aber mit Geduld im Warten und Ertragen und mit Beständigkeit im tagtäglichen Üben können wir Stückchen um Stückchen weiterkommen auf unserem WEG – zwar langsam, aber sicher. Übergeben wir uns also dem Leben im Vertrauen auf die große Ordnung und das große Gesetz (dharma), und nehmen wir es so, wie es ist: jetzt, in diesem Augenblick, der immer ist und niemals aufhört.

6. Rechtes Bemühen

> »Wer aber in schwankender Zeit
> selbst schwankend gesinnt ist, der
> vermehrt das Übel.«
> Joh. Wolfg. v. Goethe (1749–1832)

Die letzten Absätze haben uns schon mitten in das hineingeführt, worum es jetzt geht. Das rechte Bemühen wird beschrieben als *die stetige Anstrengung in der »Bewachung der Sinnestore«*. Die Sinnesreize treten in unendlicher Fülle in uns ein. Das können wir gar nicht verhindern. Je sensibler wir sind, desto weniger. *Entscheidend indessen ist unsere Reaktion auf diese Reize*: Fallen wir ihnen wahllos zum Opfer, so daß sie unser Begehren noch verstärken? Oder lassen wir sie von uns abgleiten, so daß wir unseren Gleichmut bewahren, ihnen in Weisheit überlegen werden? Das ist die wesentliche Frage.

Buddhas Anweisung dazu lautet:

• Den unheilsamen Gedanken, der noch nicht hochgekommen ist, erst gar nicht hochkommen lassen. Also ihn von vornherein vermeiden.

- Den unheilsamen Gedanken, der schon hochgekommen ist, fallenlassen, sich nicht in ihn verlieren. Also ihn überwinden. Und umgekehrt:
- Den heilsamen Gedanken, der noch nicht hochgekommen ist, erfassen und ihn hochkommen lassen. Also ihn zur Entwicklung bringen.
- Und den heilsamen Gedanken, der schon hochgekommen ist, festhalten. Also ihn zur vollen Entfaltung bringen.

Randbemerkung: In Buddhas Lehre tauchen die Worte »gut« und »schlecht« (oder »böse«) kaum auf. Der Wert wird gelegt auf das »Heilsame«, das es zu entwickeln gilt, und auf das »Unheilsame«, das es zu vermeiden und zu neutralisieren gilt.

Den unheilsamen Gedanken fallenzulassen ist im Grunde genau dasselbe wie in der Meditation, wenn wir mit »den tanzenden Affen der Gedanken« fertig werden, sie loslassen sollen. Hier wie dort bleiben wir in ihm nicht hängen: Wir lassen den negativen, den störenden Gedanken am einfachsten und wirkungsvollsten dadurch fallen, daß wir:

- in der Meditation sofort wieder unseren Atem beobachten, wie er in seinem nicht endenden Rhythmus die Bauchdecke sanft hebt und senkt, bzw. zu unserem Meditationswort zurückkehren
- und im Alltag uns auf der Stelle auf das besinnen, worum es jetzt in diesem Augenblick für uns geht, bzw. daß wir in uns sofort einen heilsamen, einen positiven Gedanken wachrufen und festhalten.

So schließen wir das Tor unserer Sinne und unseres Denkens für das Unheilsame, das Negative. Denn in unserem bewußten Denken kann zu ein und demselben Zeitpunkt immer nur ein einziger Gedanke sein. Das ist eine psychologische Tatsache, die es nur auszunutzen gilt. Daher ist es relativ leicht, das Denken durch bewußte Steuerung umzulenken. Je mehr wir das zu tun lernen, um so tiefer wird der innere Frieden in uns, um so gleichmütiger werden wir. Und um so klarer und einfacher wird sich unser ganzes Leben gestalten. Wer es nur einige wenige Male an sich erlebt hat, der weiß es ganz einfach. Und wer es im Alltag immer wieder einmal schafft, auf diese Weise Unheilsames fallenzulassen, der hat auf seinem Weg schon einen beachtlichen Schritt nach vorne getan. *Alle Menschen streben nach dem Glück*, das heißt nach innerem Frieden und nach Harmonie mit sich und der Welt. Man kann es ebensowenig kaufen wie die echte Liebe, auch nicht mit den größten Summen. *Nur durch ständige Bemühung kann man es erlangen*, Schritt für Schritt, Stückchen um Stückchen. Und nur dadurch, daß man in seinem Begehren weniger und weniger haben will, daß man seine Neigungen und seine Abneigungen »läßt«, losläßt, abbaut. Das ist kein leichter Weg. Er erfordert viel Kraft. Wer glaubt, inneren Frieden und Glück dadurch zu finden, daß er nichts tut, allen Pflichten aus dem Weg geht und sich etwa noch von anderen aushalten läßt, der wird es nie finden.

Eine Warnung kann ich an dieser Stelle nicht unterlassen: *die Warnung vor falscher Verkrampfung* in der ernsthaften und beharrlichen Anstrengung. Wir westlichen Menschen neigen immer dazu, wenn wir unbedingt etwas *wollen*, wenn wir darum kämpfen und uns daran festbeißen. Dann wird aus der gesteuerten Spannung unserer Kräfte Überspannung, Überspanntheit und Verkrampfung.[13] Das ist das Gegenteil des Loslassens, des Dahinschwindens des Begehrens und des Wollens. *Wir können dieses Lassen geradezu als den Kernbegriff des buddhistischen Wegs in der täglichen Lebenspraxis bezeichnen.* Je mehr wir etwas wollen, um so weniger können wir ein Ende der inneren Spannung finden. Und je mehr wir loslassen, um so gelöster werden wir. Ich brauche nur zu wiederholen: »Das brauche ich nicht.« Wer es ehrlich sagen kann, frei von jedem Wollen, der ist frei.

Der wahre Jünger Buddhas wird nicht gegängelt von den äußeren Dingen dieser Welt: Gewinn oder Verlust, Ehre oder Nichtachtung bei seinen Mitmenschen, Lob oder Spott und Hohn. Wenn er in seinem steten Bemühen ihnen standhält, dann geht im ständigen Wandel der Dinge alles das so rasch über ihn hinweg und von ihm fort, wie es gekommen war. So rasch wie gelegentlich Unsicherheit und Zweifel, die ihn kurzfristig quälen mögen. Es ist nun einmal ein nicht leichter Weg, den er geht. Wer die Erweckung seines Geistes sucht, hat vom ersten Schritt an jeden weiteren Schritt sorgsam zu setzen. Nur so kann er vorankommen heute, morgen und so fort. Das rechte Bemühen darf ihn nie verlassen. Es wird sein bester Helfer sein. Immer steht im Hintergrund das Begehren des ICH. Mag die Lösung vom ICH, das Lassen am ICH im augenblicklichen Erleben oft schmerzhaft sein – es ist der WEG zur Befreiung vom Leiden, der WEG zur »Erlösung«.

Da fallen mir die Worte Jesu aus der Bergpredigt ein (Matthäus 7.13): »Tretet ein durch die enge Pforte! Denn weit ist die Pforte und breit der Weg, der ins Verderben (zu lesen: ins Leiden) führt, und viele wandeln auf ihm. Wie eng ist die Pforte und wie schmal der Weg, der zum Leben führt, und nur wenige sind es, die ihn finden.«

7. Rechte Achtsamkeit

> »Bemüht euch um die Achtsamkeit.
> Das ist der gerade Weg zur Erlö-
> sung.«
> Buddha

Das rechte Bemühen verlangt die engste Verschwisterung mit der rechten Achtsamkeit: *die gesammelte Aufmerksamkeit oder Bewußtheit*, die volle Offenheit für das, was man jetzt gerade tut, um darin ganz gesammelt zu sein. Das betrifft die

- *Achtsamkeit zunächst auf den Körper*, indem man sich die durchweg im Unbewußten ablaufenden Tätigkeiten voll bewußtmacht, wie Ein- und Ausatmen, das Gehen, das Stehen und alle anderen körperlichen Verrichtungen vielfältiger Art. Schon das ist eine hohe Schule der Persönlichkeit, denn sie wird dabei ungeteilt ganz eins in Körper, Seele und Geist. Die Eutonie ist mit ihren vielfachen Auswirkungen dafür eine große Hilfe und zugleich des beste Zeugnis.

- *Achtsamkeit auf die Sinnesempfindungen und Gefühle*: Wie empfinde ich sie – angenehm, unangenehm, mich packend oder gar überwältigend, mich abstoßend, mehr gleichgültig oder neutral? Sie erkennen, ganz bewußt auffassen, also von ihnen wirklich *wissen*. Sie als solche geistig aufnehmen, aber nicht gleich bewerten oder über sie urteilen: Nur die Wirklichkeit erkennen!

- *Achtsamkeit auf den Gemüts- oder Geisteszustand*, auf das damit eng verknüpfte Denken: Bin ich gesammelt oder zerstreut, erfüllt mich Abneigung oder gar Haß, bin ich voll Begehren oder davon frei? Auch hier geht es im wesentlichen um das realistische Erkennen meiner augenblicklichen Situation.

- *Achtsamkeit auf die jeweiligen Inhalte der Gedanken, der Denkobjekte*: Selbstverständlich gilt auch hier das soeben Gesagte. Wer sich seiner selbst nicht bewußt ist, der weiß gar nicht, wie viele Gedanken ständig in ihm umgehen und damit unausgesetzt Energie binden und verbrauchen. Wenn die Gedanken nicht mehr *mich* haben, sondern wenn *ich sie* habe, erst dann kann ich das sein, was ich sein möchte: ganz eins in mir und mit mir.

Diese Achtsamkeit bewirkt innere Ruhe in Seele und Geist. Unruhe, ständiger Wechsel, Unbeständigkeit, um nicht zu sagen die Flatterhaftigkeit im Untergrund meines Geistes (anicca), gerät unter Kontrolle. Haben wir die Erkenntnis, die

Einsicht in unsere Wirklichkeit, so können wir sie ungleich leichter beherrschen. Ihr eine feste Ausrichtung geben. Aber zuerst müssen wir erkennen, was in uns los ist: daß wir zum Beispiel die Ruhe verlieren oder der Zorn in uns aufsteigt. Nur wenn wir das erkennen, geistig erfassen, können wir dem steuern.

Die rechte Achtsamkeit trennt das Erkennen und Wissen vom Bewerten und Urteilen, was ich soeben schon berührte. Wir sind in jedem Augenblick ganz »da«, das heißt total gesammelt in dem, was wir gerade tun. Dabei kann unser Denken nicht abschweifen auf den Ärger von gestern, auf den Wunsch eines Kindes, auf eine Aufgabe, die wir nur ungern erledigen, auf tausend Dinge bis hin zur Fragwürdigkeit unserer Welt. Deshalb können wir sozusagen nüchtern-sachlich die Wirklichkeit unseres augenblicklichen Zustands oder Befindens erkennen. Zum Beispiel »Ich weiß, daß ich jetzt schlechte Laune habe.« Diese noch ganz sachliche Erkenntnis und Feststellung bewirkt, daß ich ganz im Sinn der Klarheit meiner Aufgabe und meines Wissens darum jetzt meine schlechte Laune bewerten oder über sie urteilen kann. Dann weiß ich auch, was ich zu tun habe. Ich habe Abstand zu meinem Zustand gewonnen. Mein Blick ist objektiver geworden. Ich bin ein Stück mehr Herr meiner selbst und ein Stück weniger der Sklave meiner Laune, meiner Gefühlsregungen und -wallungen.

Achtsam sein heißt ganz im jetzigen Leben, nicht im Gestern und nicht im Morgen zu sein. Über Vergangenes zu grübeln, zum Beispiel einem früheren falschen Verhalten in Bedauern und Selbstvorwürfen nachzuhängen, oder sich über die Zukunft Sorgen zu machen, bringt absolut nichts Positives ein. Es ist ein ständiger Energieverlust, macht Kummer noch schlimmer und Sorgen noch schwerer. Deshalb nagt es auch an der Gesundheit von Seele und Körper. Leben wir ganz im jetzigen Augenblick, erleben wir ihn ganz intensiv, sammeln wir unseren Geist auf diesen Moment! Tun wir das, was jetzt zu tun ist, so gut wie möglich und ohne Fehler: Verschieben wir es nicht auf morgen! Dann sind wir in der Wirklichkeit der Gegenwart. Dann ist alles gut. Für die Zukunft kann es keine Wirklichkeit, keine Realität geben, sondern nur Gedanken und Vorstellungen. Im Hier und Jetzt vollzieht sich unser Leben, in der ewigen Gegenwart das Jetzt.

Das Wichtigste: Tragen Sie die Achtsamkeit in Ihren Alltag nach dem Slogan aus dem Zen-Buddhismus, der viele Jahrhunderte alt ist:

TUE, WAS DU TUST!

Machen Sie sich ihn so zu eigen, daß er Ihnen zur zweiten Natur wird. Wenn Sie Ihre Hände waschen, dann seien Sie ganz in jeder Bewegung der Hände, die Sie dabei machen. Wenn Sie eine Hausarbeit, welcher Art auch immer, verrichten, dann seien Sie auch mit Ihrem Kopf bei jedem Griff, den Sie tun. Wenn Sie die Zeitung oder ein Buch lesen, dann seien Sie ganz und gar bei dem, was Sie da erfahren oder bedenken, und bei nichts anderem. Wenn Sie meditieren, dann seien Sie total in Ihrer Meditationshilfe, zum Beispiel bei der Beobachtung des Atems in der Bewegung Ihrer Bauchdecke. Dann werden Sie bald ständig bemüht sein, nichts Unbedachtes zu tun oder geschehen zu lassen.

Eine ganze Reihe von praktischen Beispielen aus dem Alltag zu diesem so schlichten und so inhaltsschweren Satz TUE, WAS DU TUST habe ich übrigens gegen Ende unseres Buches »Lebenskraft« aufgeführt. Sie haben schon vielen Menschen geholfen – auf ihrem äußeren Lebensweg genauso wie auf dem inneren.

»*Niemand kann zwei Herren dienen*« besagt die alte Volksweisheit, die heute so viele vergessen wollen. Auf seine Weise besagt auch dieses Wort: Immer nur *eine* Sache tun, diese aber ganz, mag sie im Augenblick wohl Zeit kosten. Niemand kann zwei Dinge gleichzeitig tun. Wer es versucht, macht keine richtig und verliert unnötig seine Ruhe und Kraft. Wer das TUE, WAS DU TUST verstanden hat, der hat ein ganzes Lebensprogramm vor sich. Er wird bald spüren, wie sich sein höheres *Selbst* herausheben will aus dem Niveau der vielen Wünsche und des vielen Begehrens. Aus seiner erhöhten Warte bekommt es das ICH, das kleine *selbst*, im Körper und im Geist in steigendem Maß unter seine Kontrolle. In dieser Weise an sich zu arbeiten heißt, täglich dem Ziel ein Schrittchen näher zu kommen, ganz »bei sich« zu sein und kaum noch »außer sich« zu geraten.

Unser ganzes Leben wird so eine Übung, die uns je länger sie fortschreitet, um so tiefer beglücken kann. Wir erkennen, daß jede Situation, in die uns das Leben hineinführt, die beste aller Gelegenheiten ist, an unserem ICH zu arbeiten. Denn sie kann in dieser Form nicht wiederkehren. Wie Gottfried Keller (1819–1890) so treffend sagt: »Unser Schicksal ist uns *einmal* in die Hand gegeben: heute!« Und ein Zen-Meister im alten Japan drückte es so aus: »Da, wo du stehst, ist heiliger Ort.« In jedem Augenblick sind wir gebunden im ewigen Fließen der Zeit, im ewigen Jetzt. Deshalb konnte Buddha seinen Schülern sagen, was ich bewußt auch an den Kopf dieses Kapitels gesetzt habe: »Bemüht euch um die Achtsamkeit. Das ist der gerade Weg zur Erlösung.«

8. Rechte Meditation

»In der Stille ist alle Kraft.«
Bernhard von Clairvaux (1091–1153)

Die Achtsamkeit, die wir soeben besprochen haben, trägt dieses letzte Glied des Achtfachen Pfades des Buddha eigentlich vom Grundsätzlichen her gesehen schon in sich. Denn die wohl treffendste Definition des Begriffes Meditation lautet: *Sammlung des Geistes auf einen Punkt*. Und das ist doch zugleich das Kennzeichen der Achtsamkeit. Der Begriff der Meditation hat jedoch noch seinen ganz besonderen Charakter als eine ausgeprägte Hilfe oder »Technik« der inneren Versenkung oder sozusagen der Vertiefung in sich selbst, und zwar nicht im äußeren Leben, sondern vorzugsweise ganz in der Stille. Und eben das strebt dieses letzte Glied des Achtfachen Pfades gewissermaßen als die Krone der Geistesschulung im besonderen an. In manchen buddhistischen Schriften wird dafür auch der Begriff *der Konzentration oder der Sammlung* gebraucht. Halten wir diese beiden Worte bitte scharf auseinander: Die »Konzentration« trägt eine gesteigert bewußte Willensbemühung in sich. Sie führt deshalb sehr leicht zu innerer Überspannung oder Verkrampftheit mit ihrer seelischen Blockade. Hier ist der Mensch nicht mehr in der rechten Mitte! Das ist aber sehr wohl der Fall bei der inneren »Sammlung«, in der der Mensch ganz »bei sich« ist. So wie es uns das ungestört spielende Kind zeigt, das total in sein Spiel versunken ist, so daß nichts anderes mehr in ihm Platz haben kann. Insofern könnte ich dieses Kapitel auch mit »Rechte Sammlung« überschrieben haben. Aber dagegen würde wiederum die gleiche Überlegung sprechen, die ich soeben im vorhergehenden Absatz angeführt habe.

Dieses Buch will die für den Buddhismus wesentlichen Grundgedanken schlicht und klar darlegen. Da hätte es wenig Sinn, auf allzu spezifische *Details der rechten Meditation* einzugehen, wie sie sich in zweieinhalbtausend Jahren in vielfacher Weise entwickelt haben. Das würde uns hier nicht helfen, sondern die Dinge eher verunklaren. Wir wollen ja vor lauter einzelnen Bäumen den Wald nicht vergessen, um an die bekannte Redensart anzuknüpfen. Deshalb beschränke ich mich bewußt auf *die vier Stufen* der Sammlung, der Versenkung, *der inneren Vertiefung in der Meditation*, die wohl allen buddhistischen Meditationsarten zu eigen sind:

- *Voraus* sind unerläßlich zu beachten die aufrechte Körper- und Kopfhaltung im Sitzen, die regelmäßige Übung, was Zeit und Ort anbelangt, und all das, was wir in unserem Buch »Lebenskraft – Selbstverwirklichung durch Eutonie und Zen« in den sechs Kapiteln des Buchteils über die Zen-Meditation knapp und klar dargelegt haben. Das hier auch nur auf das Wichtigste beschränkt wiedergeben zu wollen hieße, den Rahmen dieses Buches ungebührlich zu sprengen. Sie können dort alles im Detail nachlesen.[14]
- 1. Von Sinnesregungen und von Begehren freie Versenkung, in der sich das Gefühl des Wohlaufgehobenseins, von Heiterkeit und Ruhe bildet. Sicherlich ist noch ein Rest von rationalem Denken da, aber die in der Lehre so zusammengefaßten fünf Hemmungen sind schon verschwunden: Begierde, Abneigung (Haß), Trägheit, Unruhe und Zweifel.
- 2. Volle innere Ruhe, volles Stillewerden in Kopf und Herz, sozusagen »die innere Meeresstille«. Das rationale Denken hat aufgehört. Die Fähigkeit, sich über längere Zeit hinweg ganz auf *einen* Punkt zu sammeln, hat sich entwickelt, zum Beispiel auf die Beobachtung des Ein- und Ausatems in der Bewegung der Bauchdecke.
- 3. Gleichmut, innere Klarheit, hochgradige Sammlung, Grundstimmung von Andacht. Die Regungen von Gefühlen sind im »gleichen Mut«, in der ständig gleichen Grundstimmung untergegangen. Das »Jenseitige« beginnt sich zu regen, und das ICH beginnt, sich in ihm zu finden, sich in ihm aufzulösen. Wenn noch ein Gefühlszustand beschreibungsfähig ist, dann der eines den ganzen Körper ergreifenden Glückempfindens.
- 4. Nur noch Gleichmut, Frieden und Andacht in der höchsten Vollendung. Jegliches Gefühl von Glück oder Leiden ist weggefallen, ist versiegt, auch ein gelegentliches Aufblitzen davon. Den Unterschied von Subjekt und Objekt gibt es nicht mehr, also auch den leisesten Gedanken: Da

bin ich, und dort ist etwas anderes. Es gibt keinen Gegen-
-stand mehr, alles ist in-ständlich. Das Jenseitige in uns ist
aufgestanden, das ICH ist eins mit ihm.

Voraussetzung für jegliches Meditieren sind innerer Frieden
und Gelassenheit. Ohne sie ist es schwerlich möglich, das
persönliche Leid in seinen unendlichen Formen auf dem geistigen Weg anzunehmen, ohne über seine zumeist peinlichen
Ursachen und Folgen nachzudenken. Es gilt ja, voll und ganz
in der Meditation zu sein. Das bedeutet, daß die ganze Energie
eingesetzt ist, ohne einen Rest. Nur so ist die »Konzentration«, die totale Sammlung auf unser *Selbst* möglich, die uns
am Ende von unseren Leiden befreien kann.

Täglich einige Zeit ganz für sich zu sein weckt die innere
Stimme und bringt sie zur Entfaltung. Da darf es keine äußere
Ablenkung geben, auch kein Lesen von noch so erhebendem
Inhalt. Selbst von geliebten Menschen heißt es völlig »frei« zu
sein. Nur der auf sich selbst zurückgezogene Geist vereinigt
in sich alles das, was wir für die rechte Erkenntnis und Gesinnung, für die Erlangung der »Weisheit« brauchen. Ganz allein
sein kann man übrigens inmitten einer großen Menschenmenge, mitten in der Warteschlange an der Kasse des Supermarkts.
In seinem tiefsten Innern ist jeder Mensch allein. Und in
jedem lebt, wenn vielleicht auch noch so schwach, das Verlangen nach der Befreiung des *Selbst* aus den Nöten dieses
Lebens. Das ist die Triebkraft, die im Untergrund immer
lebendig ist, zur Arbeit an uns selbst.

Vergessen wir nicht die Kontemplation als gleichsam die
kleinere Schwester der Meditation. Es ist die selbstbeobach-
tende und selbstkritische »Innenschau«. Sie erkennt die
Schwächen der Persönlichkeit, fragt danach: Welche ist die
wichtigste, die für meine innere Entwicklung gefährlichste,
die mir am meisten zu schaffen macht? Was sagt meine innere
Stimme, wie ich davon frei werden kann? Der schon einmal
erwähnte spätrömische Kaiser und Philosoph Mark Aurel

sagt: »Denke daran, daß das, was Dich wie an unsichtbaren Fäden hin- und herzieht, in Deinem Innern verborgen ist. Dort wohnt . . . das Leben, dort sozusagen der eigentliche Mensch. Nie verwechsle damit das Dich einschließende Gehäuse Deines Körpers.«

Aber bitte keine »Nabelschau«, das heißt keine hypochondrische Selbstbewußtheit im Sinn übersteigerter Selbstbeobachtung und ständiger Selbstbezogenheit. Zu lange Perioden des Sitzens in Zen-Meditation sprechen das westliche Empfinden und Denken nicht an. Wer sich besonders zu Anfang seiner bewußten Arbeit an sich selbst dazu nötigt, macht es sich selbst unnötig schwer, in die Tiefe zu kommen. Die Gefahr, daß das ICH dabei eher gestärkt als geschwächt wird, ist nicht gering. Solange aber das ICH uns beschäftigt, ist das Aufgehen im EINEN nicht möglich.

Der westlich-christliche Boden, auf dem wir alle aufwuchsen, macht es uns hier nicht leicht. Wir konnten über die Jahre weg oft beobachten, wie das kritiklose Übernehmen der japanischen Strenge im Sitzen zu falscher Verhärtung und innerer Erstarrung, um nicht zu sagen Verkrampfung, führen kann, die sich mit dem lebendigen Leben und der christlichen Forderung nach liebevoller Zuwendung zum Mitmenschen kaum vereinen läßt. Alles muß in Ruhe und langsam wachsen können, wenn es gesund sein soll. Dieses Grundgesetz der Natur gilt gewiß auch hier.

Der Unterschied zwischen christlicher und buddhistischer Meditation ist offenkundig: *Im Christentum* ist Meditation (von meditari = nachsinnen, über etwas nachdenken) das besinnliche Nachdenken über schon vorgegebene religiöse Inhalte wie die Worte der göttlichen Offenbarung, das Leben und das Leiden Christi. Es ist das Sichversenken darin in Gedanken und geistigen Bildern. Zudem erscheint die Gestalt Gottes als des allmächtigen Über-Vaters meinem persönlichen Ich als gegenüberstehend.

Im Buddhismus ist Meditation dagegen gleichsam ein Marsch in die unbekannte Weite der Wirklichkeit dieser Welt und dieses Lebens, die es zu erkennen gilt. Da ist nichts vorgegeben. Da sind keine Vorstellungen oder Bilder, da ist keinerlei Denkbegriff oder Glaubensinhalt, den es zu vertiefen gelte. Da ist innere Leere. Das Ziel ist Wesensschau (Kensho), ist Erlebnis der wahren Wirklichkeit (Satori). Die Meditation ist hier die ganz systematische Bemühung um die rechte Selbsterkenntnis. Das Ergebnis ist das Hineinwachsen in ein neues Weltbild, in eine neue Selbstsicherheit ohne das ICH als Zentrum, in ein neues Bewußtsein, das uns freier und unabhängiger macht von dieser Welt. Die Befreiung aus deren Not (»Erlösung«) wird hier erreicht ausschließlich durch die eigene Arbeit an sich selbst im Hier und Jetzt. Sie wird nicht erreicht durch ein fremdes Erlösungswerk in der Vergangenheit oder durch Ereignisse in ferner Zukunft oder im imaginären Jenseits. Der Schlüssel dazu ist die Überwindung des ICH in seinem Aufgehen in der Einheit alles Existierenden.

Am Anfang dieses Kapitels definierte ich den Begriff der Meditation: Sammlung des Geistes auf *einen* Punkt. Wenn wir uns bemühen, in der rechten Achtsamkeit wie besprochen immer im Hier und Jetzt zu sein, dann – es sind nur andere Worte – sind wir *in unserem alltäglichen Leben in ständiger Meditation*. So ist der Alltag unser bestes Übungsfeld, wie wir uns das schon im vorigen Kapitel unter dem Schlagwort TUE, WAS DU TUST klargemacht haben. Das ist dann in der Tat »der gerade Weg zur Erlösung«, wie es Buddha selbst formulierte. Es liegt auf der Hand, daß diese Arbeit nach innen ihre Wirkung auch nach außen hin haben muß: Sie prägt mit der steigenden inneren Getragenheit und Ruhe auch das Auftreten und die äußere Erscheinung im Sinne einer gesteigerten geistigen Ausstrahlung. Das im Sinne des Wortes von Albert Schweitzer: »Kraft macht keinen Lärm. Sie ist da und wirkt.«

KARMA UND WIEDERGEBURT, LEBEN UND TOD

> »Obwohl Sklaven der Vergangen-
> heit, sind wir die Gebieter der Zu-
> kunft.«
> Pascal (1623–1662)

In unseren Betrachtungen kommen wir nun zu einem Kern-
problem, bei dem sich das durchschnittliche westliche Denken radikal unterscheidet vom buddhistischen und vom Denken weiter Teile der asiatischen Welt überhaupt: Es ist die
Problematik von Leben und Tod.

1. Einführung

> »Es gibt mehr Ding' im Himmel und
> auf Erden, als Eure Schulweisheit
> sich träumen läßt.«
> Shakespeare (im »Hamlet«)
> (1564–1616)

Zur Einleitung dieses Kapitels aus vielen möglichen aus dem
Leben gegriffenen Fällen hier nur *zwei Beispiele*:[15]

In einem Forsthaus in der inneren Schweiz wächst ein noch
kleiner Junge wohlbehütet auf. Kaum hat er das Sprechen
soweit erlernt, beginnt er folgenden immer wiederkehrenden
Traum zu berichten. Des öfteren schreckt er dabei vor Angst
schreiend aus seinen qualvollen Bildern empor. Diese Träume
stellen sich über einige Jahre immer wieder ein, für seine
Eltern völlig unverständlich, bis sie sicherlich auch durch
deren beruhigende Wirkung langsam abebben.

Vorbemerkung: Für die beiden jungen Schweizer Eltern
waren Worte wie Konzentrationslager – etwa *Auschwitz,
Menschenvergasung* usw. – Begriffe aus einer fernen, anderen

Welt. Einzelheiten darüber haben sie bis dahin nie gehört oder gelesen. Das Kind konnte davon niemals auch nur ein Wort gehört haben. Hier die wiederkehrende Traumschilderung des kleinen Jungen:

Er befindet sich inmitten einer zusammengedrängten großen Menschenmenge, bestehend aus Männern und Frauen, von Kleinkindern bis zu Greisen. Sie ziehen sich alles aus und wandern in einer langen Reihe in einen großen Raum, eine riesige Halle mit niedriger Decke. Immer mehr Menschen kommen herein durch das große Tor, bis sie alle dicht an dicht zusammengepfercht sind. Das Tor wird geschlossen. Da fällt von der Decke ein weißlicher Staub, und kurz danach beginnt ein entsetzliches Schreien und Brüllen, Menschen fallen um, andere treten auf die schon liegenden Körper hinauf, ringen nach oben hin um Luft so lange, bis das Inferno langsam mit den letzten Schreien und Atemkrämpfen und Zuckungen der übereinanderliegenden Leiber endet.

Woher konnte das Kind unter seinen äußeren Lebensumständen jemals von diesen schrecklichen Dingen gehört haben? In dieser der fürchterlichen Wahrheit exakt entsprechenden Form? Eben ein »Zufall«, wie manche gedankenlos das Problem wegschieben? Aus welcher Quelle kann es ihm aus dem Nichts »zugefallen« sein?

Das zweite Beispiel: Ein kleiner Junge, noch nicht einmal des Sprechens fähig, hat *eine panische Angst vor Feuer*. In seinem kurzen Leben hat er noch keinerlei böses Erlebnis mit Feuer gehabt. Von den Luftangriffen des zweiten Weltkriegs und den entsetzlichen Feuersbrünsten, die ganze Städte auslöschten, kann er noch gar nichts vernommen haben. Seinen Eltern waren solche Erlebnisse in ihrer Kindheit erspart geblieben. Die winzige Flamme eines soeben angebrannten Zündholzes führt zu »absolut unverständlicher« panikartiger Reaktion. Ein kleines Feuerchen auch nur von ferne anzusehen, geschweige denn zu ertragen, etwa die harmlose Feuerstelle unter dem Kochtopf einer Jugendgruppe, die es wohl bewacht, ist dem Kind unmöglich. Über zehn Jahre an diesbezüglich liebevollster Zuwendung und echt therapeutischer Bemühung der Eltern, die einschlägige Vorbildung haben, sind nötig, um den heranwachsenden Jungen auch nur einigermaßen zu befreien von seiner panischen Angst vor selbst der kleinsten Flamme. – Ist auch dieser Fall ein »Zufall«? Ist dem Kind diese panische Angst ebenfalls aus dem Nichts »zugefallen«?

Ich könnte diesen beiden augenfälligen Beispielen mühelos *eine stattliche Reihe weiterer Fälle des gleichen Grundcharakters* anfügen, die uns im Lauf der Jahre zugetragen wurden von durchaus kritischen Menschen aus verschiedenen Berufsbereichen und Bildungsstufen. Von diesem Erleben waren sie alle ausnahmslos tief betroffen. Solche Menschen reden darüber nicht gern, ebenso wie Reanimierte von ihrem Sterbeerlebnis. Wenn sie es tun, werden sie zumeist verlacht oder für verrückt gehalten. – Ich zitiere Winston Churchill:

> »Gelegentlich stolpern die Leute über eine Wahrheit, aber sie richten sich auf und gehen weiter, als wäre nichts geschehen.«

Wer bemüht ist um die buddhistische Lehre von der Wirklichkeitserfassung – kann auch der an solchen Berichten vorübergehen, »als wäre nichts geschehen«?

Fast alle westlichen Menschen fürchten den Tod, das Ende ihres physischen Körpers. Nicht wenige sehen darin heute sogar das Ende ihrer Existenz überhaupt, die sich allenfalls nur mittelbar im Leben ihrer Kinder fortsetzen mag. Aber noch glaubt ein großer Teil der westlich-christlichen Menschen mehr oder minder tief oder vage an die Unsterblichkeit ihrer individuellen, für immer fortbestehenden Seele. Demgegenüber glaubt die Masse der östlichen Menschen an Karma und Wiedergeburt, also daran, daß wir das sich drehende Rad unserer Wiedergeburten durch unser eigenes Tun steuern.

*Betrachten wir unsere westliche und diese östliche Lebens-
anschauung,* so können wir ganz nüchtern feststellen, daß
beide rational nicht beweisbar sind:

- *Die westlich-christliche Lehre verkündet* das – unbewiesene – Fortbestehen der individuellen Seele auf ewig. Dies
  geschieht entweder in ewig sich fortsetzender Qual der
  Hölle als Folge ihrer schweren Sünden, die sie in diesem
  Leben begangen haben, oder aber in einem himmlischen
  Zustand, der ihr durch eine recht bescheidene eigene Bemühung und durch eine fremde fast übermenschliche Bemühung, nämlich des qualvollen Opfertodes eines göttlichen Menschen, beschert wurde. Sozusagen als Übergang
  vom ersten zum zweiten wird an das »Fegefeuer« geglaubt,
  als Abbuße für nicht allzu schwere Sünden, bevor man den
  himmlischen Zustand erreichen darf.

- *Die östlich-buddhistische (und hinduistische) Lehre* verkündet die – in gleicher Weise unbewiesene – Bestimmung
  unseres Geschicks in den künftigen irdischen Daseinsformen durch unser gutes bzw. schlechtes Verhalten im jetzigen Leben, also ausschließlich durch uns selbst. Die Wiedergeburten wiederholen sich so lange, bis wir uns so weit
  vervollkommnet haben, daß wir nicht mehr in diese Welt
  des Leidens wiedergeboren zu werden brauchen, sondern
  in das köstliche Nirwana eingehen dürfen. Hier geht der
  Tropfen unserer individuellen Seele, unserer Lebensenergie, wiederum auf im Ozean der allumfassenden Urenergie, des Geistes im weiten Sinn, woraus er vor Zeiten ja
  hervorgegangen war.

Das westliche Denken ist nicht zu verwundern. Wer im westlich-christlichen Kulturkreis aufwuchs, hat selbstverständlich
immer nur die hier übliche dogmatisch geprägte Welt erlebt
und wurde zudem in der strikten Ablehnung andersartiger
Gedanken erzogen. Im Regelfall hat er von solchen überhaupt
nichts gehört. Denn sie wurden mehr oder weniger sorgfältig

von ihm ferngehalten bzw. von vornherein verzerrt dargeboten. Also mußte er diese andersartigen Gedanken als irgendwie exotisch an sich abgleiten lassen und sich mit ihnen erst gar nicht auseinandersetzen. Dazu kommt das ebenso einfache wie folgenschwere Gesetz von der Trägheit des Denkens, dem wir alle ausnahmslos unterworfen sind. Nur wenige selbständig denkende Geister bringen es fertig, sich wenigstens teilweise darüber zu erheben. An anderer Stelle habe ich das genauer behandelt.[16] Ergebnis: Der durchschnittliche westliche Mensch kann mit der Lehre von der Wiedergeburt nichts anfangen. Er lehnt sie von vornherein ab.

Im Bereich des östlichen Denkens gilt, sinngemäß zu verstehen, umgekehrt ähnliches. Nur mit den Unterschied, daß im Zeichen der ausgeprägten buddhistischen Toleranz der Andersdenkende nicht verfolgt und zudem das Denken der Menschen durch die ständig geschürte Angst vor ewiger Höllenqual nicht vernebelt wird. Aber auch der durchschnittliche östliche Mensch kann mit dem christlichen Denken nichts anfangen, und so beschäftigt er sich erst gar nicht genauer mit ihm. Wer es doch tut, findet von seinem buddhistischen Standpunkt aus die westliche Anschauung von Leben und Tod geradezu als absurd. Das wird sich sofort zeigen, wenn wir uns nun nach dieser groben Gegenüberstellung dem eigentlichen Gegenstand dieses Kapitels zuwenden.

2. Die Gesetze der Kausalität und der kosmischen Harmonie

»Nihil fit sine causa.«
Altrömischer Lehrsatz

Die Lehre von Karma und Wiedergeburt beruht auf dem *Gesetz von Ursache und Wirkung*. Dieses Kausalitätsgesetz hat universellen Charakter: Es gibt nichts an Dingen, Abläufen, Erscheinungen, Prozessen usw., das ohne Ursache wäre. Dieses Kausalprinzip formulierte schon Aristoteles (384–322 v. Chr.) in elementarer Form. Sein Inhalt entspricht dem Satz vom zureichenden Grund: »Nihil fit sine causa« (»Nichts geschieht ohne Ursache«).

Es wird zuweilen vorschnell behauptet, das Gesetz von Ursache und Wirkung *sei durch moderne Erkenntnisse »überholt«*, es habe heute keine Gültigkeit mehr. In dieser Form ist das gewiß nicht richtig. Die Plancksche Quantentheorie, die Heisenbergsche Unschärferelation und spätere Forschungsergebnisse heben dieses Kausalitätsprinzip nicht auf. Sie schränken es nur insofern ein, als sie eine gewisse Unsicherheit begründen hinsichtlich des Zeitpunktes oder des Umfangs oder der Art der eingetretenen Wirkung einer ganz bestimmten Ursache.[17] Auch Fritjof Capra betont, daß atomares Geschehen nicht willkürlich vor sich gehe, sondern daß es nur nicht durch lokale Ursachen in Gang gebracht werde, sondern durch nichtlokale Zusammenhänge, die wir nicht genau kennen.[18] Das beschränkt sich bei gewissen Voraussetzungen auf die Beziehung von zwei inkommensurablen physikalischen Größen eines mikrophysikalischen Systems.[19]

Im normalen Leben ist diese Einschränkung des absoluten Kausalitätsprinzips *bedeutungslos*. Vermutlich sind lediglich die Ursachen noch nicht exakt bekannt, die zu den unterschiedlichen Wirkungen führen. Dieses fundamentale Gesetz gilt also auch heute ohne Einschränkung in dieser unseren Sinnen zugänglichen Welt. Nach wie vor hat es seine Gültigkeit in der Naturwissenschaft. Im gesamten intellektuell-logischen Bereich ist es die unabdingbare Voraussetzung des richtigen Denkens.

Und nun die entscheidende Frage: *Warum sollte dieses universale Gesetz* in seiner ansonsten unbestrittenen Unerbittlichkeit *nicht auch im Bereich des Ethischen, des Moralischen gelten?* Warum sollte Newtons 3. Gesetz von Aktion und Reaktion nicht auch hier seine Gültigkeit haben? Hat doch auch hier jede Ursache ihre Wirkung, jede Aktion ihre Reaktion und umgekehrt: Keine Wirkung, kein Ergebnis, kein Geschehen ohne Ursache, keine (Folge-)Erscheinung ohne vorangegangenes Tun, ohne »Tat«, ohne »Karma«, wie es im alten indischen Sanskrit wörtlich heißt.

Alles, was in der Welt geschieht, *ist auch im Moralisch-Sittlichen das Ergebnis eines gigantischen Zusammenspiels von Ursachen und Wirkungen.* Wir durchschauen es nur selten, und auch dann zumeist nur in den oberflächlichen Schichten. Körper, Seele und Geist sind in gleicher Weise auch hier wie überall diesem unablässigen Zusammenspiel von uns durchschaubaren und uns nicht durchschaubaren Momenten mit seinem ständigen Wandel unterworfen.

Zurück zum Problem unseres Lebens: Nach der blinden Annahme *des westlich-materialistischen Denkens* wird es mit der Zeugung im Mutterleib geschaffen. Es, daß heißt seine Lebensenergie (nicht sein Körper, sondern die Tatsache, daß er lebt), kommt von nirgendwoher und löst sich in höchst erstaunlicher Weise mit dem Tod wieder in nichts auf, ohne irgendeine bleibende Spur zu hinterlassen. Einzig und allein unser Leben existiert also außerhalb des ansonsten allumfassenden Gesetzes von Ursache und Wirkung wie in einem Vakuum. Und wo bleibt, wenn man schon vom gezeugten Leben ausgeht, das Gesetz von der Erhaltung der Energie?

Nach der blinden Annahme speziell des westlich-*christlichen Denkens* soll das Leben in Gestalt der Seele mit dem Zeugungsakt der Eltern entstehen und dann ewige Zeiten fortbestehen, also niemals wieder erlöschen? Muß das, was für immer fortbestehen soll, nicht auch schon immer, das heißt vom Anbeginn der Zeiten bestanden haben? Kann irgend etwas aus nichts geschaffen werden? Ich wiederhole die Frage: Wo bleibt auch hier das Gesetz von Ursache und Wirkung, der Satz vom zureichenden Grund »Nichts geschieht ohne Ursache«? Und auch damit gibt sich unser ach so »rationales« Denken zufrieden!

Der Buddhist, der von der Tatsache des ständigen Wandels (anicca) ausgeht, kennt diese intellektuellen Probleme nicht. Er sieht klar. Denn er weiß, daß ausnahmslos alles Erschaffene und Lebende *dem Wandel unterworfen* ist, wie wir uns das im 1. Kapitel dieses Buches schon vor Augen geführt haben: Geburt, Wachstum, Niedergang, Tod. Der Wandlungsprozeß mag rasch oder in Äonen vor sich gehen wie das Abtragen eines Berges. Das Gesetz von Ursache und Wirkung, das Gesetz des Karmas kennt keinerlei Kompromisse. Wer den Tod »überwinden« will, der muß es schon im Leben tun. Durch die tiefverwurzelte Erkenntnis, daß alles Geborene zum Sterben und wie in der Natur zum Wiedergeborenwerden verurteilt ist. Das Sterben bedeutet frei zu werden: Nur wer sich erhebt über die Angst davor, ist wahrhaft frei. Nur wer sein Leben aufzugeben weiß, kann im tiefen Sinn des Wortes leben! Es ist gewiß kein Zufall, daß das alle großen Lehrer der Menschheit verkünden. Ein Gegensatz zum Leben ist das Sterben nicht. Denn das Leben geht immer weiter, nur seine Formen unterliegen dem ständigen Wandel.

Werfen wir einen *Blick in das Universum*. Sein Grundgesetz ist entweder Ordnung, oder es herrscht Chaos. Das Universum kann nicht teilweise durch ein klares Gesetz regiert sein und teilweise durch blinden, ungesteuerten Zufall.

Wenn es aber durch das klare Ordnungsgesetz regiert ist, dann können wir das nur als *das Gesetz von der Erhaltung der Harmonie* bezeichnen. Wird die Harmonie in der großen Ordnung der Dinge gestört, dann ist es der Wille der Natur, sie wiederherzustellen. Das können wir getrost auch das kosmische Karmagesetz nennen.

Der große Naturwissenschaftler und Philosoph – der er mit steigendem Alter mehr und mehr wurde – Albert Einstein betrachtete den *Kosmos* und die ihm innewohnenden und ihn formenden Gesetze als die absolute Ordnung, als *die vollendete Harmonie*. Die alten Griechen dachten schon so, sonst hätten sie ihr Wort für Ordnung, »Kosmos«, nicht zugleich in diesem unendlichen Sinn des Universums benutzen können. Diese Kräfte der Urenergie dulden keinerlei Störung ihres Gleichgewichts, ihrer Harmonie. Wir erleben es heute ganz drastisch in den Umweltschäden, die die Existenz der Menschheit auf unserem Stern zu bedrohen beginnen.

Wird die Harmonie, das Gleichgewicht in der Schöpfung gestört, dann muß es eben wiederhergestellt werden. Dafür sorgt die Natur auf ihre konsequente Weise. Ein Polsprung – von dem mehrere eindeutig historisch nachgewiesen sind –, eine gewaltige Naturkatastrophe, eine »Sintflut« stellt das verlorene Gleichgewicht wieder her. Dann hat sich der liebende und gütige »Gott« unserer Kindertage in den zornigen und strafenden »Gott« des Alten Testaments verwandelt.

Es liegt an uns, die Harmonie in der Schöpfung, der Grundlage unseres Lebens, zu bewahren. Tun wir es nicht, dann müssen wir eben die Folgen auf uns nehmen. Wieder muß ich sagen: Es gibt keinen Ersatz für die Wahrheit. Sie ist für unser Empfinden oft grausam. Aber gerade deshalb setzt sie sich am Ende allen Täuschungen zum Trotz doch durch. Ist das nicht im Kleinen so wie auch im Großen? Tritt dieses Grundgesetz des Kosmos nicht sogar in dem Urbedürfnis der menschlichen Seele nach Harmonie zutage?

Auf unserem kleinen Stern gilt also dieses Grundgesetz der Natur nicht minder. Und *ist der Mensch nicht auch Teil dieser Natur*, wenn auch nur ein noch so winziger Teil dieser gewaltigen Schöpfung? Gibt es irgendeinen vernünftigen Grund dafür, daß nicht auch der Mensch diesem Grundgesetz in all seinem Tun unterworfen sein sollte? Wenn das so ist, dann muß auch jeder Mensch jede Störung der Lebensharmonie, die er verursacht, wieder beheben, wieder gutmachen.

3. Im besonderen: Karma

>Wie Du Dich anstellst,
so geht es Dir.«
Geflügeltes Wort

Jetzt sind wir schon mitten im Begriff und im Problem des Wortes »*Karma*«. Es bedeutet, wie früher schon gesagt, »aktives Tun«, »Wirken«, »Aktion« in jeglichem Sinn positiver und negativer Art. Darüber hinaus trägt es alles das in sich, was durch dieses aktive Tun sozusagen als Schicksalsgut für jeden Menschen entstanden ist. Jeder von uns trägt das seine ständig in sich, ob es ihm bewußt ist oder nicht. Das Karma ist das kosmische Gesetz der universellen Harmonie, das uns in der menschlichen Welt leitet, die so verwirrend ist wie ein durcheinandergeratenes Fadenknäuel. Dieses Gesetz bewirkt die Wiedergeburt, die besondere Wesensart und das persönliche Geschick in der Zukunft.

Jeder – so sagt der Volksmund – hat sein Päckchen zu tragen. Es ist *die Summe des selbstgewirkten Schicksals* für die Gesamtdauer unseres individuellen Seins, mit dem wir eingeordnet sind in das Gesetz der universellen Harmonie. An allen Orten, in allen Ebenen, zu allen Zeiten, für alle Dinge und unter allen Umständen. Als wir uns mit der Wahrheit von der Entstehung des Leidens beschäftigten, da standen die Ursachen für das uns belastende Karma klar vor uns. Ein Kernpunkt ist die Mißachtung der vier Edlen Wahrheiten. Sie verstrickt uns fortlaufend in die Zukunft hinein in das Leiden (dukkha) und das sich immer weiter drehende Rad von Geburt und Tod.

Wenn der Kosmos durch dieses Gesetz regiert wird, dann sind die vielgebrauchten Worte wie *Glück oder Pech, Zufall und Schicksal falsche Begriffe*. Das Reden vom »Zufall« erklärt absolut nichts. Schon vor bald zweieinhalbtausend Jahren hat das Demokrit einen bloßen Deckmantel für das Unverständnis genannt. Herder (1774–1839) bezeichnet ihn ob seiner Willkür als einen »der größten Tyrannen der Erde«. Aber: Alles muß sich nach dem Gesetz von Ursache und Wirkung so entwickeln und ereignen, wie es sich ereignet. Dann ist auch alles im Sinn des kosmischen Gesetzes »richtig« und »gut«. Auch wenn es uns weh tut und wenn wir es in unserer geistigen Blindheit nicht verstehen. Denn ständig ist das Gesetz von der Wiederherstellung der von uns gestörten Harmonie am Werk.

»Was der Mensch sät, das wird er auch ernten«. Dieser Gedanke kehrt auch in den heiligen Büchern des Christentums des öfteren wieder. Wir säen wertvolle Saat und schädliche Saat, also positives und negatives Karma. Das eine kommt auf uns so zurück wie das andere. Davon gibt es kein Entkommen durch Vergessen oder Selbsttäuschung. »Nach welchem Maß ihr messet, nach dem wird euch gemessen werden« (Matthäus 7.2). Wer Wind sät, wird Sturm ernten! Das Leiden als Sühne oder Strafe für schuldhaftes Handeln des Menschen, als Wiederherstellung der gestörten Harmonie, wird schon im Alten Testament betont. »Wer boshaft handelt, wer Unheil sät, der erntet es auch« (Job 4.8).

Haben wir im Alltag nicht das geflügelte Wort: »*Wie du*

dich anstellst, so geht es dir«? Wir können es umformen: In dem, wie es dir geht, in dem, was du erleidest, triffst du keinen anderen als dich selbst! So begegnet der Mensch immer wieder sich selbst. Daher die Forderung Jesu, anderen das zu tun, was wir uns wünschen, daß sie es uns tun (Matthäus 7.12). Der kürzlich schon zitierte besinnliche Gottfried Keller sagt in seinen einfachen Worten:

>»Wer heute seine Gedanken sät,
>erntet morgen die Tat,
>übermorgen die Gewohnheit,
>danach den Charakter
>und endlich sein Schicksal.
>Darum muß er bedenken,
>was er heute sät.«

Nur so können wir uns lösen von Leid, Ärger und Begehren, die uns gerade erfüllen, und nur so können wir positives Karma aufbauen. Das kann uns helfen, Negatives abzuarbeiten oder zu löschen.

Viele westliche Menschen sehen im Karma Passivität, Lethargie, Fatalismus, Verzicht: Nichts wäre falscher! Ganz im Gegenteil *ist Karma das Gesetz des aktiven, schöpferischen Handelns*. Wie schon gesagt, steckt in seinem Begriff das aktive Tun, die dynamische Kraft, die wir positiv oder negativ gebrauchen können. Ganz nach der eigenen Entscheidung. *Das Karma ist nicht zwingendes Schicksal*, das Karma plant nichts und schafft nichts. Es ist absolut unpersönlich. Denn der planende und schaffende Mensch macht sein persönliches Karma selbst, und sonst niemand und nichts. Nur der Blinde kann Karma für ein Gesetz des Leidens halten. So prägte Pascal das Wort, das ich diesem Kapitel voransetzte: »Obwohl Sklave der Vergangenheit, sind wir die Gebieter der Zukunft.« Denn *wir* machen unsere Zukunft, wir selber sind unser Schicksal!

Und das gilt es in seiner ganzen Konsequenz zu sehen.

Jeder von uns muß *letztlich ganz allein seine Last tragen*, Krankheit und Leid trotz aller Hilfe von außen doch allein durchstehen und sich aus seinen Schwierigkeiten allein herausarbeiten durch seine eigene Bemühung. Wir kommen allein in die Welt, leben letztlich allein unser Leben und sterben allein für uns. Das ist uns allen auferlegt. Wir teilen das mit allen Wesen in dieser Welt. Keinem geht es besser.

Sollte zum Beispiel *eine schwierige menschliche Beziehung karmisch bedingt* sein, dann ist sie die Chance, in dieser Inkarnation eine karmische Belastung von früher aufzuarbeiten. Es gilt, die besondere Schwierigkeit der Beziehung zu hinterfragen, ihren Kern zu erkennen oder ihm wenigstens ein Stück näher zu kommen. Dann öffnet sich die Chance, im karmisch richtigen Sinn mit dem Problem fertig werden zu können. Schaffe ich es jetzt nicht, dann wird es mich eben noch in weitere Leben hinein begleiten und belasten müssen.

In diesem Zusammenhang taucht natürlich die Frage auf, die ich nicht übergehen möchte: *Gibt es eine wirkliche Freiheit des Willens?* Solange es Menschen gibt, haben sie darüber nachgedacht. Oder ist diese »Freiheit« nur eine Täuschung? Soeben habe ich schon darauf hingewiesen, daß eine fatalistische Auslegung des Begriffs Karma ganz einfach falsch sein muß. Die Trägheit und Gleichgültigkeit mancher Hindus, die diese fatalistische Anschauung teilen, kann uns ein warnendes Beispiel sein.

Auf der anderen Seite ist unstreitig jeder Mensch den Zwängen seiner äußeren Welt, seiner Wirklichkeit unterworfen. Man kann verzweifelt dagegen ankämpfen, oder man kann sich dem beugen. Die Zwänge sind da und engen uns ein. Das gibt uns die Antwort in der alten Streitfrage: Willensfreiheit oder Vorausbestimmtheit unseres Geschicks? Schon Platon hat uns mit dem bekannten Vergleich die Antwort gegeben: *Der Mensch hat die Freiheit des Willens so wie das Hündlein an der Leine seines Herrn.* Das heißt, der Hund ist innerhalb der Länge seiner Leine völlig frei. Mit ihrem Ende hört seine Freiheit auf. Die Länge der Leine bedeutet uns Menschen die wirkliche (!) Unabänderlichkeit der äußeren Lebensumstände so, wie wir sie durch unser persönliches Karma verdient und selbst geschaffen haben.

Nicht jedes – im großen gesehen – unbedeutende Lebensereignis muß karmisch festgelegt sein, etwa jede Erkältung oder jede Mahlzeit oder jede menschliche Beziehung. *Die meisten Einzelheiten unseres Lebens können wir mit unserem Denken und Willen gestalten*, wie wir wollen. Da sind wir im freien Spielraum der Leine unseres Schicksals. Davon abgesehen, daß das Leben in den Tausenden der kleinen Dinge und Begebenheiten viel zu vielgestaltig dafür ist, als daß es anders sein könnte. Auch manche aus der geistigen Welt kommende Stimme sagt das deutlich. Doch die uns treffenden Beschränkungen und Schwierigkeiten oder auch positiv: die uns treffenden Glücksfälle sind das Ergebnis unserer fehlerhaften oder richtigen Entscheidungen in unserer Vergangenheit. Sie erscheinen uns nur wie von außen kommende Einflüsse. In Wahrheit haben wir selbst den Grund für sie gelegt. Übrigens habe ich gleich am Anfang dieses Buches, als ich die Tatsache vom ständigen Wandel (anicca) behandelte, schon einige auch für diesen Zusammenhang wichtige Gedanken, zum Beispiel zu unserer Willensbildung, gebracht.

Natürlich ist es eine wichtige Frage im Einzelfall, ob das Karma, das wir aufbauen, mehr positiv oder negativ, mehr befreiend oder belastend zu beurteilen ist. Dafür ist *nicht so sehr die Tat als solche entscheidend als das Motiv*, das sie bewirkte, die besondere Absicht und die geistige Einstellung dabei. Es ist der große Unterschied,

- ob *ich* als Ergebnis meines Tuns etwas gewinnen oder einen Vorteil davon haben will, ob es sich für *mich* persönlich »auszahlt« im Hinblick auf irgendeinen Lohn, auf Geltung oder Macht, was *mir* dann, in welcher Form auch immer, zugute kommt,

- oder ob ich handle, ganz einfach, weil es bei den gegebenen Umständen richtig und recht ist, das zu tun. Das Gute um des Guten willen zu tun ist das einzig Wesentliche. Im Hintergrund steht dann immer die Tatsache, daß man anderen Menschen zuliebe handelt, abstrakt ausgedrückt: daß man im weitesten Sinn des Wortes in irgendeiner Weise der Menschheit selbstlos einen Dienst erweist. Es ist immer ein Tun der »Liebe«, um dieses reichlich abgegriffene Wort zu gebrauchen, das heißt der aktiven Liebe, des eigenständigen Tuns für einen anderen, der die Hilfe braucht.

Dabei ist nicht zu vergessen, daß *das Unterlassen einer in diesem Sinn angezeigten Hilfeleistung* dem aktiven Tun aus egoistischem Beweggrund gleichkommt. Es kann auch immer nur die selbständig gewachsene Entscheidung des einzelnen sein und nicht die Weisung einer Autorität oder die Berufung darauf. Daß der Buddhist keine Autorität außerhalb seiner selbst anerkennen und sich ihr nicht ohne eigene Überzeugung unterwerfen soll, habe ich ja schon einige Male betont.

Das kosmische Gesetz der universellen Harmonie wirkt mit absoluter Präzision und ist unerbittlich. Was hilft das Jammern und Beklagen meiner Lebensumstände wie meiner Gesundheit, meiner Hautfarbe, meines Geschlechts? Wie kurzsichtig ist das, was man zuweilen hört: »Wenn ich so gute Lebensumstände hätte wie jener, ja dann ginge es mir besser. Wie ungerecht ist das Leben!« Bitte kein falsches Selbstmitleid! Ich habe doch alles, was ich jetzt bin und was um mich herum ist, selber geschaffen. Und alles, was mir begegnet, habe ich selber verursacht. Alles mußte gesetzmäßig so kommen, wie es jetzt ist. Das war kein Walten des »Zufalls«, den es nicht gibt. Das alles beherrschende Gesetz der Kausalität hat mir mein Leben so, wie es jetzt ist, »zufallen« lassen. Meine tiefinnere Seele, mein höheres Selbst suchte für diese Inkarnation mein Elternhaus, meine Lebensumstände und die geistigen Strömungen in ihnen aus. Ich kann sie nur annehmen so, wie sie sind, um auf ihrer Grundlage an mir zu arbeiten für meine und ihre Besserung.

Karma ist das Gesetz der moralischen Vergeltung und Wiedergutmachung. Es ist das kompromißlose eherne Gesetz, das nicht »belohnt« oder »bestraft«, sondern ganz einfach die gestörte Harmonie wiederherstellt. Es besorgt den notwendigen Ausgleich. Die buddhistische Lehre kennt keine »Sünde« und schon gar keine ewig verdammende »Todsünde« als Frevel gegen »Gottes Gebot«. Beladensein mit negativem Karma, wiedergeboren werden zu müssen sind keine »Strafe«, ebensowenig wie das gebrochene Bein eines Kindes, das sich wider die elterliche Ermahnung achtlos in Gefahr brachte. Es ist nichts anderes als die ganz natürliche Folge, als die Wirkung aus der Ursache. Es ist das Gesetz der Natur. Und das kennt keine Ausnahme und keine »Verzeihung«, sondern nur die nötige Korrektur der Störung.

Der Buddhist sagt: *Der Mensch wird zu dem, was er getan hat und tut.* Und das ist die am meisten vernachlässigte Wahrheit unter den Menschen. Der Buddhist richtet sein Auge immer auf das einzig Wesentliche: auf den WEG, den wir alle zu gehen haben, um ihn in der rechten Arbeit an sich selbst gut hinter sich zu bringen. – Ist von hier gesehen Karma nicht wiederum letztlich das Gesetz der »Liebe«, das in absolut gerechter Zuwendung jedem einzelnen die absolut gleiche Chance gibt?

Es gibt nicht nur das persönliche Karma des einzelnen, von dem seither immer nur die Rede war, sondern auch *das Kollektivkarma.* Das baut sich je auf der besonderen Denkungsweise auf, die sich in den betreffenden Gemeinschaften ausbildet und sie mehr oder weniger beherrscht. Solche Gemeinschaften können einzelne Familien, Dörfer, Städte, Volksstämme oder Völker, Rassen oder auch die ganze

Menschheit sein. Jeder von uns kennt gewisse Familien, die sich etwas ganz Besonderes dünken oder in denen im Gegenteil stille Unauffälligkeit Familiengesetz ist und die sich entsprechend auch verhalten. Beispiele aus größeren Gemeinschaften bieten uns verschiedene Indianer- oder Negerstämme, nicht minder aber auch die weißen Völker. Sind etwa die deutsche Hybris, die sich seit 1870 in besonderer Weise entwickelte, oder die Hybris des weißen Mannes insgesamt mit ihrer dementsprechenden Einstellung den anderen Völkern bzw. Rassen gegenüber nicht treffliche Beispiele dafür? Und für die Ergebnisse, die »karmischen Rückschläge«? Oder: Wenn die Menschheit insgesamt durch ihre egozentrische Gedankenlosigkeit unsere Umwelt als die Grundlage unserer Existenz mehr und mehr zerstört mit dem unausweichlichen karmischen Ausgleich zur Wiederherstellung des Gleichgewichts? In dem denkbar unübersichtlichen Zusammenleben der einzelnen Menschen ist unser Blick für das Wirken des Karmas verständlicherweise verdunkelt. Hier in den größeren und großen Gemeinschaften zeigt es sich oft sehr deutlich. Es kann uns zuweilen zum Erschrecken bringen zu erkennen, wie wir uns doch nur selber durch unser Nichtsehen-Wollen der Wirklichkeit in schlimme Verstrickungen bringen. Die buddhistische Sicht kann uns daraus mindestens zu einem guten Teil befreien.

In der westlich-christlichen Bibel ist mehrfach die Rede vom »Buch des Lebens«, vom »Buch Gottes«, in dem alles und jedes über die Zeiten hinweg festgehalten ist, was ein Mensch denkt und tut. Andere sprechen vom »universellen Naturgedächtnis«. Auch die altjüdisch-christliche »Furcht des Herrn« mit ihrer Warnung »Gott sieht alles, Gott hört alles« ist nichts anderes als *die altasiatische Akasha-Chronik*, die unauslöschbar und allgegenwärtig ist. In ihr ist unser Karma, unser persönliches Schicksalsgut Punkt für Punkt und für alle Zeiten festgehalten. In unserer westlichen Welt hat sich mit der Aufklärung und ihrer einseitigen Betonung der Ratio im Gegensatz zur östlichen Welt dieses Wissen nur weitgehend verflüchtigt bis verloren. Dabei können uns die neuen westlichen Erkenntnisse der Kernphysik diese alte Weisheit bloß bestätigen: Jedes Tun und jedes Denken sind allerfeinste Energieschwingungen, die sich nicht in nichts auflösen können und weiter und weiter schwingen. Es bedarf nur des Organs, sie aufzunehmen.

4. Im besonderen: Wiedergeburt

>Nach allem ist es nicht überraschender, zweimal geboren zu werden als nur einmal.«
Voltaire (1694–1778)

Mit der Erkenntnis des Karmas ist als geradezu zwangsläufige Folge *die Lehre von der Wiedergeburt* gepaart: dem wiederholten Kreislauf des Geborenwerdens und Sterbens. Für einen großen Teil der Menschheit ist sie von alters her selbstverständliche Überzeugung. Nach ihr zeigt sich auch hier der ewige Rhythmus des polaren Geschehens von Auf und Ab, von Spannung und Lösung, von Werden und Vergehen, von Leben und Tod, das wir uns schon früher vor Augen führten. Es kennzeichnet jegliches Leben in der Natur: Warum soll es ausgerechnet für uns Menschen nicht auch seine Gültigkeit haben?

Der Kern dieser Lehre ist einfach. Unsere Geist-Seele, nicht der vergängliche Körper, ist der wahre Kern des Menschen und als Träger unserer Lebensenergie unvergänglich. Das haben wir uns schon zu Beginn des 1. Kapitels dieses Buches klargemacht. Sie kann sich nach dem Tod des Körpers also nicht in nichts auflösen. Sie muß somit schon nach dem

Gesetz von der Erhaltung der Energie weiterbestehen, wenn auch in veränderter äußerer Form. Unser jetziges Leben kann dann nur eine vorübergehende Phase, nur ein Abschnitt aus unserer dauernden Existenz sein. Wir werden also von neuem, wir werden wiedergeboren werden.

Die Wesenheit, die durch alle körperlichen Wiedergeburten hindurch dieselbe bleibt, *ist getragen und gesteuert vom Karma*. Der Geist, die Buddhanatur in ihrem Innersten, das *Selbst* gibt ihr Kraft und Licht von oben, und die Begierden des ICH, des *selbst*, halten sie unten in geistiger Blindheit. Doch in jeder neuen Daseinsform öffnet sich dem inneren *Selbst* eine neue Ebene, ein anderes Wirkungsfeld, in dem es neue Erfahrungen machen kann, um daran wachsen und sich weiterentwickeln zu können. Das setzt sich so lange fort, bis wir das Ziel unseres Lebens erreicht haben: bis wir die von uns gestörte Harmonie wiederhergestellt haben. Dazu Jesus aus seiner Sicht: »Ihr sollt vollkommen sein, gleichwie euer Vater im Himmel vollkommen ist« (Matthäus 5.48).

Dazu noch die besonderen Fragen, die sich immer wieder von neuem stellen:

- *Warum werden wir immer wieder geboren?* Weil wir jetzt noch weit von diesem Ziel der Vollkommenheit entfernt sind. Und weil wir in dem irrigen Glauben an ein selbständiges ICH, in der Illusion des ICH (anatta) verhaftet sind, daher – solange das der Fall ist – geleitet sind von der Begierde (sinnliche Gier und materielles Habenwollen), von Haß (Ablehnung und Vernichtungsdrang) und von der Verblendung (der geistigen Blindheit). Vor allem bei der Betrachtung der vier Edlen Wahrheiten, wo es um die Wahrheit von der Entstehung des Leidens geht, haben wir uns das schonungslos vor Augen geführt. Nicht zu übersehen: Auch befriedigte Begierde aller Art bringt Leid. Denn das dadurch Gewonnene ist vergänglich, es zerrinnt und bringt so erneut Kummer und Schmerz.

- *Wann werden wir wiedergeboren?* Darauf läßt sich keine klare Antwort geben. Nach allem, was wir wissen, muß das nicht schon kurz nach dem Sterben in dieser Inkarnation geschehen. Vieles spricht dafür, daß das des öfteren der Fall ist. Es können aber auch Hunderte von Jahren und mehr vergehen. Die Kategorie der Zeit gibt es in der geistigen Welt sowieso nicht. Ihre Kräfte, die das steuern, sind uns unbekannt. Nur die suchende Seele mag es in der Weisheit ihres höheren Selbst wissen oder erahnen. Natürlich sind Reifung und Löschung von Karma je nach der Lebensführung auch schon in diesem Leben möglich. Das ist jedoch nur in ganz seltenen Fällen zu erwarten.

- *Wie werden wir wiedergeboren?* Auch diese Frage läßt sich nicht klar beantworten. Innerhalb der verschiedenen Richtungen des Buddhismus gibt es dazu verschiedene Ansichten. Die vorherrschende ist wohl die, daß wir immer wieder als Mensch reinkarniert werden. Grund: Die entwickelte Geist–Seele könne sich nicht wieder in einen früheren allgemeinen Entwicklungszustand zurückverwandeln, etwa in die Seele eines Tieres oder einer Pflanze, eines Baumes. Die andere Meinung hält das bei Häufung von belastendem Karma sehr wohl für möglich. Denn der Weg zur Erlösung (Nirwana) sei jetzt ja noch länger geworden. Es ist müßig, sich darüber viel Gedanken zu machen. Das alles liegt doch jenseits unserer Erkenntnismöglichkeit und kann nur zu fruchtlosem intellektuellem Gedankenspiel führen.

- *Wo werden wir wiedergeboren?* Hier gilt das eben Gesagte. Ist das wesentlich, ob auf diesem Stern, auf dem wir jetzt leben, oder einem anderen in einer ähnlichen Wiederverkörperung? Im Buddhismus gilt es wohl als selbstverständlich, daß sich organisches Leben auch auf anderen Sternen unter den Abermilliarden des Universums befindet. Möglicherweise verbleiben wir zunächst oder bei bestimmtem Entwicklungszustand auch für lange Zeit in der rein geistigen Welt ohne leibliche Wiederkehr, aber mit der gleichen Aufgabe der weiteren Vervollkommnung. Es ist im Grunde doch eine sekundäre Frage, ob unsere Seele bis zum endgültigen Aufgehen im Nirwana körperlich noch oftmals wiedergeboren wird oder ob sich unsere weitere Entwicklung in der geistigen Welt vollzieht. Ich wiederhole die Frage: Ist das wesentlich für uns zu wissen, wenn wir nur wissen, was wir zu tun haben?

- *Wie oft werden wir wiedergeboren?* In jeder Daseinsform der Wiederkehr haben wir die Chance zur unerläßlichen höheren Entwicklung unseres Geistes bis hin zur vollen Reifung und schließlich Vollendung. Ausnahmslos jeder hat diese Chance, auch der Mensch mit dem denkbar übelsten Karma. Ob das einige Dutzend oder einige tausend Reinkarnationen benötigt, liegt an keinem und an nichts anderem als nur – an jedem von uns selbst.

- *Können wir unserem Karma und seinen Folgen ausweichen oder entfliehen?* Das können wir auf keinerlei Weise. Schon gar nicht durch *Selbsttötung*. Im buddhistischen Sinn wäre diese Annahme über die Maßen naiv. Denn der den Freitod Wählende kehrt unweigerlich zu der Situation zurück, die er verläßt. Sein Karma begleitet ihn weiter. Es wird in den meisten Fällen nur noch mehr belastet sein. Keiner kann dem großen Gesetz entfliehen.

Das steht fest: *Erst wenn wir unser negatives Karma abgearbeitet* und gelöscht haben durch Leiden und durch aufzubauendes positives Karma, erst dann werden wir »erlöst« und endgültig in die jenseitige geistige Welt, ins »Nirwana« eingehen dürfen. Erst dann wird der Tropfen unserer individuellen Lebensenergie verschmelzen in den Ozean der unendlichen Energie, des unendlichen Geistes, des unendlichen »Gottes« (christlich ausgedrückt) – welches Wort wir für diese allgewaltige, über allem stehende Kraft gebrauchen mögen. So lange sind wir dem Gesetz der Wiederkehr unterworfen.

Haben wir auch keinerlei Kenntnis vom ersten Anfang der Kette unserer vergangenen Inkarnationen, so haben wir doch *den Ausblick auf das, was vor uns liegt.* Neue Daseinsformen erwarten uns: neues Geborenwerden, neues Sterben und immer wieder neues Leid. Müssen wir deshalb vor der Zukunft verzagen? Wie die Situation im einzelnen auch immer sein mag, der wirkliche Buddhist braucht niemals pessimistisch oder gar als Schwarzseher in die Zukunft zu schauen. Er sieht nichts als die Wirklichkeit. Ist der Hungernde etwa ein Schwarzseher, wenn er nüchtern feststellt, daß er auch morgen nichts zu essen haben wird? Das Sterben kann den Buddhisten nicht erschrecken: Es ist kein Tod, sondern das Erwecken zu neuem Leben. Das endgültige Sterben ist die Erlösung, das unwiderrufliche Ende seines Leidens. Und er weiß, daß es nur in seiner eigenen Hand liegt, dieses Glück des Eingehens in das All-Eine selber herbeiführen zu können, nur durch sein persönliches Bemühen, frei von irgend jemandes Hilfe. Kann diese Zuversicht, diese Erwartung des Heils unsere Herzen nicht mit tiefen Glück erfüllen? Warum zeigen denn gerade die buddhistischen Völkerschaften so viel innere Heiterkeit bei allen Nöten, die sie oft zu tragen haben?

Die Einwände gegen die Lehre von Karma und Wiedergeburt sind immer die gleichen. Sie lassen sich in einige Gruppen zusammenfassen:

- *Diese Lehre ist mir unsympathisch*, ich will später nicht wieder zurück in diese Welt mit ihrem Leiden. Verwandt damit ist: *Ich weiß nicht, wie das funktionieren soll*, daher lehne ich es ab: Dem großen Gesetz ist das gleichgültig. Es ist da und wirkt, ob es mir gefällt oder nicht, so wie das Gesetz der Schwerkraft oder das von Ursache und Wirkung. Wenn ich es nicht verstehe, was ändert das schon?
- *An frühere Leben kann ich mich nicht erinnern.* Oder: Wenn ich mich nicht an sie erinnern kann, dann ist es ein Unrecht, für frühere Taten leiden zu müssen. Oder: *Das ist*

unverdientes Leid, das kann nicht sein: Antwort wie soeben, mein Nichterinnern ändert nichts an der Sache. In meinem unbewußten Gedächtnis hält die Akasha-Chronik alles fest. Das Vergessen ist eine weise Einrichtung der Natur. Wenn wir das Gute nur um des Zwecks der Befreiung von unserem negativen Karma willen tun, dann tun wir das Gute nicht um des Guten willen. Das egoistische Motiv nimmt ihm seinen karmischen Wert. Übrigens können sich manche hochentwickelte Geister an Erlebnisse in zurückliegenden Leben durchaus erinnern.

- *Das Karma ist grausam, kalt, herzlos* und geradezu menschenunwürdig: Das Gesetz des Karmas ist nicht kalt und ist nicht warm. Es *ist*! Es ist eine Erscheinungsform der Tatsache, daß letztlich alles eins ist (anatta) und bei Störungen dem absolut unpersönlichen Gesetz des Ausgleichs, der Wiederherstellung der Harmonie unterliegt.

- *Die Vererbung hebt die Wiedergeburt auf*: Den Vererbungsgesetzen ist sehr wohl der Körper unterworfen. Seele–Geist, das höhere Selbst steht über ihm und benutzt ihn nach seinen größeren Aufgaben der Weiterentwicklung, um belastendes Karma abzubauen.

- *Der Buddhismus kennt keine Seele, daher kann das alles nicht richtig sein:* Daß und warum diese Behauptung »Keine Seele« falsch ist, habe ich schon im Zusammenhang mit der Tatsache von der Illusion des ICH (am Ende des 1. Kapitels) herausgestellt. Sie ist auf die oft verzerrte Darstellung des Buddhismus zurückzuführen. Dieser Einwand ist also von vornherein gegenstandslos.

Karma und Wiedergeburt sind wissenschaftlich-rational nicht beweisbar. Das ist offensichtlich. Übrigens genausowenig wie der Versuch, sie zu leugnen. Sie sind aber für nicht wenige Menschen eine unbezweifelbare Erfahrungstatsache. Wem es beschieden ist, bei irgendeinem dafür günstigen Anlaß ganz unerwartet geradezu überwältigt zu werden von plastisch-lebendigen Bildern aus Erlebnissen in einem früheren Dasein, wem das vielleicht gar noch ganz oder teilweise durch sachliche Quellen bestätigt werden kann, für den ist der subjektive Tatsachenbeweis für die Richtigkeit seiner Erfahrung unumstößlich. Auch dann, wenn der Bericht darüber anderen Menschen nur zu Zweifeln Anlaß gibt.

Ist es nicht höchst bemerkenswert, daß sich durch eine derartige Erkenntnis eines zumeist traumatischen Erlebnisses in einem früheren Dasein *Ängste und ihre körperlichen Erscheinungsformen auflösen*? Davon wird gar nicht so selten berichtet. Erinnern Sie sich bitte auch an die zwei plastischen Beispiele, die ich zu Beginn dieses Kapitels aufgeführt habe. Das Verhalten und die Erlebnisse der beschriebenen Kinder sind so eindeutig, daß bei ihren Eltern kein Rest von Zweifeln bleibt. So hat der amerikanische Psychiater Dr. Jan Stevenson in mühevoller Kleinarbeit zusammen mit Fachkollegen aus verschiedenen Ländern mehr als 1500 Fälle von Reinkarnation zusammengetragen und über zwanzig besonders eindrucksvolle detailliert und überzeugend berichtet.[20]

Wiedergeburtserlebnisse dieser Art sind etwas ganz anderes als *die durch zumeist recht oberflächliche Techniken (»channeling«) bewirkten »Rückführungen«*, die von vornherein gar nicht in die Tiefen der Persönlichkeit hineinwirken können. Auch dem recht bekannt gewordenen Hypnoseverfahren sollte man kritisch gegenüberstehen, zumindest bei vielen Anbietern dieser und verwandter Methoden. Es ist oft kaum zu glauben, mit welcher Scharlatanerie hier zu Werke gegangen wird!

Und: *Was nützt es uns heute, zu wissen, was wir in früheren Leben allenfalls erlebt haben?* Es sind uns genug Fälle bekanntgeworden, wo solche »Erkenntnisse« den Betroffenen ungleich mehr geschadet haben, als daß sie ihnen hätten helfen können. Wem es von seinem höheren *Selbst* aus gutem Grund beschieden sein soll, solches zu erfahren, dem wird es zuteil.

Und zwar in einer für ihn unbezweifelbaren Form. Der aber wird sich im Regelfall mit diesem höchstpersönlichen und ihn innerlich aufwühlenden Erlebnis nicht auf die Straße stellen, sondern es tief in seinem Herzen bewahren. Wen aber bloß die Neugier seines kleinen selbst treibt, wird schwerlich das bekommen, was er sucht.

Der Glaube an die körperliche Wiedergeburt, »an die Auferstehung des Fleisches im Fleische«, *ist wahrhaft menschheitsalt*, praktisch bei allen Rassen und Völkern. Denn zu allen Zeiten und überall haben sich Erlebnisse von Rückerinnerung an frühere Leben eingestellt. Und zwar nicht im Sinne eines eben erwähnten, manipulierten »channeling«, sondern von aus der Tiefe kommender intuitiver Sicherheit. Das läßt sich bis weit in die vorchristliche Zeit zurückverfolgen. In den ältesten religiösen Schriften der Welt, den altindischen Weden (etwa 1000 v. Chr.) und den Upanishaden (etwa 800 v. Chr.), ist die Überzeugung von der Wiedergeburt verankert. Bis heute verbleibt sie unverrückbar ein wesentlicher Teil der indischen Lebens- und Weltbetrachtung. Im Buddhismus ist sie ein Kernstück der Lehre von der Erlösung des Menschen. Im tibetanischen Lamaismus, in China und Japan (z. B. in der Lehre vom Reinen Land), bei Indianern aller Teile Amerikas, in Ägypten (Herodot berichtet viele Einzelheiten darüber), Griechenland (Empedokles, Pythagoras, Platon, die Orphiker etwa 600 v. Chr.: Das Gesetz des Ausgleichs mit dem Karma-gleichen Begriff »ananke«), im alten Rom (Cicero, Ovid, Seneca und andere Stoiker), bei den Neuplatonikern (besonders Plotin, 205–270), bei den Juden (Kabbala), im Islam (nicht ursprünglich, aber später bei den Sufis), auch bei den Germanen (Edda, gemäß Cäsar): überall finden sich diese Zeugnisse.

Auch im frühen Christentum war der Glaube an die körperliche Wiedergeburt fast eine Selbstverständlichkeit. Nicht wenige Hinweise in den Evangelien und der Kirchenväter jener Zeit bezeugen es. Kein Geringerer als Jesus bezeichnete Johannes den Täufer wiederholt wörtlich als den wiedergeborenen Elias (z. B. Matthäus 11.14; 17.11–13). Die Essener und Gnostiker, viele der großen Kirchenväter wie Origenes (185 bis 254), Justinus (gestorben 165), Hieronymus (347–419) und viele andere waren davon überzeugt.

Erst im Konzil von Konstantinopel *im Jahre 553 wurde sie mit einem ganz knappen Mehrheitsbeschluß verworfen.* Die Kirche hat dieses Konzil übrigens offiziell nicht anerkannt, weil es der oströmische Kaiser Justinian einberufen hatte und nicht der Papst. – Nebenbei bemerkt: Auch hier haben sich Menschen über urgesetzliche, »göttliche« Gegebenheiten per Abstimmung ein für andere verbindliches Urteil angemaßt. Als ob sich die unendlich hoch über uns stehenden Schöpfungsgesetze dadurch ändern ließen! Und warum? Je stärker sich die Hierarchie in der wachsenden kirchlichen Organisation und mit ihr die Gängelung der Gläubigen durch sie entwickelte, um so weniger paßte die Selbstverantwortung eines jeden Menschen in das kirchliche Konzept. Denn sie war und ist der krasse Gegensatz zur erstrebten Autoritätsgläubigkeit der »Gläubigen«. Und so wurde die absolute Gerechtigkeit des Karma-Gesetzes ersetzt durch den »unerforschlichen Ratschluß Gottes«.

Und nicht wenige große Denker auch der neueren westlichen Welt haben sich der Lehre von der Wiedergeburt geöffnet wie zum Beispiel Paracelsus, Herder, Lichtenberg, Lessing, Goethe, Heinrich Heine, Schopenhauer, Emerson, Hermann Hesse und viele andere. Natürlich ist eine solche noch so lange Aufzählung kein Beweis für die Richtigkeit. Denn wenn viele dasselbe glauben und sagen, braucht das deswegen noch lange nicht richtig zu sein. Aber sehr viel spricht doch dafür, daß die vielen, vielen aus der Tiefe der einzelnen Persönlichkeiten zu allen Zeiten und in den verschiedensten Teilen der Welt intuitiv aufquellenden gleichen

Erkenntnisse einen tiefen Wahrheitsgehalt haben müssen. Nicht umsonst glauben entschieden mehr Menschen in der Welt an die Wiedergeburt als speziell im christlichen Bereich von heute an das einmalige Leben.

In diesem Zusammenhang kann ich es nicht unterlassen, im besonderen auf die amerikanische Psychologin Gina Cerminara hinzuweisen. Sie hat in geradezu faszinierender Weise *die wichtigen Folgerungen aus der Lehre von Karma und Wiedergeburt für unsere Lebensführung* dargestellt. In liebevoller Kleinarbeit hat sie die Tausende von kritisch überprüften Gesundheits- und Lebenssitzungen des weltweit bekanntgewordenen »schlafenden Propheten« Edgar Cayce übersichtlich ausgewertet und dabei alle nur denkbaren Aspekte dieser fundamentalen Lehre behandelt.[21]

Noch ein Wort zu dem eben genannten und anderen »*Propheten*«, die jahrelang direkt oder indirekt aus der »jenseitigen Welt« Mitteilungen und Weisungen erhielten.[22] Unserem Verstand ist dieses Phänomen zunächst unerklärlich. Erinnern wir uns, ähnlich wie im Zusammenhang mit der Akasha-Chronik oder dem »Buch des Lebens«: Alles ist schwingende, fließende Energie, deren feinste Schwingungen unauslöschlich sind. Wer das Empfangsorgan hat, sie aufzunehmen, der erfährt ihren Inhalt. In einem gewissen Trancezustand ist das offensichtlich relativ leicht. So konnte der japanische Wissenschaftler Dr. Hiroshi Motoyama vom Institut für Religion und Parapsychologie in Tokio in langen Untersuchungsreihen nachweisen, daß sich die Lebensenergie im Zustand der Trance um 300 Prozent steigert bzw. so hochgradig konzentriert.[23]

Erinnert sei auch an das, was C. G. Jung das »*kollektive Unbewußte*« nennt: das überindividuelle Bewußtsein, das unabhängig ist von Raum und Zeit. Die aus der Tiefe kommenden Mythen, gewisse Urängste, Urmotive und dergleichen finden sich ja in oft auffallender Verwandtschaft und

Ähnlichkeit bei weit voneinander entfernt lebenden Völkerschaften. Uralte Erkenntnisse leben in ihnen weiter, allgegenwärtige Schwingungen, die sich seit Urzeiten des Lebens aufgebaut haben: in denen wir »schwimmen«, ohne es zu wissen. Ist der eine auch mehr, der andere weniger aufnahmefähig dafür, so stehen eben hier Seele–Geist aller Menschen in der Tiefe miteinander in Verbindung und wirken aufeinander ein. So liegt im Urgrund unseres Unbewußten belastendes wie heilsames Karma unabänderlich fest und wirkt daraus hervor über mehrere Verkörperungen hinweg, nicht nur in die nächste!

5. Fast unbegrenzte Auswirkungen

> »Im engen Kreis verengert sich der
> Sinn, es wächst der Mensch mit sei-
> nen größern Zwecken.«
> Friedrich v. Schiller (im Prolog zu
> »Wallensteins Lager«) (1759–1805)

Die Lehre von Karma und Wiedergeburt bringt nahezu unbegrenzte Auswirkungen mit sich. Die Erkenntnis von der Unerbittlichkeit des karmischen Gesetzes läßt uns alles in einem anderen Licht sehen. Es ist ein Kennzeichen unserer menschlichen Existenz, daß wir unserem eigenen Karma ausgeliefert sind. Jeder von uns durchlebt nur sein selbstgeschaffenes »Schicksalsgut« und nichts anderes. Das in der Tiefe zu begreifen kann uns das Vertrauen zu unserem Leben geben, selbst wenn es uns noch so leidvoll erscheint.

Wir erfassen den Sinn des Geschehens und hören auf, »Gott« anzuklagen aus unserem ICH heraus, wo wir ihn wegen seiner *absoluten Gerechtigkeit über Raum und Zeit hinweg* preisen sollten. Entweder es gibt eine solche oder es gibt *keine* Gerechtigkeit. Die Lehre vom Karma gibt der »göttlichen« Gerechtigkeit ihren tiefen Sinn. Diese Gerechtigkeit des Karmas ist wahrhaft unbestechlich. Sie kann uns nur dann hart und grausam erscheinen, wenn wir die Zusammenhänge nicht sehen oder nicht sehen wollen.

Alle für uns wesentlichen Begriffe und Werte erfahren eine tiefgreifende Wandlung, wenn die geistige Blindheit schwindet und dem Wissen um die prinzipielle Einheit alles Seienden und um das Gesetz von der ausgleichenden Harmonie Platz macht:

- *Alles Leid erscheint in einem anderen Licht*, alle Ungerechtigkeiten und Ungleichheiten, alle persönlichen »Unglücke« und schwere Schicksalsschläge, genauso die nationalen Katastrophen. Sie werden leichter angenommen und ertragen. Auch die Kriege stellen sich dar als die zwangsläufige Folge von Begierde, Haß, Illusion und des Massendenkens. Statt daran zu verzweifeln und sich als Opfer des bösen Zufalls oder Geschicks zu fühlen, erkennt man das Gesetz des karmischen Ausgleichs.

- *Die Angst vor dem Sterben* und die Furcht vor dem Tod schwinden mehr und mehr. Sie verlieren ihren Schrecken. Der »Tod« befreit uns aus dem Gefängnis unseres Körpers und wird zur »Geburt«: Er öffnet die Tür zu einem neuen, besseren Dasein. Ja, es gibt eigentlich doch gar keinen Tod! Wenn die Menschen mehr an ihren nur leiblichen »Tod« denken würden, würden sie ein anderes Leben führen. Es gäbe gar manche Schuldgefühle vor dem Verlassen des Körpers nicht, die das Sterben so schwer machen können.

- *Hochmut und Stolz* kommen einem immer kümmerlicher, ja kläglicher vor angesichts ihrer durch nichts gerechtfertigten Aufblähung des ICH gegenüber der wahren Position des Menschen. Ist doch gerade der Dünkel eine der Fesseln, die rettungslos an das sich weiterdrehende Rad der Wiedergeburt binden.

- *Seichte Gesellschaften* werden mehr und mehr gemieden. Auch wenn die Leute das oft mit wenig schönem Gerede quittieren. Das ist *ihr* Karma. Jeder hat das seine und ist nur dafür zuständig und verantwortlich. Sollen wir uns dann über solches Reden aufhalten oder gar ärgern? Sollen wir uns abhängig machen von anderer Leute Zustimmung oder Ablehnung?

- *Alle sogenannten Gründe für Neid, Ungeduld, falsche Beeinflussung* durch andere werden immer fraglicher. Denn die Grundlagen dafür lösen sich auf. Nicht selten werden sie jetzt nur als Zeugen der eigenen Unzulänglichkeit erkannt. Das Denken in »gut« und »böse« wird zweifelhafter.

- *Der Begriff der »Sünde« und des »Glücks«* formen sich neu auf dem neu gewonnenen Fundament unserer Persönlichkeit.

- *Die Betrachtung und Beurteilung anderer Menschen* bekommen eine ganz andere psychologische Weite und eine ungleich tiefere Dimension. Die seitherige Überschätzung des äußerlich Sichtbaren wird erkannt und soweit irgend möglich durch Bemühung um tiefere Einsicht ersetzt: Das rasche Verurteilen anderer hört auf. Die Erkenntnis vertieft sich, daß es uns nicht zusteht, über andere zu urteilen.

Insgesamt: Der Sinn des Lebens wird klarer. Es wird erkannt als Durchgangsstufe, als Bewährungsprobe, als große Chance für die Weiterentwicklung und Vervollkommnung. Und das prägt das Denken und Tun im Alltag. So wird das Leben auch immer mehr die Vorbereitung auf das Sterben. Das aber ohne Betrübnis oder gar Bitterkeit. Nähert man sich doch trotz aller Schwierigkeiten und Rückfälle Schritt um Schritt – und mögen sie noch so klein sein – der Geborgenheit in der Harmonie des Seins. Wie es im christlichen Bereich Augustinus in das bekannte Wort faßte: »Mein Herz ist unruhig, bis es ruhet in Dir, o Herr.« Was könnten wir mehr erreichen in dieser kurzen Daseinsspanne, als diesem Ziel ein Stück näher zu kommen?

In eindrucksvoller Weise hat K. O. Schmidt *die Essenz des Karmas für den einzelnen Menschen* in wenigen Sätzen zusammengefaßt,[24] an die ich mich hier anlehnen möchte:

1. *Ich bin mein eigener Richter*: Nur ich selber kann mir schaden, wenn ich mich der Begierde, dem »Haß« und der Verblendung öffne. Niemand hat das Recht, mir meinen Weg vorzuschreiben. Jedermann ist nur sich selbst: dem »Gott« in sich selbst verantwortlich. Jeder richtet selber über sein Tun und sein künftiges Geschick.

2. *Ich bin mein eigener Gefangener*: Das so lange, bis ich die richtige Einsicht gewinne in das kosmische Gesetz der Harmonie und ihrer Wiederherstellung bei jedweder Störung und bis ich mich auch daran halte. Ich weiß: Was ich einem anderen tue, das tue ich mir selber. Es prägt mein Karma.

3. *Ich bin mein eigener Befreier*: Kein anderer kann mich befreien, kann mich »erlösen« als nur ich selbst. In meinem Innern habe ich die wahre Wirklichkeit zu erkennen und durch Wiederverbindung (»re-ligio«) mit dem All-Einen, mit dem »Göttlichen« in mir die innere Stimme, die Stimme des Gewissens zu vernehmen. Sie spricht aus der Tiefe mit intuitiver Sicherheit. Höre ich auf sie, dann öffnet sich mir das Tor zur Erlösung aus allem Leid.

Von diesen drei Sätzen her gesehen bekommt das Wort Buddhas seinen tiefen Sinn:

>»Sich selbst besiegen ist der größte Sieg.«

DIE VIER ERHABENEN TUGENDEN
DES BUDDHISMUS

>»Alles, was ihr wollt, daß euch die
Menschen tun, das tut auch ihr
ihnen.«
Matthäus 7.12

In der buddhistischen Frühzeit spielte die Lehre von den vier »Göttlichen Verweilungszuständen« – von denen man ursprünglich sprach – anscheinend nur eine untergeordnete Rolle. Später wurde sie immer mehr eines der Kernstücke der Betrachtungen, besonders in der sogenannten nördlichen Schule. Etwa vom 2. Jahrhundert n. Chr. ab eroberte sie sich den gewaltigen Raum von Tibet und der Mongolei über China und Korea bis nach Japan. Jetzt sprach man treffender von den vier Geisteskräften oder Tugenden der liebenden oder der Allgüte, des Mitleids, der Mitfreude und des Gleichmuts. *Sie bestimmen die Haltung des um Erkenntnis Bemühten zu seinen Mitmenschen.* Und zugleich strahlen sie nach außen hin das aus, was im Kern des Menschen selbst grundgelegt sein muß.

Wie könnten sie sonst echt sein und nicht bloß äußerlich aufgesetzt? Ein Blick auf die soeben (am Ende des letzten Kapitels) aufgeführten drei Feststellungen macht das wohl zweifelsfrei deutlich. Nur wenn unsere Beziehungen zu den anderen Menschen *aus tiefer innerer Erkenntnis erwachsen*, können sie doch echt und so beständig sein, daß sie in dauernden kleinen und großen Wechselfällen des Lebens das Bild eines Menschen wirklich bestimmen. Daher sind diese vier Erhabenen Tugenden ebenso schwer zu erwerben, wie sie schwer zu bewahren sind. Denn nur allzu leicht verlieren sie sich im grauen Lebensalltag, wenn die tagtägliche Bemühung um sie nicht aus der Tiefe der Persönlichkeit genährt ist.

1. Die Liebe oder Güte

> »Laßt uns nicht mit den Worten
> oder mit der Zunge lieben, sondern
> mit der Tat und in Wahrheit.«
> 1. Johannes 3.18
> »Was Du nicht willst, daß man Dir
> tu', das füg' auch keinem andern zu!«
> Sprichwort

Es ist nicht leicht, den Sanskrit-Begriff metta wirklich treffend in unsere Sprache zu übersetzen. Die dafür häufig gebrauchte »Freundlichkeit« scheint mir entschieden zu blaß und zu äußerlich und das eigentlich tiefgreifende Wort »Liebe« oft zu abstrakt. Man kann vielleicht besser von *liebender Güte*, vom guten Willen sprechen, vom Bemühen, anderen Gutes zu tun, sie von der positiven Seite her zu nehmen. Und das muß immer gepaart sein mit Mitgefühl und wirklicher Hilfsbereitschaft. Deshalb können wir auch treffend vom erbarmenden Mitempfinden oder Verstehen aller Wesen sprechen. Das mildert, ja überwindet von der Wurzel her menschliche Ablehnung, jegliches Übelwollen, und es wirkt aller Begierde entgegen. An die Stelle seitheriger Aufwallungen von Ärger und Zorn tritt Freundlichkeit und eher sanftes Wesen. Diese Güte des Herzens, diese Liebe beseitigt alles, was die Menschen davon abhält, glücklich zu sein. Wenn ich der Kürze und Einfachheit halber nun auch von »Liebe« rede, so nehmen sie dieses Wort bitte in dem besprochenen Sinn.

Das Wesen der Liebe trägt immer das Lassen am eigenen ICH und das innige Sichvereinen mit dem geliebten DU in sich. Wer liebt, der denkt und handelt aus dem Bewußtsein seines Einssein mit dem anderen heraus. Der tief Liebende vergißt sich selbst in seinem Drang, sich dem anderen ganz, ohne einen Rest von Zurückhaltung, zuzuwenden. Die wirkliche Liebe beansprucht nicht und sie besitzt nicht. Sie ist eine elementar bewegende, machtvolle Kraft, die aus der ganzen Tiefe der Gefühlsbewegungen heraus zum Kontakt und zur Vereinigung mit dem Geliebten drängt und nötigt, wer und was immer es sei.

Diese Zuwendung zum anderen ist ihr Kern. Daher die Forderung nach der tätigen Liebe. Eine bloß theoretische Liebe kann es nicht geben, so wie auch die schönsten Worte um die Liebe nichts bewegen. Nur die aktive, liebevolle Hinwendung zum Mitmenschen ist es, was zählt: das allzeit von Liebe und Güte gesteuerte Denken, das liebevolle Reden und das liebevolle aktive Tun. Diese tätige Liebe erweist sich:
- in der praktischen Hilfe für die Hilfsbedürftigen,
- in der Vermeidung negativer Gefühle über andere,
- in der Toleranz gegenüber Andersdenkenden,
- in der Bemühung, unwissend und unbedacht dahinlebenden Menschen aus ihren Täuschungen herauszuhelfen,
- bei Meinungsverschiedenheiten und Streitigkeiten,
- im Verzeihenkönnen,
- bis hin zum Verzicht auf einen Dank.

An anderer Stelle habe ich über alle diese Punkte genauere Ausführungen gemacht, [25] so daß ich mich hier mit dieser bei weitem nicht vollständigen Aufzählung begnügen kann.

Mit dieser liebenden Zuwendung ist es ganz ähnlich wie bei einer Spende oder Gabe: Sie ist nur dann echt und wahr,
- wenn sie aus dem mitfühlenden Herzen kommt, bevor darum gebeten wird,
- wenn sie mit Freude gegeben wird und nicht, weil es leichter ist, sie zu geben, als sie nicht zu geben,
- wenn sie mit keinerlei Gefühl des Selbstlobs verbunden ist,

- wenn man sich selbst als den Geber vergißt, genauso wie den Empfänger und die Gabe selbst,
- wenn man keinerlei Gedanken an eine Erwiderung des Geschenks hat
- und wenn man nachher keinerlei Bedauern über den Verlust empfindet.

Der Gegensatz zur Liebe ist allemal der mehr oder minder krasse Egoismus. Es liegt in der Natur des Menschen als eines vorwiegenden Gefühls- und Erlebniswesens begründet, daß er sich selbst stets als im Mittelpunkt allen Geschehens stehend empfinden muß, als das Wichtigste von allem. Wenn alles, was in der Welt geschieht, nur in seiner Wirkung auf die kleine persönliche Warte erlebt und beurteilt wird, wenn die eigene Person, das eigene Tun und Lassen absolut im Vordergrund steht, dann kann von liebevoller Güte anderen gegenüber nicht viel übrigbleiben. Dann ist das kleine ICH das Zentrum des gesamten Lebens schlechthin.

Der kurze Seitenblick auf dieses Gegenstück der Liebe kann im Alltagsleben gar oft fast in Augenblickslänge unser Empfinden und Denken wieder an die rechte Stelle rücken. Die Tatsache von der Illusion des ICH (anatta) wird uns schlagartig bewußt – und schon steht auch die große Bedeutung der Toleranz in der buddhistischen Lehre vor unserem geistigen Auge. Sie trägt doch immer das Lassen am ICH in sich, also die Öffnung zum DU, diesem Kern der wirklichen Liebe.

Bei Buddha erwächst diese Liebe viel mehr aus der rechten Gesinnung als aus dem Gefühl. Mit steigender Erlangung der Weisheit wächst auch diese Liebe. Sie umfaßt die ganze Welt und sämtliche Wesen auf ihr, ganz im Sinne des buddhistischen Grußes »Mögen alle Wesen glücklich sein!« Wieder begegnet uns hier das Bemühen der buddhistischen Lehre um die richtige Erfassung der Wirklichkeit. Die Grundlage ist – wie könnte es anders sein – die Tatsache der einen und einzigen Schöpfungs- und Lebenskraft, die sich in den unendlichen

Formen aller Dinge und Wesen manifestiert, vom einfachsten Lebewesen, dem Grashalm oder einem noch so primitiv erscheinenden Insekt bis hin zum Menschen.

Wie ich selber immer glücklich sein möchte, so möchten es alle Wesen sein. Sie haben alle den gleichen Anspruch wie ich darauf. Und da wir letztlich alle eins sind, Kinder der gleichen Schöpfungskraft, die in uns allen lebt, der wir alle in gleicher Weise unser Leben verdanken, die wir alle in gleicher Weise *sind*, so wünsche ich allen Wesen aus der Tiefe meines Empfindens heraus genau das gleiche, was ich mir selbst wünsche. Das gilt im Prinzip unterschiedslos für meine Freunde wie für meine sogenannten Feinde wie für alle Menschen und Geschöpfe, gleichgültig wie ich in meinen subjektiven Gefühlen zu ihnen stehe. Würde ich nicht so denken und dementsprechend handeln, so müßte ich zwangsläufig aus der großen Ordnung herausfallen, die wie alles, so auch mich trägt. Steht diese Grundeinstellung etwa in irgendeinem Widerspruch zur christlichen Feststellung »Wir sind alle Kinder Gottes«?

Demgemäß entspricht der buddhistischen Grundforderung der liebevollen Zuwendung des Menschen zu seinen Mitgeschöpfen in vollem Umfang *das fundamentale christliche Gebot der Nächstenliebe.* Betrachten wir es etwas genauer. In der Heiligen Schrift der christlichen Kirchen wird ausdrücklich als das erste von allen Geboten die Antwort von Jesus auf die Frage »Meister, welches ist das größte Gebot im Gesetze?« herausgestellt: »Du sollst den Herrn, deinen Gott, lieben mit deinem ganzen Herzen, mit deiner ganzen Seele und mit deinem ganzen Gemüte. Das ist das größte und erste Gebot. Das zweite ist diesem gleich: Du sollst deinen Nächsten lieben wie dich selbst. An diesen zwei Geboten hängt das ganze Gesetz und die Propheten.« (Matthäus 22.37–40). Nahezu wortgleich finden Sie das auch bei Lukas (10.25–28) und bei Markus (12.28–31). Wie um jeden Irrtum und jede Verfälschung auszuschließen, heißt es bei letzterem am Schluß noch einmal: »Ein wichtigeres Gebot als dieses gibt es nicht.«

Eben dieses Gebot kann man kaum kürzer und klarer fassen wie in der sogenannten »*Goldenen Regel*« bei Matthäus (7.12): »Alles, was ihr wollt, daß euch die Menschen tun, das tut auch ihr ihnen.« Und auch hier folgt wieder der inhaltsschwere Satz: »Denn das ist das Gesetz und die Propheten.« Die umgekehrte Formulierung hörten wir gar oft als Kinder: »Was du nicht willst, daß man dir tu', das füg auch keinem andern zu.« Und der kürzlich schon zitierte »schlafende Prophet« Edgar Cayce zitiert oft aus dem tiefen Wissen von Karma und Wiedergeburt heraus folgerichtig: »Was Du einem anderen antust, das tust Du Dir selber an.« Hatte er einen von seinem Leiden Ergriffenen, der gegen dieses Urgebot der Liebe verstoßen hatte, vor sich, dann pflegte er ihm ungeschminkt zu sagen: »Hier begegnest Du Dir selber« (»You are meeting yourself«), »Du erntest jetzt, was Du früher gesät hast.« Das gilt im Prinzip unterschiedslos für meine Freunde wie für meine sogenannten Feinde wie für alle Menschen und Geschöpfe, gleichgültig wie ich in meinen subjektiven Gefühlen zu ihnen stehe.

Dieses Gebot der Nächstenliebe finden wir im Grunde in so gut wie allen Religionen. Denn es handelt sich um eine ewige Wahrheit, und keine Religion kann sie für sich allein beanspruchen. [26] Zu allen Zeiten und an allen Orten hat man es eben gelehrt, den inneren Wert eines Menschen danach einzuschätzen, daß er sich selbst in Bescheidenheit und Demut nicht so wichtig nimmt, daß er sich in Güte und liebevoll seinen Mitmenschen und der ganzen Schöpfung zuwendet, daß er sich der Wahrheit und Wirklichkeit als dem übergeordneten Gesetz unterzuordnen weiß. Mit anderen Worten: daß er sein ICH lassen, daß er sich aus ihm heraus in das DU hineinbegeben kann, und das in innerlicher Weise. Mit einem Wort: daß er zu lieben weiß.

Randbemerkung: Wenn wir den beschriebenen richtigen Begriff der »Liebe« haben, dann braucht uns auch die christliche Forderung »*Liebe deine Feinde*« nicht zu überraschen und in innere Schwierigkeiten zu bringen. Sind sie etwa weniger ein ganz natürlicher Teil unserer vielen »Nächsten« als unsere »Freunde«, nur weil sie anders über uns und wir anders über sie denken? Wie wir soeben gesehen haben, ist auch hier kein Unterschied zur buddhistischen Betrachtung.

Heute ist allem Anschein nach einem beachtlichen Teil besonders der jungen Menschen die Fähigkeit zur *Identifizierung mit etwas, was sich außerhalb des eigenen ICH befindet, verlorengegangen:* Familie, Volk, Vaterland, Freiheit, Demokratie (das heißt selbstverständliche Einordnung in den Willen der Mehrheit, auch wenn es einem selber nicht schmecken sollte). »Was geht *mich* das an, was habe *ich* davon? Alles andere ist mir doch egal!« Nichts ist wertvoller als das eigene ICH. Deshalb gilt es, vom Staat oder von irgendwelchen Organisationen oder Versicherungen gebotene Leistungsmöglichkeiten bis zum letzten auszunutzen. Man kann ja mit einigem Betrug auch nachhelfen. Jede ernsthafte Bemühung, die mit einer persönlichen Anstrengung oder gar einer gewissen Gefährdung verbunden sein könnte, ist verpönt. Ja, sie wird oft genug verlacht und als Dummheit gekennzeichnet. So liegt es auch im Wesen der vielfältigen Interessensverbände beruflicher oder gewerkschaftlicher Art, das äußerst Mögliche »herauszuholen« für das letztlich egoistische Verbandsinteresse auf Kosten des übergeordneten Gesamtinteresses. An schmerzlichen Beispielen dazu fehlt es wahrhaftig nicht. Sie sind Alltag.

Dabei kann der Egozentriker gar nicht glücklich sein. Früher oder später durchschauen ihn die Leute und ziehen die Schlußfolgerung: Sie gehen auf Abstand. Sie lehnen ihn menschlich ab. Sie beschränken den Kontakt auf das Notwendigste. Deshalb gehören Egozentrik und Ichisolierung zusammen wie die beiden Seiten einer Münze. Zudem spürt der Egoist im Unbewußten seinen tiefgreifenden Mangel, und wenn er ihn noch so sehr zu verdrängen und zu kompensieren versucht. Das »Glück«, das auch er sucht, kann er nicht finden. Haben Sie schon einen wirklich im Herzen glücklichen Menschen dieser Art gesehen? Mir ist das in langen Jahren bis zum heutigen Tag nicht gelungen.

Doch zurück zur Nächstenliebe. Wie wir sahen, ist dieser uns so christlich erscheinende Begriff auch ein Kernstück des Buddhismus. Wenn die christliche Bibel verlangt: »Liebe deinen Nächsten *wie dich selbst*«, so wird der zweite Teil dieser Forderung in hohem Maß übersehen und verdrängt. Er ist genauso wie der erste Teil *auch im Buddhismus vorgegeben*. Da sind wir bei *der Selbstliebe*, die für so viele Menschen ein Problem darstellt. Wir sind – jeder einzelne von uns – mit allen anderen Menschen und Wesen eins, wie wir schon früher erkannt haben (anatta). So wie ich sie in Wahrheit nicht abgrenzen kann von mir als Individuum, so kann auch ich mich nicht von ihnen ab- und ausgrenzen. Sind sie doch im Kern eins mit mir und ich eins mit ihnen. Also muß ich mich genauso lieben wie sie, das heißt in der nicht vermeidbaren Dualität meines Denkens auch mich selbst voll anerkennen, mir selbst in der gleichen totalen Öffnung und liebevollen Freundlichkeit gegenüberstehen wie den anderen.

Da kann es keinen Unterschied geben in der äußeren und in der inneren Zuwendung zu den anderen so wie zu mir selbst. Daher kann und darf die Stärke meiner Liebe für die anderen nicht größer sein als die zu mir selber. Und so wird folgerichtig die Liebe zu mir selbst geradezu der Maßstab für meine Liebe zu den anderen. Schon der große griechische Denker Aristoteles (384–322 v. Chr.) wies darauf hin, daß nur der zur Weisheit gelangte Mensch sich selbst lieben kann. Denn nur er ist wahrhaft eins mit sich selbst und mit der Welt. Nur er hat den Zwiespalt in sich überwunden und kann daher ungeteilt die eigene Persönlichkeit voll anerkennen und so sein eigener Freund sein.

Mit dieser Forderung der Selbstliebe haben es die meisten Menschen mehr oder weniger schwer. Die Nächstenliebe wird dauernd gepredigt und die Selbstliebe verschämt übergangen, wenn nicht verteufelt, nämlich hochgradig als Egoismus mißverstanden. Wie wir gesehen haben, ist das ganz einseitig und schon vom Ansatz her falsch gesehen. Wenn ich mich nicht selbst in dem beschriebenen Sinn »liebe«, wie könnte ich die anderen Menschen lieben? Kann ich etwa etwas geben, was ich nicht selber in mir habe? Ist das Erkennen des eigenen Wertes unerläßlich für meine Selbstachtung und Selbstanerkennung, so ist es zugleich die Basis für die Achtung und Anerkennung meines Nächsten. Wie es die Bibel sagt: »Du sollst deinen Nächsten lieben wie dich selbst.« Machen wir uns also frei von dieser verheerenden Ächtung der Selbstliebe!

Wenn die Selbstanerkennung nicht in diesem Sinn fundiert und echt ist, dann haben wir *die in der Tiefe gestörte Persönlichkeit*. Sie hat weder den Mut noch die Kraft, ihre ureigenen Bedürfnisse zu befriedigen: dieselben, um die sie sich bei anderen und nur für sie ständig bemüht! Das Asketentum zu deren Gunsten ist dann genauso falsch wie die einseitige Egobefriedigung. Die Wahrheit kann nur der Mittlere Weg sein. Diese Menschen können sich nicht selbst verzeihen, was sie anderen gegenüber ständig tun. Sie können kein eigenes Versagen auf sich beruhen lassen, können sich nicht wehren, wenn ihnen falsche Schuldgefühle aufgedrückt werden. Und erst recht können sie sich nicht von anderen Leuten lösen, die ihnen Unrecht, auch schweres Unrecht angetan haben. Für nicht wenige sind das Fragen von schicksalhafter Bedeutung. Hier kann ich darauf nicht weiter eingehen. In meinem zuletzt veröffentlichten Buch habe ich das alles genauer dargelegt. [27]

Dasselbe trifft zu für *die Irrwege, die die Liebe nicht selten einschlägt*:

- für die egoistisch fordernde, besitzerische »Liebe«,
- für den auf seinen Sex reduzierten Menschen,
- für das Verurteilen und Richten anderer aus vermeintlich liebevoller Zuwendung,
- auf der anderen Seite für die Aufopferungs- und Arbeitssucht im Namen der Liebe,
- für das sogenannte Helfer- oder Heilersyndrom
- bis hin zur alle Wünsche erfüllenden, überpermissiven Kindererziehung, deren Ergebnis nur die den Verzicht nicht kennende Persönlichkeit sein kann, deren Egozentrik und Versagen im späteren Leben schon vorgezeichnet ist.

Alle diese Erscheinungen können sich bei der richtigen Selbstliebe nicht herausbilden. Denn sie weiß sich eingebettet in die große Gemeinschaft aller Menschen, in die große Einheit alles Existierenden. Deshalb weiß sie von der Verpflichtung und der Verantwortung sich selbst und den anderen gegenüber, die Entwicklung zum echten »Glück« bei sich selbst genauso wie bei den anderen zu fördern.

Nun steht die Frage im Raum: Wenn das alles so ist, gibt es dann keine *wirklich selbstlose Liebe*? Dieser in unserer Sprache dehnbare Begriff umspannt einen gewaltigen Bogen. Er reicht von der bloß zweckgerichteten Hinwendung zum anderen, von der im Grunde egoistischen »liebevollen Freundlichkeit« im Sinn des römischen Wortes »do ut des« (»Ich gebe, damit Du gibst«) bis hin zur in der Tat selbstvergessenen liebevollen Hinwendung zu hilfsbedürftigen Menschen oder sonstigen Geschöpfen in tatsächlich völliger Selbstlosigkeit. Dazu sind freilich nur wirklich hochentwickelte Geister in der Lage, die in Erkenntnis und Gesinnung (»Weisheit«) eine hohe Stufe erklommen haben.

Die höchste Stufe dieser Persönlichkeitsentfaltung in vollendeter Selbstlosigkeit stellt die buddhistische Gestalt des Bodhisattwa dar, der bewußt auf seinen möglich gewordenen Eintritt ins Nirwana (»Erlösung«) verzichtet: Er will in erneuter Inkarnation noch an dieses Leben gefesselten Seelen zu ihrer rascheren Erlösung aus dem Kreislauf der Geburten verhelfen. Natürlich gibt es auf dem mühsamen WEG zu dieser höchsten Persönlichkeitsvollendung alle nur denkbaren Zwischenstufen. Im Hintergrund steht hier immer die mehr oder minder stark gewachsene Erkenntnis von der Welt des bloßen Scheins, in der wir leben, die uns von der wahren Wirklichkeit trennt, zu der wir uns mühsam hinarbeiten. – Und für den Christen ist jede selbstlos liebevolle Tat am Nächsten so etwas wie eine Verherrlichung Gottes: der unendlichen, schöpferischen Kraft, die im Nächsten so lebt wie in mir und der ich mich total einordne. »Was ihr dem geringsten meiner Brüder getan habt, das habt ihr mir getan« (Matthäus 25.40). Beim Buddhisten wie beim Christen ist es das Bewußtsein, tief eingebunden zu sein in die alles umfassende und übergreifende Gesetzlichkeit, »die die Welt im Innersten zusammenhält« (Goethe).

Die Erkenntnis von der Illusion des ICH (anatta) macht uns frei vom ständigen Mühen um seine Befriedigung: um Besitz, Überlegenheit, Macht. Wir erkennen die Flüchtigkeit dieser Befriedigung, die gar oft nur einen schalen Geschmack hinterläßt. Von ihrer Nichtigkeit beim leiblichen Tod ganz zu schweigen. Wir erkennen, daß wir nur dann weiterkommen, wenn wir an all dem nicht anhaften, wenn wir die innere Verbindung mit den tragenden Kräften unserer Welt wieder finden. Denn nur in ihnen können wir geborgen sein und entsprechend handeln: eben im Geist der liebenden Güte, der richtig verstandenen tätigen Liebe. Wir erkennen den tiefen Sinn des Wortes »Gib Dein Leben auf, wenn Du leben willst.« Dann sind wir eins mit und in dem großen Geist, der über den Gegensätzen steht in dieser Welt der Illusion mit ihren tausend offenen Wünschen, die uns zu ihrem Sklaven machen wollen.

Alles geschieht, ohne daß wir uns darum bemühen müßten. Die Millionen Sonnensysteme mit ihren jeweils Milliarden von Sternen ziehen ihre Bahn, so wie unsere Erde – sich ständig drehend – ihre Bahn geht. Und das Leben aller Kreatur, so auch das unsere, geht seinen Weg von der Geburt zum Tod. Haben wir uns von den oberflächlichen Täuschungen hinreichend zur tiefen Erkenntnis dieser Wirklichkeit geläutert, so wissen wir von der unendlichen Kraft und unserer Einheit mit ihr und allem. Denn sie ist in allem und sie ist alles. Dann können wir kaum anders, als uns der All-Liebe, der liebenden Güte zur ganzen Schöpfung, weit zu öffnen und uns ganz einfach als einen Teil von ihr zu erleben.

Die vielzitierte »Liebe Gottes«, also die Gesetzlichkeit, die die wahre Wirklichkeit regiert (dharma), steht so unendlich hoch über uns Menschen, daß wir sie doch nicht mit unserem winzigen menschlichen Maßstab messen und beurteilen können und dürfen! Wenn uns das »von Gott geschenkte« Leiden erfaßt und wenn es mit seiner ganzen Schwere über uns kommt, dann hat es in der großen Ordnung der Wirklichkeit gewiß seinen Sinn. Wir mögen ihn mit unserem augenblicksgebundenen und kurzfristig denkenden Verstand erfassen oder nicht: Es ist ein Zeichen der »göttlichen Liebe« an uns, darüber nachzudenken und nach seinem Sinn für uns zu forschen.

Bei der Betrachtung des Edlen Achtfachen Pfades haben wir erkannt, daß Buddha nachdrücklich als ein Kernstück seiner Lehre *die sittliche Zucht* (sila) betont. Größeren Wert aber mißt er der liebenden Güte (metta) allen Wesen gegenüber bei. Wie wir gesehen haben, wächst sie viel mehr aus der rechten Gesinnung als aus dem Gefühl. Indessen ist sie im Sinn der buddhistischen Wirklichkeitserkenntnis *getragen von dem tiefen Wohlwollen ausnahmslos allen Mitgeschöpfen gegenüber* und eng verschwistert dem Mitleid (karuna). Sie läßt den Geist mit-leiden mit dem Leiden der Menschen und aller Wesen. Für die endliche Erlösung der Seele ist das von der größten Bedeutung: *Alle Ethik verliert ohne diese mensch-*

liche Wärme ihren Wert. Denn ohne sie wird sie kalt, rigoros lebensfern und geradezu selbst-mörderisch. Die Geschichte gerade des Christentums in seinen rigorosen Kraftlinien ist voll von Beispielen dafür. Das berühmte Sutra von der Güte (Mettasutra) beschreibt ihre lebenspraktische Seite. Und nicht umsonst ist sie ein Kernstück des täglichen Gebetes besonders im südöstlichen Teil Asiens.

Zum Ende dieses Kapitels über die erste der vier Erhabenen Tugenden des Buddhismus möchte ich ganz im Sinn des eben Gesagten auf die enge innere Nachbarschaft, ja *Verwandtschaft dieser Liebe zur zweiten Erhabenen Tugend, des Mitleids*, nachdrücklich hinweisen. Die Liebe bedingt das Mitleiden, und das Mitleid bewirkt zu seinem Teil die Liebe. Das wird sich sogleich genauer auftun, wenn wir uns nun dieser zweiten Grundtugend zuwenden.

2. Das Mitleid

>»Alle Wesen suchen nach dem
>Glück: Möge Dein Mitleid alle
>umfassen.«
>Buddha

Es hat seinen guten Grund, daß die buddhistische Betrachtung *das Mitleid als Grundtugend an die zweite Stelle setzt* und ihr die aus der Tiefe des Erkennens genährte ungetrübte Zuwendung zum anderen Menschen, die liebevolle Güte, die aus dem Herzen strömende Freundlichkeit, vorausgehen läßt. Das, obwohl beide doch so eng miteinander verbunden sind. Der Grund ist einfach: Zuerst muß das Gemüt die allzu menschlichen Regungen von Ablehnung, Neid, Mißgunst oder gar des aktiven Hasses überwunden haben, bevor es dem Leiden anderer unvoreingenommen gegenüberstehen kann.

Das Mitleid, *das »erbarmende« Mitempfinden mit anderen Menschen und genauso mit aller möglichen Kreatur* (karuna), ergreift uns, wenn wir unmittelbar erleben, wie sie Leid ertragen müssen, dem sie hilflos ausgeliefert sind. Auch nur daran zu denken genügt schon. Das Mitleid macht uns hochempfindsam für ihren Schmerz. Wir können ihn so nachempfinden, als wäre er unser eigener. Das Leiden des anderen wird also gleichsam das unsere. Dabei gehen wir Schmerz und Leid, wo immer wir ihnen begegnen, doch gern sogleich aus dem Weg, wenn wir nur können. Ihm aber nicht ausweichen zu können, das gibt ihm erst die ganze Tiefe und Schwere.

Wir haben uns schon im 1. Kapitel dieses Buches *die Tatsache vom Leiden* (dukkha) ungeschminkt klargemacht. Je mehr wir uns dieser Erkenntnis des Leidens als untrennbar vom Leben öffnen, je mehr wir das Leiden schließlich akzeptieren, um so stärker greift uns das vielfältige und bei genauerer Betrachtung fast allgegenwärtige Leiden anderer Menschen und aller Wesen an die Seele. Denn *dieses mitfühlende Leiden* erwacht dann in uns, wenn sich der betörend falsche und einseitige ICH-Glaube in uns aufzulösen beginnt. Dann fangen wir an, die absolute Einheit der einen und einzigen Schöpfungs- und Lebenskraft in uns und in allem, was da lebt und leidet, zu erfassen. Um so stärker ergreift uns dann das Mit-Leid mit aller Kreatur.

Mit dieser steigenden Erkenntnis, daß wir in letzter Tiefe mit allen Wesen verbunden sind, *tritt auch das Bedürfnis des Verurteilens oder gar des Verdammens immer mehr in den Hintergrund*. Böses menschliches Fehlverhalten kann dann zu einem großen Mitleid mit denen führen, die anderen schweres Unrecht antun. Denn wir wissen, daß sie sich nach dem unerbittlichen Gesetz des Karmas schwer versündigen und für die Zukunft so mit ihrer Schuld beladen, daß sie unweigerlich gleiche Schmerzen und gleiches Leid auf sich ziehen. Daher ist es gewiß nicht falsch zu sagen, daß der Täter oft bald mehr Mitleid braucht als der von ihm Mißhandelte. Der Geschundene hat es hinter sich. Auf den Übeltäter aber wartet irgendwann und irgendwo das schwere Leid, das er jetzt anderen zugefügt hat. Ob in diesem, ob in einem künftigen Leben, ob in der geistigen Welt: Ist das wesentlich? Ist der nicht wirklich bedauernswert, der noch unwissend, blind schwerem Übel entgegengeht, das er selbst in seinem Unwissen verursacht hat?

In diesem großen Mitempfinden des wahren Mitleids wächst der Geist und wächst *das Bemühen, alle Menschen und alle Kreatur zu bewahren vor Elend und Not*, sie zu retten aus all dem Leid. Das ist einer der Gründe, weshalb gar manche »reine Seele« sich zuweilen in verzweifelter Bemühung ganz still für sich oder im Rahmen irgendeiner Organisation für die Linderung des Leidens oft bis zur Selbstvergessenheit einsetzen kann.

Und selbstverständlich wirkt das Mitfühlen mit dem Leidenden *auf die eigene Person zurück* und hilft ihr, freier zu werden vom eigenen ICH. Habenwollen und die Begierde in ihren vielen Spielarten werden immer zweifelhafter und die wahren Werte des Menschen, der sich um seine weitere Entwicklung bemüht, immer deutlicher. So verhilft die Erhabene Tugend des Mitleids zum inneren Wachstum der Persönlichkeit, die sich mehr und mehr von dem Schein der äußeren Welt ab- und den eigentlichen inneren Werten zuwendet. Stille innere Befriedigung und echtes »Glück« sind der Lohn und reiche Entschädigung für das, was einem an äußeren Freuden und Gewinn meist reichlich oberflächlicher Art entgehen mag.

Wer sich freilich in das Mitleiden mit dem Leiden anderer allzusehr vertieft, sich allzusehr da hineinfallen läßt, der mag in dieser Grube der Schwermut gefangen bleiben. Seine Seele wird durch die Hingabe an all die Not, das Elend und die Trübsal der allerorten Leidenden so sehr bedrückt, daß er am

Ende keinen Ausweg mehr aus der dumpfen Niedergedrückt-heit seines Wesens findet. Gerade hochsensible Menschen sind da besonders gefährdet. Dieser Gefahr gilt es zielbewußt zu begegnen. Die beste Hilfe dagegen ist die aktive Bemühung zu helfen, wo man nur helfen kann. Jeder noch so bescheidene Erfolg wird sofort ein Stück Erleichterung und Belebung bringen und zu neuem gezieltem Handeln positiver Art auf-fordern. Und im übrigen gilt es, die vierte buddhistische Grundtugend – des Gleichmuts – in sich zu entwickeln und sie zu pflegen. Wir werden uns bald genauer mit ihr beschäf-tigen.

Ein Wort zum falschen Mitleid. Wer sich selbst wider bes-seres Wissen aus seiner inneren Schwäche in Schwierigkeiten und Not bringt, findet nicht selten mitleidige Helfer, die ihm immer und immer wieder aus augenblicklichem Elend helfen. Ein Musterbeispiel sind etwa Alkoholsüchtige, die erbrechen, sich selbst und ihre Umgebung übel beschmutzen und mehr und mehr verkommen. Der von übermäßigem Mitleid Getra-gene findet kein Ende im Erdulden dieses Verhaltens. Er reinigt den Trunkenbold wieder und wieder. Er gibt ihm weiter Geld, das sofort erneut in Alkohol umgesetzt wird. Dabei merkt er gar nicht, wie er den anderen im Grunde nur demütigt. Wie sollte der je aus seiner Haltlosigkeit und Ab-hängigkeit herausfinden?

Wie ganz anders die Wirkung *der klaren, unerbittlichen Einstellung*: »Jetzt ist Schluß – wenn du verkommen willst, dann bleibe, wo du bist. Niemand anders hat dein Leben in der Hand als nur du selber!« Und ihm nicht mehr beistehen, ihn in seinem Schmutz liegen lassen, damit er endlich seine tatsächliche Lage erkennt und von sich aus auf den rechten Weg zurückfindet. Im Sinne des viel zuwenig bekannten Wor-tes des berühmten Arztes Hippokrates (etwa 460–370 v. Chr.): »Wenn du nicht bereit bist, dein Leben zu ändern, kann dir nicht geholfen werden.« Wie wir über die Jahre hinweg in einer Reihe von Fällen beobachten konnten, war das die letztmögliche und die in der Tat wirkungsvolle »Medizin«. Sie ließ den Betroffenen aufwachen und sich selber helfen. Daß ihm dann dabei die rechte Unterstützung und Hilfe zuteil wurde, brauche ich nicht zu betonen. Ist das nicht *die einzig mögliche echte Hilfe aus wirklichem Mitleid* mit der Seele dessen, der im Begriff ist, sich zu verlieren?

Ich möchte noch auf eine andere Gefahr hinweisen, die uns allen droht. In den dunklen Winkeln der menschlichen Seele liegt *die Bereitschaft zu dem pervertierten »Genießen« des Unglücks und Leidens anderer*, ja eine gewisse Begier danach. Warum werden Nachrichten über schwere Verkehrsunfälle, Naturkatastrophen, Gewaltakte aller Art bis hin zu übelsten Mordtaten und Folterungen mit solch sensationslüsternem Interesse oft begierig aufgenommen und nicht selten sogar gesucht? Mitleid und Grausamkeit haben die gleiche Wurzel der Sensibilität, des weiten Offenseins für Schmerzen, Leiden und für die Hilflosigkeit des Leidenden. Das Mitleid leidet mit, die Grausamkeit erlebt bewußt oder unbewußt Freude daran. Eine geheime Anziehungskraft, ja Faszination wohnt diesem Erleben des zuschlagenden Schicksals mit den oft unsagbaren Schmerzen inne, die es verursacht. Es spielt mit, daß wir selber nicht betroffen sind, so daß wir die Unversehrtheit unseres ICH »genießen« können. Schon die bekannte Redensart »Schadenfreude ist die reinste Freude« läßt die ins Pervertierte gehende Ironie deutlich werden. Wenn derartige Gefühle über uns Macht bekommen wollen, sollte uns die Alarmglocke der Wachheit und Achtsamkeit die Situation auf der Stelle erkennen lassen und uns davor bewahren.

Das Denken im Rahmen des großen Gesetzes (dharma) ist uns westlichen Menschen zunächst völlig fremd. Denn das Leid erscheint uns als ein mehr oder minder übles, vorwiegend individuell empfundenes Mißgeschick. Wer indessen die drei Kennzeichen des Seins in ihrer Klarheit und Unerbittlichkeit erfaßt hat, der weiß vom großen Gesetz, dem wir alle unterworfen sind. Der lernt es, sein ICH hintanzustellen und sich ihm ohne Groll und in Vertrauen ein- und unterzuordnen.

Gerade in diesem Zusammenhang lohnt sich der Hinweis auf das *Symbol des unendlichen Mitgefühls*, des allumfassenden Erbarmens, das in ganz Asien tief verehrt wird. Es ist die Göttin Kwannon. In vielen Tempeln und sonstigen Kultstätten ist sie zumeist in vollendet harmonischer Körperhaltung und mit besonders besinnlich-friedlichem Gesichtsausdruck dargestellt. Teilweise ähnlich wie das Bild der Jungfrau Maria im christlichen Bereich ist sie die stete Mahnung zu mitfühlendem Verstehen der anderen Menschen und Geschöpfe, besonders wenn sie in Not sind und Hilfe brauchen.

Da ist es bestimmt nicht falsch, wenn ich wie am Ende des vorigen Kapitels auch jetzt darauf hinweise: Alle ethischen Forderungen und *alle Sittenstrenge bekommen erst durch die enge Verschwisterung mit* der liebenden Güte (metta) und mit *dem jetzt besprochenen echten Mitleid* (karuna) ihre volle Berechtigung: nämlich die Wärme, die das Leben unwiderruflich verlangt, wenn es sich nicht in lebenszerstörerische Kälte und damit in der Feindschaft zu Mensch und Kreatur vollziehen soll.

3. Die Mitfreude

»Mögen alle Wesen glücklich sein.«
Buddhistischer Gruß

Bedarf es jetzt noch vieler Worte, um auch die Kehrseite des Mitleids, nämlich die Mitfreude, in ihrer großen Bedeutung für die Weiterentwicklung unserer Seele zu verstehen? *Mit-*

leid und Mitfreude haben die gleiche Wurzel: das Mitempfinden mit den anderen Menschen und Lebewesen. Im Untergrund ist immer die Loslösung, das Vergessen vom eigenen ICH, die Voraussetzung dafür. Denn das Mitleid lebt mit dem Leiden anderer mit, die Mitfreude mit deren Freude und Glück. Sie begrüßt die günstigen Lebensumstände oder -ereignisse aller Art, die anderen widerfahren, und das besondere Glück, das sie dadurch erleben. Sie empfinden es so, als wäre es das eigene Erleben.

Die Mitfreude ist ein positives Ergriffensein ganz im Innern. Eine starke, etwa gar überraschend einsetzende Freude mag sich zunächst auch in äußerem Überschwang kundtun, gerade beim gefühlsstarken und temperamentvollen Menschen. Sie ist jedoch weit entfernt von der auch so genannten »Freude« an nur oberflächlichen Vergnügungen oder an Spaß, wie sie sich uns im Alltag immer wieder einmal bieten. Ihnen fehlt das oft aufwühlende tiefinnere Gepacktsein, das die wirkliche Freude kennzeichnet. Da ist kein Lärm. Da ist keine nur oberflächliche Lustigkeit. Da ist die bewegte Heiterkeit des Herzens, die viel mehr der Stille und der Ruhe verschwistert ist.

Die Freude eines anderen echt teilen zu können, setzt – wie schon gesagt – das Herauswachsen aus dem eigenen ICH voraus. In den unbewußten tiefen und dunklen Ecken unseres Wesens vergleichen wir uns aus der Allmacht-Stellung des ICH heraus ständig mit den anderen Menschen, vorzugsweise natürlich mit denen unserer engen Lebens- und Arbeitsumgebung. An ihnen messen wir uns und unseren eigenen Wert. Als ob wir davon bei tieferer Einsicht abhängig wären! Aber es ist nun einmal so. Da lauern immer Neid, Eifersucht, Ablehnung und Mißgunst. Das Habenwollen scheint unbegrenzt. Daher sind wir alle geneigt, das Glück, das wir an anderen beobachten können, sogleich mehr oder minder entschieden abzulehnen. Widerfährt auch uns nicht das gleiche oder ein ähnliches Glück, dann schauen wir mißgünstig auf das des anderen. Gar nicht so selten ist dann zu beobachten, wie daraus sogar die Ablehnung des Begünstigten erwächst. Mit Fortschreiten dieses als so mißlich empfundenen Zustands kann sie sich weiter steigern und schließlich geradezu im kalten Haß des anderen enden, nur weil er als glücklicher, als in seinem Glück überlegen empfunden wird. [28]

Nur wer aus dem Schatten seines eigenen ICH herausgewachsen ist, mißt seinen eigenen Wert nicht mehr an den anderen. Er trägt seinen eigenen Wert in sich. Daher ist ihm das ständige Vergleichen seines ICH mit dem der anderen bedeutungslos und fremd geworden. Er hat sich über die äußeren Dinge dieser Welt erhoben. Sie sind ihm hochgradig gleichgültig geworden. Also kann er sich selbst in der Beobachtung der anderen vergessen. Und nur deshalb kann er sich aufrichtig mitfreuen mit dem Glück eines anderen, sei es über einen für ihn wichtigen materiellen Gewinn (z. B. das Auffinden einer besonders günstigen und dabei noch preiswerten Wohnung, wenn man selber noch immer vergeblich eine sucht!) oder einen solchen auf geistigem Gebiet (z. B. eine ihn tief bewegende Erkenntnis, die ihn spirituell weiterbringt, die man selbst aber noch nicht haben durfte).

Wenn wir das alles recht bedenken, dann wird es klar, daß *die Mitfreude eine für unsere Weiterentwicklung und Vervollkommnung wichtige Tugend ist*. Daran ändert nichts, daß sie in dieser ihrer großen Bedeutung in der westlichen Welt im allgemeinen gar nicht erkannt wird. Auch diese dritte buddhistische Grundtugend fällt uns nicht von allein zu. Wir müssen uns um sie bemühen und sie in den ständigen Wandlungen und Fährnissen des Alltags unserem so mächtigen ICH abringen. Auch sie ist wie eine Waffe im Kampf gegen das Negative und das Böse in der Welt und in uns selbst.

Der Lohn dieser Bemühung: *Die in uns wachsende Freude hilft uns, das Leid zu überwinden*. Sie ist das starke Gegengewicht gegen die drückende Erkenntnis des Leidens in seiner Unerbittlichkeit (dukkha). Jeden glücklich zu sehen ist eine große Freude. Und einem einzelnen in seiner bitteren Not – wie immer sie geartet sei – eine vielleicht nur vorübergehende Freude geschenkt zu haben und sich mit ihm von Herzen freuen zu können ist in jedem dieser Fälle ein neues Stückchen Auftrieb gegenüber der niederziehenden Kraft des Leidens. Die innere Erleichterung und die Herzensfröhlichkeit, die davon ausgehen und in uns nachwirken, können doch eine wesentliche Hilfe sein, das allgegenwärtige Leiden zu transzendieren, das heißt, es in eine höhere Ebene des Seins hinaufzuheben und somit das geistige Element in uns zu kräftigen.

Eng damit verbunden ist *die innere Einstellung auf das Ertragen der größeren und kleineren Mißlichkeiten*, die sich auf dem geistigen Weg einstellen. Die notwendige Abkehr vom Treiben dieser Welt und ihren sinnestäuschenden Vergnügungen, »Festlichkeiten« und allen möglichen Annehmlichkeiten und vorübergehenden oberflächlichen Befriedigungen verlangt eine gewisse Entsagung. Daß sie mit dem Fortschreiten auf dem geistigen Weg immer weniger als solche empfunden wird, ändert nichts daran. Immer wieder kann die Lockung aufbrechen aus dem Sog des Getriebes der heutigen Welt. Die in der Tiefe erlebte Freude an der Erringung und Bewahrung der wahren Werte und die in der Tiefe erlebte Mitfreude an der Freude der anderen Menschen erweist sich dem Übenden als eine mächtige Stütze, diesen Lockungen nicht mehr zum Opfer zu fallen. Und gar bald vermitteln sie die volle Erkenntnis von ihrer eigentlichen Wertlosigkeit. Dann schwinden ihre Lockungen vollends dahin. Das ist dann auch der Lohn in der Bemühung um die dritte Erhabene Tugend des Buddhismus und zugleich die Grundlage für die vierte, die von manchen »die Krone der Tugenden« genannt wird.

4. Der Gleichmut

»Ich fürchte nichts, ich begehre
nichts – ich bin frei.«
Kazantzakis (1887–1957)

Diese vierte Erhabene Tugend – des Gleichmuts – ist *die Endstufe in der Bemühung um die rechte innere Einstellung* zu den Geschehnissen in unserer Welt und besonders zu unseren Mitmenschen und unserer Haltung ihnen gegenüber. Es gilt, den Geist der rechten tätigen Liebe, der aus der Tiefe kommenden freundlichen Zuwendung zu Mensch und Kreatur zu finden und ihn in seinem Alltag zu leben. Wer so von Mitleid und Mitfreude getragen ist, dem öffnet sich die vierte Tugend aus dieser Grundlage heraus ohne große Bemühung darum.

Gleichmut, »gleicher« »Mut«, bedeutet das gleiche Berührtsein, die gleiche Einstellung, das gleiche wertfreie Denken gegenüber allem, was uns im Leben begegnet. Und wie das die Aktivität in sich tragende Wort »Mut« zum Ausdruck bringt, bedeutet Gleichmut auch das Handeln nach außen hin, das von dieser Einstellung getragen ist. Sie ist gekennzeichnet weder durch angenehm noch durch unangenehm, nicht durch Anziehung oder Abstoßung, weder durch Zuneigung noch durch Ablehnung, nicht durch Liebe oder Haß, auch nicht durch gut oder schlecht. Die Gefühlshaltung ist sozusagen neutral, eine Art von persönlichem Nichtbetroffensein. Charakteristisch ist die Gelassenheit gegenüber allem, was einem widerfährt. Das verlangt inneren Abstand, über den Dingen zu stehen. Und doch ist der Gleichmütige bei allem Unbewegtsein in jedem Augenblick hellwach und ganz achtsam.

Natürlich betrifft der Gleichmut speziell auch unsere Haltung zu den anderen Menschen und allen Mitgeschöpfen. Wir sind alle nur verschiedene Erscheinungsformen der einen und einzigen Schöpferkraft. Insofern sind wir alle eins und gleich. »Mögen alle Wesen glücklich sein!« Daher ist die – subjektiv sehr verständliche – besondere Abneigung gegen manche Mitgeschöpfe und Lebewesen ebenso unrichtig wie die – subjektiv ebensosehr verständliche – besondere Zuwendung und Bindung an andere. Das trifft auch für die seelisch-sinnliche Bindung an Eltern, Lebenspartner, Kinder, Verwandte oder Lieblingstiere zu. Die Erkenntnis von der im Kern gegebenen Gleichheit steht dem entgegen. Sie verlangt, alle Unterscheidungen dieser Art fallenzulassen, gleichsam ganz unparteiisch jedwedem Geschöpf gegenüberzustehen.

Es kommt also in keiner Weise darauf an, welche persönliche Einstellung ich zu bestimmten Mitmenschen oder sonstiger Kreatur habe. Etwa wie ich über deren Tun und Lassen denke und urteile. Das ist ganz unerheblich. Denn jedermann ist ebenso der Gestalter wie der Erdulder seines eigenen Karmas. Er macht sein eigenes Geschick. Nur er bestimmt sein Glück oder Unglück und kein anderer. Das Wirken des eisernen Karma-Gesetzes steht über und hinter allem. Ich kann es nur akzeptieren. Ich bin ja nur in der Position des Zuschauers. Daher kann ich mich auch nicht einmischen in die Geschehnisse, auf die ich keinen Einfluß haben kann. Darum der Abstand, darum das beschriebene Nichtbetroffensein des Gleichmuts. Wohlgemerkt aber: bei voller Achtsamkeit!

Wenn andere Leute über Sie reden, und sicherlich nicht immer nur positiv, so lassen Sie sie reden. Diese Leute haben ihr Karma, und Sie haben das Ihre. Sind Sie von den Gedanken und Worten anderer abhängig? Wenn sie Ihnen lästig sind oder Sie sich gar darüber ärgern, können Sie dann wirklich frei sein, wirklich Sie selber? Den Gleichmütigen berührt das nicht.

Diese Ausgeglichenheit des Geistes läßt das Gemüt immer in der Mitte bleiben: Es gibt kein totales Ergriffensein von

Freude noch von Unmut. Der Gleichmut befreit beim Vollendeten von der geringsten Spur von Ärger, Zorn oder schlechtem Willen. Der Gleichmut überwindet die Gewohnheit, Freunde und Feinde zu sehen, wo uns in Wahrheit doch – wie gesagt – dieselbe Schöpfungskraft nur in der äußeren Gestalt eines jeweils anderen ICH begegnet. Alles frühere Anhaften an diesem Denken schwindet. Man läßt es los. Wer in sich ruht und glücklich ist, der ist in der Tiefe seines Wesens voller Frieden und kann jedermann gegenüber gleich gute Gefühle haben. So kommt man auf den Grund der Dinge: den Urgrund der Wahrheit.

Den Gleichmut erschüttert nichts. Er ist sich selbst genug. So steht der Gleichmütige fest auf dem Boden, der ihn trägt. Er strahlt gar oft eine fast wundervolle Kraft aus auf andere Seelen, sich von aller Unruhe zu reinigen. Gleichmut im Herzen ist innere Sicherheit und Ruhe. Ruhe ist Kraft. Ruhe und Seiner-selbst-sicher-Sein bedeutet Überlegenheit, aber in absolut unaufdringlicher Art, über alle, die an Ruhe verlieren. Das zeigt sich bei allen Katastrophen und in verzweifelten menschlichen Situationen. In solchen Notzuständen schart immer derjenige alle anderen um sich, der Ruhe und Gleichmut bewahrt: der die Nerven behält, wo die anderen sie verlieren.

In der Meditation kann man den Bewußtseinszustand und das tiefe Glück des Gleichmuts in voller Geborgenheit erleben, wenn auch meist nur in verlängerten Augenblicken: ohne jedes Kleben an fehlerhaftem Verhalten in der Vergangenheit, an Schuldgefühlen, ohne Angst und Sorge, ohne jede Furcht und innerlich ganz sicher. Diese vollendete Sammlung in der Meditation beschert uns tiefe Ruhe, tiefe Freude. Sie macht uns »frei«. Mag dieses Erleben noch so kurz sein: Es packt uns im Fundament unseres Wesens. Es leuchtet in uns, und es zieht uns an wie sprudelndes Wasser den von Durst Geplagten.

Hätten wir den Gleichmut oder die Gelassenheit nicht, wie könnten wir bei all dem Elend und Leid in dieser Welt bestehen? *Aber Gleichmut ist nicht Gleichgültigkeit.* Der Gleichgültigkeit fehlt die Liebe, die Zuwendung zum Leidenden. Die tätige Liebe des Gleichmütigen sucht jedoch nach Kräften Elend und Leid zu mildern. Im tiefen Vertrauen auf die große Ordnung, auf das Dharma, weiß sie, daß auch alles Leiden seinen tiefen Sinn hat: Die gestörte Harmonie muß wiederhergestellt werden. So zerbricht sie nicht daran. Und so bleibt sie eingebettet in das große Geschehen, in das, was wir in unserer Sprache getrost die göttliche Liebe nennen können. Sie liegt jenseits unseres begrenzten Verstandes. Sie wächst aus dem distanzierten erbarmenden Verstehen. Es ist »die kühle Liebe«, die das karmisch-gesetzmäßig begründete Leiden des anderen als solches sehr wohl erkennt und es innerlich voll akzeptiert, aber trotz des persönlichen Abstandes dazu die echte Zuwendung nicht missen läßt. Schickt sie dem Leidenden nur einen einzigen ihn stärkenden Gedanken, zur Einsicht und auf den rechten Weg zu kommen, so hat sie gewiß schon ihren Sinn erwiesen. Schließlich muß der Leidende sich selbst aus seinem letztlich selbstverschuldeten Leiden herausarbeiten.

Gleichmut kann sich nur bei dem entwickeln, der *mit seiner Angst in positivem Sinn fertig wird.* Dieses vielgestaltige Gefühl gehört zu den elementaren Befindlichkeiten des Menschen. Die Angst ist gebundene, verklemmte, blockierte Energie. Sie ist in krassen Fällen nur ins Negative wirkende total gestaute Kraft. Mit psychologischen Tricks kann man ihr schwerlich beikommen. Aber sie läßt sich schrittweise auflösen. Die Devise kann nur lauten: Sich ihr nicht überlassen, nicht nachgeben, nicht flüchten, sondern: standhalten! Wenn anfangs vielleicht auch nur mit dem jetzt gerade noch möglichen winzigen Schrittchen vorwärts gegen den Gegenstand seiner Angst. Bei der nächsten »Angstprobe« kann man sich mit dem jetzt ein wenig gestärkten Selbstvertrauen schon ein weiteres Schrittchen voranwagen. An anderer Stelle habe ich die vielbewährte Methode der kleinen Teilerfolge übersichtlich dargestellt. [29] Deshalb kann ich mir hier weitere Ausführungen dazu ersparen. Das Wesentliche: Viel mehr Menschen, als das für möglich halten, können mit ihrer Angst fertig werden, an innerer Sicherheit gewinnen und so dem Gleichmut näher und näher kommen.

Der Gleichmut erhebt sich über das theaterhafte Rollenspiel der menschlichen Gesellschaft. Für die moderne Sozialwissenschaft hat die Charakterstärke kaum noch eine Bedeutung. Sie verzichtet auf Persönlichkeit, Gewissen, echten eigenen Willen und damit letztlich auf die innere Freiheit des Menschen. Die Haltung, wie sie Luther auf dem Reichstag zu Worms 1521 seinen Richtern gegenüber gezeigt und in die berühmt gewordenen Worte geprägt hat: »Hier stehe ich. Ich kann nicht anders. Gott helfe mir. Amen.« – für diese Haltung fehlt dem soziologisch gut geschulten Menschen von heute das Verständnis. Ja, nicht wenige nennen sie schlicht Dummheit. So entmündigt sich der Mensch selber zum mehr oder minder perfekten Rollenspieler. Der Gleichmut aber, der sich auf der Erkenntnis der Realität aufbaut und sich in die große Ordnung eingebettet weiß – der steht über dem Ideal des Spielens von Rollen mit seiner opportunistischen Anpassung. Das Bestreben, die jeweilige Gunst der Stunde zu nutzen, mag in unserer Welt der Unvollkommenheiten seinen Sinn haben. Aber die tiefinnere Sehnsucht und das von ihr gespeiste Verlangen nach dem ungeteilten wahren Menschentum steht noch immer höher und krönt nur den, der sich gleichmütig darum bemüht.

Der Gleichmütige hat es in hohem Maß geschafft, *sich aus der Knechtschaft der Begierde und seiner Abhängigkeit davon zu befreien.* Er hat einen Großteil seines Ego überwunden: Lange genug hatte er seine Auswirkungen beobachtet, die

Vergeblichkeit ihrer Befriedigung, ihre Unersättlichkeit, den vergeblichen fortdauernden Selbstbetrug. Er hat sich darüber erhoben.

Nur der Geist, der unter allen noch so kritischen und belastenden Umständen ruhig und ungestört verbleibt, ist *der reine, der wahre Geist*. Er sollte der Herr sein. Dieser wahre menschliche Geist bleibt unberührt von den wechselnden Bedingungen des Lebens. Gelassen, gleichmütig steht der Weise über ihnen. Er wird weder erhoben durch Erfolge noch niedergedrückt durch Fehlschläge. So lebt er die Wahrheit der Nichtdualität, die Wahrheit des Eins-Seins von allem Existierenden. Und welcher Frieden liegt in diesem Geist!

Wer so in Ruhe und stetem Gleichgewicht verbleibt, den trägt sein Gleichmut, seine Gelassenheit im großen Gesetz, über alles hinweg. Für den ist die ganze Welt in Ruhe und in stetem Gleichgewicht. Er ist wahrhaft frei.

DER BUDDHISTISCHE WEG ZUR »ERLÖSUNG«

»Erfüllte Tage.
In ewiger Gegenwart leben
ohne Schmerz.«
Haiku von Marie-Luise Stangl

In unserer Betrachtung der wesentlichen Grundlagen der buddhistischen Lehre fehlt uns noch die Befreiung aus dem sich drehenden Rad von Geburt und Tod, die Frage der »Erlösung«. Dabei sind wir sofort bei der lebenspraktischen Seite: Wie sieht der buddhistische Weg im Alltagsleben aus? Natürlich wurde dazu in den bisherigen Ausführungen schon vieles gesagt. Indessen ist es sicherlich der Mühe wert, des klaren Überblicks halber die dafür wichtigen Gedanken zusammenzufassen, die in einigen bedeutungsvollen Punkten noch zu ergänzen sind.

Daher möchte ich zunächst kurz *das geistige Grundgebäude des Buddhismus* in der Form herausstellen, wie es oft in den alten Schriften aufgebaut ist. Es steht sozusagen auf den drei Pfeilern:

1. *Buddha* ist einerseits die Person des Gründers des Buddhismus Gautama Siddharta (Shakyamuni), der vor 2500 Jahren die totale Erweckung oder »Erleuchtung« erfuhr. Andererseits ist jeder ein Buddha, der durch seine Bemühungen diesen höchsten Entwicklungszustand erreicht hat, der alle menschlichen Täuschungen und Begierden hinter sich läßt und die Weisheit in sich trägt, zweifelsfrei zwischen wahr und falsch zu unterscheiden. Das trennt den Buddha von der normalen menschlichen Intelligenz.

2. *Dharma* ist die wahre Lehre oder das große Gesetz, das der Erleuchtete, der Buddha, verkündet hat. Es trägt alle wesentlichen Grundwahrheiten in sich und die Folgerungen, die sich daraus für den um Erweckung Bemühten ergeben. Dabei wichtig ist der Kanon der Sutras, also der Lehren, die von Buddha selbst gelehrt wurden.

3. *Samgha* ist die Bruderschaft derer, die an Buddha und an das Dharma glauben. Sie bestand ursprünglich nur aus den »hauslosen« (ständig umherwandernden) Mönchen und Nonnen sowie den tiefergebenen Laien beiderlei Geschlechts. Später zählten alle dazu, die ernsthaft das Leben eines Bodhisattwa (darüber später) anstrebten. Im weiteren Sinn meint Samgha heute die innerliche Einheit aller Menschen, die sich von ihrem ICH lösen und den Weg Buddhas gehen. Man kann auch von der »kosmischen Bruderschaft« sprechen, die alle Diener des rechten Weges umfaßt.

Diese drei verschiedenen Begriffe sind *in Wirklichkeit nur ein einziger:* Buddha manifestiert sich in seinem Dharma und wird in der Samgha, der Bruderschaft, verwirklicht.

Die einzige Aufgabe des Menschen in dieser Welt ist es, zur Wirklichkeit hinzureifen. So wie die Sterne ihrem Kreislauf sind wir ohne jedes Zutun dem Kreislauf unseres Daseins unterworfen: Geburt – Leben – Tod. Jeder weiß: Die Sonne scheint über Gerechte und Ungerechte. Ein Zen-Meister sagte so treffend: »Was kümmert es die Sonne, wenn der Blinde seinen Weg nicht sieht?« Das ist unsere Aufgabe: unseren Weg zu sehen, das unbestechliche Gesetz der Wirklichkeit zu erkennen, die wahre Wirklichkeit des Lebens zu erfassen, die sich hinter dem äußeren Sinnenschein verbirgt. Nur wenn uns das gelingt, schwindet unser übermächtiges ICH-Bewußtsein. Und wir erkennen die absolute Einheit mit dem Ursprung aller Dinge.

Dann ergreift uns, was der Christ die »Liebe Gottes« nennt, die für uns unfaßbar hoch erhaben über uns Menschen steht.

Dann wissen wir in unserer Tiefe, daß die Liebe zu uns selbst und zu allen anderen Wesen, also die selbstlose Zuwendung zu aller Schöpfung, das Natürlichste und Wichtigste in dieser Welt ist. »Lieben« ist dann keine Bemühung, nicht gleichsam uns auferlegt oder gar lästig, sondern ganz selbstverständlich unser Leben prägend. Und das Leiden erkennen wir als das Warnzeichen dieser großen Ordnung an uns: Wir sind vom rechten WEG abgekommen, wir haben die universelle Harmonie gestört und haben das gestörte Gleichgewicht wiederherzustellen. Um es so auszudrücken: Wir haben unsere Buddhanatur (»den göttlichen Funken« in uns) vergessen, wir haben gegen Dharma, das große Gesetz, verstoßen, wir haben uns von Samgha, der Gemeinschaft der Strebenden, entfernt. Der Achtsame erkennt es rasch und weiß, was er zu tun hat.

Am Anfang steht immer die Lösung vom ICH. Mit ihr beginnt die Befreiung von Leiden und Angst. Und je mehr wir uns von uns selbst lösen, um so weniger sind wir allein. Um so mehr sind wir geborgen in der Gegenwart der unendlichen Kraft. Befreien können wir uns nicht in einem vergangenen Geschehen, nicht in einem zukünftigen oder gar jenseitigen, sondern ausschließlich im Hier und Jetzt. Hier ist unser Platz. Jeder Augenblick meiner Existenz ist die Ewigkeit, die mich hält und trägt. Die in jedem Augenblick lebendige Achtsamkeit (Satipathana), gepaart mit dem allumfassenden Mitfühlen oder Erbarmen (Karuna) und der aus der Tiefe kommenden Güte oder Liebe (Metta), werden gern als der Kern von Buddhas Lehre des Mittleren Pfades bezeichnet.

Das letzte Ziel des Buddhismus ist die Erweckung oder »*Erleuchtung*«, das heißt die Auflösung des geistigen Nebels, die Befreiung aus der großen Selbsttäuschung, das Erlebnis der totalen Leere von allen begrifflichen Gedanken, von Glaubensinhalten und von Vorstellungen jeder Art: Es ist *Kensho, die Wesensschau, oder Satori, das Erleben der wahren Wirklichkeit*, auch das »So-Sein« der Wirklichkeit genannt als die einzig wirklich existierende Realität, als die Wahrheit, als die »Leere« oder »das Nichts« jenseits von Subjekt und Objekt, für die man genausogut sagen kann »die Fülle des Seienden« wie »die Fülle des Nichts«, als das »todo y nada« (»alles und nichts«) des heiligen Johannes vom Kreuz, als die Unendlichkeit. Samsara, die Welt der Erscheinung, und Nirwana, die Welt der Nichterscheinung, fallen zusammen und sind eins. Außerhalb dieser unsichtbaren und letzten Realität gibt es kein wirkliches ICH. Die tief intuitive Erkenntnis (satori) läßt es uns erleben. Die ständige zielbewußte Minderung der Stellung unseres ICH bringt uns dieser Erkenntnis ein Stück näher.

Wer freilich ganz bewußt auf die Erleuchtung hinarbeitet, gleichsam wie auf etwas, was er unbedingt erringen, »haben« will, der *wird sicherlich enttäuscht*. Er macht sich selbst zum Hindernis. Denn *die Erleuchtung kommt nur im Zustand der völligen inneren Leere*, und halte sie auch nur einige Augenblicke lang an. Deshalb kommt sie in aller Regel ganz überraschend, ähnlich einem Blitz aus heiterem Himmel, sei es irgendwann im Alltag oder in der bewußten Meditation. Und so plötzlich, wie sie einsetzt, so schnell geht sie vorüber. Aber das unbeschreibliche Erlebnis packt den ganzen Menschen und läßt ihn nicht wieder los: Es wandelt sein Weltbild in der Tiefe seines Geistes. Und wieder muß ich sagen: Wer sich jetzt in seinem ICH daran festhält, wer sich in seinem befriedigten Habenwollen darin sonnt, dem zerrinnen Wert und Sinn unter seinen Fingern. Noch hat er nicht die Buddhaschaft erreicht.

Den wahrhaft Erleuchteten zeichnen aus:
- Tiefe Demut vor der alles erfüllenden, urgewaltigen Schöpfungskraft erfüllt seinen Geist und Bescheidenheit sein Herz.
- Er hat Leid und Kummer hinter sich gelassen.
- Sein Herz ist frei von jeglicher Beschmutzung.

- Er ist unerschütterlich geworden, von höchstem Gleichmut, ohne Angst und Furcht.
- All das trägt sein wahres Glück in sich, das er in der Stille und demütig zu wahren weiß.

Auf dem Weg zur Erleuchtung gibt es *keinen Unterschied für Mann und Frau.* Jeder der beiden hat in seinem Wirkungskreis die gleichen Chancen der Erkenntnis und dessen, was jeder daraus macht. Das Zusammenleben in der Familie oder der Partnerschaft gibt die beste Gelegenheit für die gegenseitige Unterstützung und Ermutigung, den rechten WEG zu gehen. Ja, es ist die beste Schule dafür. Das gilt für jeden Mann und für jede Frau, wo immer sie im Alltagsleben stehen.

Wir sind alle auf dem WEG und suchen nach der »*Erlösung*«. Dieser unser Begriff deckt sich hochgradig mit dem des buddhistischen *Nirwana*. Das *kann nur einsetzen, wenn* alle karmischen Bindungen gelöscht sind, wenn also karmische Schuld und karmisches Guthaben sich ausgleichen. Und das setzt voraus, daß die »drei Feuer« endlich ausgegangen sind, die ständig in jedem menschlichen Herzen brennen, das heißt, daß *die Triebkräfte dieses Daseins überwunden sind*:

1. Begehren, Habenwollen, Begierde auf ICH-Befriedigung in jeglicher Form; auch des sozusagen erweiterten ICH wie Familie, Geschäft oder Fabrik, gesellschaftliche Organisationen, Nation – jeweils im Rahmen ihrer naturgemäßen Eigensucht.

2. Haß oder Abneigung, was im weiteren Sinn auch die tausend Wertungen des unterscheidenden Denkens in sich schließt wie angenehm – unangenehm, nützlich – schädlich, wertvoll – wertlos usw.

3. Wahn, Verblendung, Illusion, vor allem die große Täuschung vom ICH, das Nichterkennen der Einheit alles Existierenden (anatta), der Ursache des Leidens und seiner Aufhebung (dukkha) sowie des ständigen Wandels mit seinen unausbleiblichen Folgen (anicca).

Diese Triebkräfte zu überwinden heißt, nicht das Gefühlsleben etwa als negativ zu bekämpfen, es ausschalten oder gleichsam zum Absterben bringen zu wollen. Es heißt, nicht von ihnen abhängig, ihr Sklave zu sein, sondern sich über sie zu erheben und sie im Sinn des WEGES zu steuern.

Auch hier gilt – wie bei der Erleuchtung –, daß *das vordergründig zweckhafte Bemühen um Nirwana* nichts bringt. Es ist eher ein Hindernis auf dem Weg dorthin. Denn nur absichtsloses Tun ohne Erstreben eines persönlichen Erfolgs und nicht das ICH-zweckhafte Tun kann uns weiterbringen. Daher kann auch das Beten darum nicht zu rascherer Befreiung führen. Wohl kann dies etwa tun *die Meditationsübung des Göttlichen Verweilens:* In ihr sendet man reinen Herzens, also ohne persönlichen Wunsch, in alle Richtungen und nach oben zum Himmel und nach unten zur Erde hin die Schwingungen der liebevollen Güte in die Welt hinaus. Das kann man an jedem Ort und in jeder Lage tun: »Mögen alle Wesen glücklich sein!«

Der nach Erlösung Strebende braucht
- den Glauben an die Richtigkeit seines Weges,
- die Ausdauer, auf ihm unerschütterlich zu verharren,
- die ständige Achtsamkeit als Schutz gegen Fehltritte,
- die Versenkung zur Gewinnung der inneren Ruhe
- und die Weisheit als stetige Steuerung seiner Geisteskraft.

Der Buddhismus kennt nur die Selbsterlösung – im Gegensatz zu anderen Lehren. Mit dem Eingehen in das All-Eine, in das Nirwana erlöscht die individuelle Seele. Sie geht in ihm auf. Das zu erreichen ist das Endziel allen Bemühens: die absolut ndgültige Befreiung aus dem sich drehenden Rad der wiederholten Wiedergeburten und damit die restlose Überwing von Leiden und Altern, von Sterben und neuer schmerz-r Wiederkehr. Wie ich schon im einleitenden Kapitel bei esprechung der Illusion des ICH (anatta) betonte, kann e wirklich unsterbliche Seele geben.

Jeder Mensch kann dieses höchste Ziel des Nirwana nur durch eigene, höchstpersönliche Bemühung erreichen. Welcher Außenstehende könnte *mich* erlösen, das heißt mich befreien von den Folgen meiner schlechten Taten, meiner Schuld? Entweder es gibt das eherne Gesetz des Karma, oder es gibt die Willkür. Entweder es gibt die absolute Gerechtigkeit, oder es gibt keine. So einfach ist das und muß es sein. Wohl kann mir der von mir Verletzte meine »Sünde« verzeihen, aber die Folgen meiner Missetat habe ich in jedem Fall zu tragen. Erinnern Sie sich an das Beispiel des unfolgsamen Kindes mit dem gebrochenen Bein? Den Ungehorsam kann man verzeihen – das Bein aber bleibt gebrochen. So kann es eine Vergebung der Sünden in dem Sinne, wie das im christlichen Westen weitgehend angenommen wird, nach buddhistischer Auffassung gar nicht geben.

Gegen Ende des 1. Kapitels habe ich in drei Feststellungen die wesentlichen Folgen herausgestellt, die sich aus der Illusion von unserem ICH für unsere falsche Selbsteinschätzung ergeben. Das ist *der Kern dessen, worum es bei unserer Erlösung geht.* Lesen Sie das bitte dort noch einmal nach. Dann wird Ihnen dieses knappe Schema des buddhistischen Wegs völlig klar sein:

> Überwindung des kleinen selbst (ICH)
> durch das höhere Selbst (atman)
> zur Befreiung im großen SELBST (brahman) [30]
> führt zur Erlösung im Nirwana.

Der Kern der Lehre Buddhas, *in ganz einfachen Worten ausgedrückt*: Alle Menschen sollen gemäß ihren natürlichen Fähigkeiten, ihrer inneren Einstellung und ihres besonderen täglichen Tuns die das Leben prägenden und entscheidenden Werte pflegen. Das hebt alles Tun und Lassen in eine höhere Sphäre: »Höre auf, Übles zu tun; lerne, Gutes zu tun; reinige dein eigenes Herz: das ist die Lehre Buddhas.« So wird es in einer alten buddhistischen Schrift ausgedrückt.

Sich um Erkenntnis oder Erleuchtung zu bemühen und den Mittleren Pfad des Buddha zu gehen bedeutet: *Das persönliche ICH wächst langsam und stetig hinein in das Absolute*, das Ganze, in die Wahrheit, in die alles umfassende Harmonie, wie immer wir es ausdrücken. So überwindet das Denken in einem stetig fortlaufenden Prozeß die täuschende Dualität. Es vollzieht sich, was die ägyptischen Hierophanten verkündeten: »Das Licht ist in Dir: Lasse das Licht leuchten.« So beginnt das Licht, alles zu erleuchten, alles zu durch-leuchten. Mit der steigenden Gewißheit im Herzen wachsen innere Kraft und Heiterkeit. Und im ständigen Wandel der Dinge zeichnet sich der tiefe Grund des Einen und Einzigen unwandelbar ab.

Es gibt verschiedene Wege zur Erlösung, die zum Teil schon in den ältesten buddhistischen Schriften aufgeführt sind:

- Der wichtigste ist wohl *die fortschreitende konsequente Selbstbeherrschung*, die das fundamentale Übel des Beherrschtwerdens durch Begierde, Haß und Wahn ausräumt. Nicht umsonst bezeichnet Buddha die Bewachung der Sinnestore als das Wichtigste auf dem Weg zur Erlösung.

- Nicht minder bedeutungsvoll ist *die rechte Meditation*, über die ich schon im Rahmen des Edlen Achtfachen Pfades gesprochen habe. Sie ist eine ganz wichtige Hilfe für die seelisch-geistige Selbsterziehung und besonders im Zen von herausragender Bedeutung.

- In allen Schriften wird immer *die Erringung der Weisheit* (prajna) als außerordentlich wichtig bezeichnet. Sie setzt ja die Überwindung der großen Unwissenheit voraus, was dann das rechte Bemühen um den WEG nach sich zieht. Mit dem bloßen Auswendiglernen und häufigen Rezitieren von Sutren und anderen Weisheit vermittelnden Texten ist es freilich nicht getan, wenn es an der inneren Arbeit fehlt.

- In späterer Zeit kommt in Indien *die Technik des Mantra*

auf, die sich vor allem nach Norden und Osten hin verbreitet. Es ist die ständige rhythmische Wiederholung eines tiefen Sinnspruches oder einer – rational gesehen – sinnlos erscheinenden Folge von Buchstaben oder Silben. Ein erfahrener geistiger Führer (Guru) wählt den für seinen Schüler individuell bestgeeigneten Klang mit seinen besonderen Schwingungen aus. Bei richtiger und ausreichend langer Handhabung kann diese das bewußte Denken ausschaltende Technik ein Weg zu intuitiv aufbrechender tiefer Erkenntnis sein. An anderer Stelle habe ich sie auch mit ihrem Hintergrund eingehender dargestellt. [31]

In der Mahayana-Schule wird später *der Bodhisattwa-Weg* hinzugefügt. Der Bodhisattwa zögert, obwohl er die Buddhaschaft schon erreicht hat oder auf dem WEG schon beträchtlich vorgeschritten ist, seinen Eintritt ins Nirwana bewußt lange hinaus, um anderen zu ihrer Erlösung aus dem Kreislauf von Geburt und Tod zu verhelfen. Das geschieht durch Übertragung seines persönlichen karmischen Verdienstes auf diese. Im frühen Buddhismus gab es diese Übertragbarkeit nicht. Der Bodhisattwa tut es aus tiefem Mitleid (karuna) mit dem Leiden der anderen und aus der absoluten Überzeugung des inneren Eins-Seins mit ihnen. Der Hilfesuchende braucht ihn nur innig zu bitten. Er hat sich aber zu verpflichten, dann seinerseits um den Weg des Bodhisattwa bemüht zu sein. Diese hohe Verpflichtung schreckt viele davon ab. Das ICH steht noch immer im Hintergrund. So ist dieser Weg auch nicht unumstritten.

Ebenso wie der eben besprochene ist *der Weg des Transzendenten (Jenseitigen) Buddha* erst später im Mahayana anerkannt. Der darum Bittende übergibt sich im gläubigen Vertrauen einem transzendenten Bodhisattwa oder zumeist Buddha. Dieser kann ihn nicht unmittelbar zur vollen Erlösung bringen, jedoch zur Wiedergeburt nicht erneut auf unserer leidvollen Erde, sondern in einer Art Paradies. Hier kann dann Nirwana erreicht werden. Dieser Heilsvermittler oder Erlösungshelfer wird *Amitabha Buddha*, in Japan *Amida Buddha* genannt.

Es ist *die Lehre von der Wiedergeburt »im Reinen Land«*. Die Reine-Land-Lehre entstand ursprünglich auch in China auf der Basis der zwei Sukhavati-Sutras. Sie gibt den Kern der *Jodo-Schule* ab, im 12. Jahrhundert in Japan von Honen begründet. Aus ihr wurde dann durch eine Reform etwa hundert Jahre später die ganz konsequente *Jodo-Shin-Sekte*. Dieses gedachte Paradies des Reinen Landes ist immer nur die letzte Zwischenstation vor der Erlangung des Nirwana, die dann noch das volle Hineinwachsen in die Weisheit voraussetzt. Wie das im einzelnen möglich ist, darüber sind die Ansichten geteilt. Auch hinsichtlich des Amida-Kults gibt es verschiedene Lehrmeinungen, die nicht unumstritten sind.

Dieser Amitabha-Buddhismus oder Amida-Kult ist übrigens *die einzige Form oder »Sekte« des Buddhismus, die als Glaubensreligion* bezeichnet werden kann, im Gegensatz zur ansonsten strikt eingehaltenen Wirklichkeitserkenntnis als Grundprinzip des Buddhismus. Ihr Kernstück ist eben der tiefe Glaube an das allumfassende, grenzenlose Mitleid Amidas mit allen Wesen der Schöpfung. Aus diesem tiefen Glauben heraus wird Buddha angerufen »Namu Amida Butsu« (japanisch = Buddha) »Gepriesen sei der Amida Buddha« oder »Ich baue auf die Liebe Buddhas«. Diese Formel bedeutet das Gebet, vom kleinen ICH losgelöst zu werden und in das Leben Buddhas einzutreten. Sie kann endlos wiederholt werden, bei jeder Gelegenheit. Aber schon eine einzige Anrufung kann genügen, wenn sie nur aus tiefstem Herzen und absolutem Glauben (!) erfolgt. Dann hat der Bittende teil an dem grenzenlosen Mitleid Buddhas. Er kann der Kraft dieses »Buddhas des unbegrenzten Lichts und des unbegrenzten Lebens« vertrauen. Amida wird ihm in der einen oder anderen Weise erscheinen, begleitet von den zwei Bodhisattwas des

Mitleids (karuna) und der Weisheit (prajna). Wer den tiefen Glauben hat, wird es erleben und am Ende seines Lebens in das Reine Land geführt werden. Das Reine Land ist in den Menschen, die aufrichtig wünschen, dort geboren zu werden. Erinnert das nicht an das Wort Jesu »Das Himmelreich ist in Euch«? (Lukas 17.21).

Der rituelle Weg ist in seiner geistigen Anspruchslosigkeit ein spätes Zugeständnis an die religiösen Gefühle breiter Bevölkerungsschichten, vor allem von Menschen mit schwacher Geistes- und Willenskraft. Auch sie brauchen eine Hoffnung auf Erlösung. Entschieden leichter, als nach den Erkenntnissen und Weisungen Buddhas zu leben, ist seine bloße Verehrung: das Aufstellen von Buddhabildern und -statuen und das Beten davor, die Widmung oder Opferung von Kerzen, von Blumen, von Räucherstäbchen, das Aufhängen von Gebetsfähnchen, die Verehrung von Reliquien, die Errichtung von Stupas oder Tempeln, das Vollziehen heiliger Tänze, die Beachtung bestimmter körperlicher Haltungen bei Gebet, Musik, Gesang und dergleichen. Diese rituellen Handlungen sollen selbst nur bei guter äußerer Ausführung auch ohne Herzensbeteiligung zur Erlösung führen. Das bestreiten verständlicherweise viele Buddhisten selbst.

An dieser Stelle kann ich *eine kritische Bemerkung zu den zuletzt angeführten drei Wegen* nicht unterlassen. Sie haben die kurzen Hinweise in dieser Richtung sicherlich bemerkt. Auch viele, nämlich die ernsthaften Buddhisten bestreiten den Wert dieser Hilfen oder Methoden ebenso wie den des bloßen Auswendiglernens und Herunterbetens von religiösen Texten und Gesängen. Wer das in buddhistischen Klöstern erlebt hat, der weiß, wie eindrucksvoll und mitreißend sie in emotionaler Hinsicht sein können, ebenso wie eine Reihe der rituellen Handlungen, denen die große Masse der »Gläubigen« folgt. Es ist nicht anders wie in der westlich-christlichen Welt: Alles das gibt im traditionell-eingefahrenen, fast routinemäßigen Ablauf den daran Gewöhnten einen mehr oder weniger geregelten Lebensweg vor und damit auch einen gewissen inneren Halt. Die Frage bleibt, ob er stärkeren Belastungen standhält. Der ernsthaft um tiefe Erkenntnis und um wirkliche »Erlösung« Bemühte kann das freilich nicht als echt hilfreich empfinden. Das ist dort so wie hier.

Das muß auch für den Bodhisattwa- und den Amida-Kult gelten. *Es widerspricht den ureigenen buddhistischen Erkenntnissen*, daß man sich die Befreiung aus dem selbstverschuldeten Karma mit seinen doch unentrinnbaren Folgen von einem anderen noch so hoch entwickelten Wesen gleichsam borgen kann bzw. es radikal auflösen kann durch eine Anrufung höchster Wesenheit. Das muß seine Gültigkeit haben, sei sie auch im Augenblick noch so tief empfunden und erlebt. Viele Buddhisten sehen in diesem Weg auch nur Zugeständnisse an das Frömmigkeitsbedürfnis breiter Volksschichten. Es ist bezeichnend, daß er sich erst reichlich fünfhundert Jahre nach Buddhas Leben langsam entwickelt und dann einigermaßen durchgesetzt hat.

Allerdings darf *der positive Wert* nicht unterschätzt werden: Wie gesagt, geben diese Lehren den Betroffenen eine gewisse klare Ordnung und gewissen festen Halt. Psychologisch ist etwa die ständige Wiederholung einer Formel von positivem Gehalt (»Namu Amida Butsu«) von beachtlicher Wirksamkeit im Sinne einer laufenden positiven Selbstbeeinflussung. Über den reflektorischen Ablauf im Nervensystem und die unerhörte Kraft der Vorstellung habe ich das Wesentliche in früheren Veröffentlichungen ausgeführt. [32] Darauf kann ich an dieser Stelle nur hinweisen. Die Schlüsselstellung des Denkens, sei es positiv oder negativ, ergibt sich schon aus der ersten Regel des Edlen Achtfachen Pfades. Diese Hilfen oder vermeintlichen Wege haben also zwar bei anspruchsvoller Betrachtung ihre Begrenztheit und können insoweit kaum befriedigen. Aber trotzdem haben sie bei der Anwendung auf breiter Ebene ihren nicht zu unterschätzenden erzieherischen Wert für das praktische Leben.

Eine ganz besondere, geradezu einmalige Bedeutung hat *der Zen-Buddhismus*. Bald nach Buddhas Hinübergang in die geistige Welt ließ der überschwengliche indische Intellekt weitreichende Ideen entstehen, die sich im Lauf der Zeit bis nach China hin ausbreiteten. Aber das lebensnahe praktische Denken der Chinesen konnte sich damit nicht anfreunden, etwa mit der Idee des Nichtarbeitens umherziehender Bettelmönche. Das brachte den legendär gewordenen Inder Bodhidharma, der jahrzehntelang in China lebte, im 6. Jahrhundert zur äußersten Zurückführung der immer reicher gewordenen buddhistischen Gedankenwelt auf den einfachen Kern, auf das einzig Wesentliche. Ch'an, der ursprüngliche chinesische Name, entstand. Zen als die eigentliche japanische Form wurde später von Eisai in der zweiten Hälfte des 12. Jahrhunderts begründet und dann vor allem durch Shoyo Daishi verbreitet.

Zen ist *das direkte Bemühen um Erleuchtung*, ähnlich Buddhas Erleuchtung, *im Hier und Jetzt*, in dem, was man gerade im nüchternen Alltag tut und erlebt. Die Sammlung des Geistes auf *einen* Punkt (»Meditation«, siehe den letzten des Achtfachen Pfades!) bringt den Durchbruch. Die Wirklichkeit des Lebens ist in allen Dingen, in jedem Sinneseindruck, in jeder Handreichung. Wer den Augenblick annimmt, findet in ihm die Ewigkeit. So verlangt Zen höchste Wachsamkeit in jedem Augenblick. In ihm ist alles. Und alles ist richtig und gut. Ein Zen-Meister: »Der Vogel fliegt, der Fisch schwimmt – ist das nicht genug?« Das Leben in jedem Augenblick zu leben, das bringt uns heraus aus der Illusion. Ich zitiere nochmals Buddhas Mahnung an seine Schüler: »Bemüht Euch um die Achtsamkeit. Das ist der gerade Weg zur Erlösung.«

Zen ist eine Gesamthaltung der ganzen, in sich geschlossenen Persönlichkeit, *die konzentrierte Einstellung auf die Wirklichkeit*. Mit dem Verstand können wir sie nicht erfassen, nur im totalen Erleben. Zen ist gerade das hellwache Erkennen des dynamischen Lebens in uns, des *einen* Lebens, das in allem lebt. Die ersehnte Erleuchtung stellt sich nur in der absoluten Selbstvergessenheit im Hier und Jetzt, in dieser ständigen Lebensgegenwart, ein. Denn sie bringt uns zum Eins-Sein mit allem. Das ist das Paradox im Zen: Nur wenn wir die Erleuchtung mit unserem ICH: unserem störenden bewußten Denken nicht erreichen wollen, stellt sie sich von allein ein. Das scheint auch im tiefen Sinn des Zen-Wortes auf: »Der Weg ist das Ziel« (heute oft profaniert und mißbraucht!). So stellt sich Zen als der systematische Weg vom *selbst* über das *Selbst* zum SELBST dar. Wenn das kleine *selbst*, das ICH, überwunden ist, wenn mit ihm Begehren, Ablehnung und Illusion geschwunden sind, was kann dann noch leiden? Das Denken verblaßt. Es sollte unser Diener sein und nicht unser Herr.

Die Wege zum Zen sind unbegrenzt. Sie lassen sich bei aller In-sich-Geschlossenheit der Lehre in *zwei Schulen* zusammenfassen. Der eine grundsätzliche Weg ist der *des langsamen, allmählichen Hineinwachsens* in die tiefe Erkenntnis. Er ist eng verwandt mit dem gewöhnlichen buddhistischen Weg, sozusagen seine Intensivierung. Es ist *Soto-Zen*. Die stetige Weiterentwicklung der Persönlichkeit im Sinn der drei Grundforderungen des Achtfachen Pfades der Weisheit, Sittlichkeit und Geistesschulung kann Schritt für Schritt die Beherrschung der Lehre vertiefen, den Lebenswandel in die Zucht nehmen, den Geist fortschreitend kontrollieren und schließlich über das ICH hinauswachsen lassen. Zu allen Zeiten haben das um höhere innere Entwicklung Bemühte erlebt. Der Buddha in uns wird stärker und stärker. Und die Intuition entwickelt sich voll bis zum Durchbruch.

Der andere Weg des Rinzai-Zen ist das Hinarbeiten auf den

plötzlichen Durchbruch zur Erleuchtung. Er setzt im Gegensatz zur ersten Methode die beharrliche Bemühung vorwiegend in der klösterlichen Abgeschiedenheit unter einem erfahrenen Meister (Roshi) voraus. Im Rinzai wird viele Stunden am Tag Zazen (»Sitzen in Meditation«) und daneben Samu (»Arbeit in Meditation«) geübt. Wichtigstes Hilfsmittel sind die Beachtung des Atems und der vom Meister aufgegebene Koan, ein verstandesmäßig unlösbares Problem. Um seine Lösung wird aber unerbittlich gerungen bis zur völligen Zermürbung des bewußten Denkens. Das setzt das Unbewußte mehr und mehr frei. Dann kann ganz plötzlich der Blitz der Erleuchtung erfolgen, im Zen-Tempel (Zendo), auf der Straße, bei der Tagesarbeit oder irgendwo und irgendwann. – Natürlich kann auch *Soto-Zen* systematisch in einem Kloster unter einem Meister ausgeübt werden. Dann wird auch hier viel Zazen gesessen, jedoch ohne Koan gearbeitet.

Jeder der beiden Wege führt also, wenn sie ganz konsequent begangen werden, zu *Satori, »Erleuchtung«*, dieser packenden religiösen Erfahrung der absoluten Wirklichkeit: ALLES IST EINS. Sie vollzieht sich im tiefsten allumfassenden Bewußtsein. Wie es bei Johannes 10.30 heißt: »Ich und der Vater sind eins« (»Ich und die Schöpfung sind eins«). – Die Vorstufe der Erleuchtung ist *Kensho, die »Wesensschau«*, wörtlich »das erste Schauen«. In ihm blitzt das Absolute schon auf, jedoch noch nicht in dem tiefgreifenden, alles umfassenden Sinn.

Logisch ist dieser Durchbruch der Erleuchtung nicht faßbar. Das geht uns westlichen Menschen normalerweise nicht ein. Denn wir hängen der Illusion an, wir könnten die Wahrheit durch unser konzentriertes Denken erkennen. Wie ich schon früher ausführte, kann unser Denken, so entwickelt es sein mag, das Nichts oder die Leere oder die Fülle des Seienden oder die Unendlichkeit nicht ergreifen. Schon die Beschränktheit der Sprache und damit unserer Denkbegriffe steht diesem überwältigenden Erlebnis im Wege.

Wer diesen buddhistischen oder den Zen-Weg als seine Aufgabe empfindet, möge sich Schritt für Schritt vorarbeiten im Durchbrechen der Wand, die ihn vom großen Licht trennt. In unserem Buch »Lebenskraft – Selbstverwirklichung durch Eutonie und Zen« sind im vierten Buchteil die wesentlichen Momente für diese Arbeit aufgeführt. [33] Das kann jedem darum Bemühten zur nötigen Klarheit verhelfen sowohl für die ganz praktische Arbeit des Zazen mit den wichtigen Einzelheiten als auch der im Alltag. Ein Zen-Meister gibt auf die Frage eines Schülers »Was ist Zen?« die knappe Antwort im typischen Zen-Stil: »Gehe Deinen Weg!« Könnte jemand eine knappere und treffendere Antwort geben?

Zum Abschluß dieses so wichtigen Kapitels möchte ich *wegen ihrer Bedeutung für das Alltagsleben* noch an die folgenden Punkte erinnern. Zum Teil habe ich schon auf sie hingewiesen, zum Teil sind sie in dieser Form bisher noch nicht angeklungen:

- Ständiger Wandel ist das Gesetz des Lebens (anicca): Jugend und Schönheit vergehen und werden von Leid, Krankheit, Alter und Tod abgelöst. Man mag von einem geliebten Menschen getrennt und mit einem ungeliebten verbunden werden (dukkha). Die rechte Erkenntnis des Geistes ist das einzige, was unwandelbar seinen Wert behält. Sie zu bewahren ist das Wichtigste von allem.

- Erkennen, daß es nur eine einzige Welt mit einer einzigen Schöpfungskraft gibt, in der alles seinen Sinn hat (anatta). In dieser allumfassenden Einheit mit allem Mitempfinden fühlen, alle Wesen »lieben«: ihnen aktiv zugewandt sein. Deshalb den Geist reinigen von allem eitlen Stolz und allem ICH.

- Unerschütterlich auf den eigenen Füßen seinen eigenen WEG gehen, ohne sich davon abbringen zu lassen, ohne sich innerlich abhängig zu machen von wem oder was auch immer.

- Nichts kann im eigentlichen Sinn »mir« gehören. Denn alles ist das Ergebnis von Ursache und Wirkung. Daher sind mir die Dinge nur zeitweise überlassen. Ich darf sie nicht egoistisch oder für ungebührliche Zwecke benützen.
- Wer seinen Geist unter ständiger Kontrolle hat, der kann erkennen, daß die Wurzel des Mißgeschicks letztlich in seinem eigenen Denken liegt.
- Bei Meinungsverschiedenheiten in der Familie oder sonstwo nicht gleich die anderen tadeln und beschuldigen, sondern zuerst sich selbst prüfen und dabei das Rechte nicht vergessen.
- In seiner Umgebung die Menschen erkennen, mit denen man enger Kontakt pflegen, und diejenigen, bei denen man es unterlassen sollte.
- Vorsicht vor Urteilen und Verurteilen: Man sehe in erster Linie die Tat und nicht den Täter. Auch der Schlechtes Tuende verdient unsere menschliche Zuwendung. Das Wichtigste ist, den Übeltäter zur Einsicht zu bringen, so daß er seinen Fehler erkennt. Erregung und Groll können nicht durch noch mehr Erregung und Groll überwunden werden, sondern nur durch Vergeben und Vergessen. Die Folgen seines Tuns bleiben dem Täter in keinem Fall erspart. Das ist das Gesetz des Karmas. Unser Mitleid möge auch ihn umfassen.
- Das Rechte wissen und es nicht tun heißt, vor der vollen Verantwortung für sich selbst, für sein Denken und Tun zu fliehen. Es heißt, vor der Wirklichkeit die Augen zuzumachen und am Ende ein vergebliches Leben geführt zu haben.
- Jeder einzelne arbeite in der rechten Gesinnung an sich selbst: So hilft er sich, den anderen und der Menschheit.
- Und schließlich: Für die Wahrheit gibt es keinen Ersatz.

Der buddhistische Weg zur Erlösung ist die unablässige Achtsamkeit in jedem Augenblick des Alltags, im ewigen Hier und

Jetzt. Das Vergangene ist vergangen. Wir leben immer nur in diesem einen: dem heutigen Tag, dem jetzigen Augenblick. In ihm ist auch unsere Zukunft. Nur er bringt uns zu innerer Ruhe, zur weiteren Reifung, zum Geborgensein in der Wirklichkeit der Welt. Die Forderung des Zen gilt für jeden von uns auf seinem WEG:

BEGINNE UND GEHE WEITER.

Es ist sicherlich kein leichter WEG. Er bedeutet ständiges Erfahren und Lernen. Dem Wahrheitssucher aber ist es ein tief beglückender Weg.

CHRISTENTUM UND BUDDHISMUS

Ein Astronaut berichtet über seinen
Weltraumflug: »Am 1. Tag deutete
jeder auf sein Land. Am 3. oder
4. Tag zeigte jeder auf seinen
Kontinent. Ab dem 5. Tag achteten
wir auch nicht mehr auf die Konti-
nente. Wir sahen nur noch die
Erde als den einen,
ganzen Planeten.«
Sultan Ben Salman Al Saud

Seit Jahren stelle ich fest, wie sehr sich geistig lebendige
Menschen für den Buddhismus interessieren. Es ist nur natürlich, daß sie dabei stets Vergleiche ziehen zu der christlichen
Religion der westlichen Welt, mit der sie aufgewachsen sind.
Daher möchte ich in diesem Kapitel *die wesentlichen Züge
der beiden Religionen oder Weltbetrachtungen miteinander
vergleichen*. Ich tue das um so lieber, als darüber oft völlig
schiefe, wenn nicht grob falsche Meinungen geäußert oder gar
verbreitet werden.

1. Die historisch gewachsenen Leitbilder
des Westens und Ostens

»Wesen der Seele.
Gehüllt in tiefstes Schweigen
bist du ohne Bild.«
Haiku von Marie-Luise Stangl

Dabei halte ich es für nützlich, zu Beginn *die Persönlichkeits-
ideale oder Leitbilder der westlichen und der östlichen Welt*
einander gegenüberzustellen. Denn der westliche Mensch –
wie könnte es anders sein – mißt selbstverständlich auch die

Menschen der östlichen Welt nach seinem gewohnten Maßstab (und umgekehrt). Das ist der Grund, weshalb so viel Unverständnis für diese andere Welt bei uns herrscht. Die Folge sind Fehlurteile und Enttäuschungen. Im wirtschaftlichen Bereich sind sie oft mit hohen Verlusten verbunden. Erst wenn man sich die in der Seele der Menschen verborgenen Verschiedenheiten klargemacht hat, die sich im Lauf von Jahrtausenden gebildet haben, kann sich das rechte Verständnis für die andere Art zu denken und zu handeln einstellen. Dieser Einstieg in die besondere Denkungsweise des Ostens dürfte ein guter Ausgangspunkt für den Vergleich der beiden Religionen sein.

Nehmen wir *unser westliches Bild der voll entwickelten Persönlichkeit*: Von alters her und besonders seit dem Aufbruch der Naturwissenschaften ist es geprägt durch die Entfaltung des ICH: durch Aktivität nach außen hin (bis zur Ruhelosigkeit), durch die Ausbildung der Individualität, durch die Bemühung um ein sichtbares Selbstbewußtsein. Damit ist zwangsläufig verbunden das Problem der Einbindung in die übergeordnete Gruppe, in das übergeordnete Ganze. Die Gefahr sind immer eine gewisse Isolierung, Störungen der Liebesfähigkeit bis hin zu krasser Egozentrik. Es ist die Kehrseite dieser Entwicklung, denn das ICH muß ständig Position beziehen gegenüber den vielen ICH der anderen Menschen. Und von größter Bedeutung: Je stärker das ICH, um so schwerer wiegt das Schlagwort »Habenwollen« oder kurz HABEN mit allen Folgen, die sich daraus ergeben. Sie strahlen auf das ganze Leben aus, wenn sie es nicht sogar entscheidend prägen.

Ganz anders *das östliche Leitbild oder Persönlichkeitsideal*: Hier ist das Aufgehen in der Gemeinschaft, in der übergeordneten Gruppe, im ES, das Wesentliche. Die Bemühung um das richtige Eingebettetsein in das große Ganze trägt das in sich, was im Gegensatz zur Individualität das Schlagwort der Universalität zum Ausdruck bringt. Der Urgrund des Seienden, dem wir ausgeliefert sind, steht zur Debatte. Da wird die enge Begrenztheit des ICH deutlich. Da ist kein äußeres, etwa gar hervorgekehrtes Selbstbewußtsein gefragt, sondern die bescheidene Einordnung. Sie verlangt eine gewisse Zurückgezogenheit von der äußeren Welt und innere Sammlung (bis hin zur lebensfremden Abkehr von der Welt). So hat auch das Selbstwertgefühl des einzelnen eine andere Grundlage als bei uns im Westen. Die Individualität bleibt auf der Strecke, sozusagen bis zu ihrer Auflösung hin mit allen ihren möglichen Folgen. Denn das ICH ist in das ES eingebettet, nur Teil von ihm. Hier geht es nicht um das Habenwollen, hier geht es letztlich um das SEIN.

Um konkret zu werden: Betrachten wir, was dem kritischen westlichen Menschen *das Rätsel der japanischen Eigenart* scheint. Nicht wenige scharfe Beobachter mit feiner Einfühlungsgabe, die Jahre in Japan lebten, sind sich in den wesentlichen Zügen ihres Urteils einig. [34] Der Japaner ist von klein auf eingebunden in das Netz seiner Verpflichtungen im Rahmen der gesellschaftlichen Gruppe, in der er sich befindet. Er muß sich exakt an ihre Regeln halten und sich peinlich in ihr Ordnungssystem einordnen. Das gilt im Kindergarten wie zu Hause oder am Arbeitsplatz. Er hat seine Funktion zu erfüllen: Daran wird er vor allem gemessen. Vom Standpunkt der Transaktionsanalyse sind das Kindheits-ICH und das Eltern-ICH stark entwickelt, das Erwachsenen-ICH ist jedoch verkümmert: Erziehung und Lebensführung verlangen keine Selbständigkeit, sondern mehr als alles andere Einordnung. Das eigene Tun ist lange nicht so wichtig wie das Denken und die Forderung der Gruppe, von der der einzelne Teil ist. Ihr ist man untergeordnet, und sie ist das Entscheidende. Was außerhalb der Gruppe liegt, interessiert kaum und ist nahezu gleichgültig. Randbemerkung: Daher gibt es kaum ein Verantwortungsgefühl für das außerhalb des eigenen Lebenskreises Liegende, für das Fremde. Und: Die schematisierten Formen der Höflichkeit dienen viel mehr dem Schutz und der Absicherung nach außen hin, als daß sie echt wären.

Natürlich lassen sich immer gegen *Typisierungen* solcher Art, vor allem wenn sie im Extrem gesehen werden, allerlei Einwendungen erheben. Im Einzelfall brauchen sie bekanntlich nicht zuzutreffen. Es geht ja um die große Linie, um den Durchschnitt. Zudem dürfen selbstverständlich auch die gewaltigen Veränderungen nicht übersehen werden, die dieses Jahrhundert der östlichen Welt gebracht hat. Speziell beim Beispiel des Japaners muß noch der große *Einfluß des Shintoismus mit seiner Ahnenverehrung* bedacht werden. Er ist seit 1868 offizielle Staatsreligion. Jedoch wird er schon seit 1500 Jahren stark mitgeprägt von buddhistischen Elementen. Die uns so fremde japanische Eigenart habe ich im vorliegenden Zusammenhang nur deshalb angeschnitten, weil sie das Aufgehen des ICH in der übergeordneten Gemeinschaft und damit im Ganzen, von dem man nur Teil ist, im ES, so deutlich macht. Die religiöse Seite dessen zeigt sich darin, daß heute in steigendem Maß junge Japaner wieder für einige Monate in ein Kloster gehen. Hier erleben sie konkret die Suche nach dem Urgrund alles Existierenden und der eigenen Person. Hier wird ihnen das ICH im ES zu einem Stück Erlebnis. Das zieht sie an. Und damit sind wir wieder bei unserem eigentlichen Thema, der Gegenüberstellung von Christentum und Buddhismus.

Wenn wir das westliche und das östliche Persönlichkeitsideal miteinander vergleichen, bietet sich da nicht schon jetzt der Schluß an: Nur *die rechte Mischung und Verwebung der beiden Leitbilder miteinander*, der westlichen Aktivität (»Haben«) mit der östlichen inneren Sammlung (»Sein«), sei das ideale Persönlichkeitsbild schlechthin? Das den Menschen umfaßt, der in diese nicht immer freundliche Welt hineingestellt, sich in ihr bewähren muß und darüber seinen

Ursprung, sein Werden, den Hinter- und Untergrund seines Seins mit den nötigen Schlußfolgerungen daraus nicht außer acht läßt? Demnächst werde ich darauf nochmals zurückzukommen haben.

2. Gottesglauben gegenüber Erkenntnis der Wirklichkeit

> »Mitten in den Dingen muß der Mensch Gott ergreifen.«
> Meister Eckehart
> (1260–1327)

Das Christentum ist eindeutig eine Glaubensreligion. Sie setzt von vornherein ein höheres Wesen »Gott« voraus und verlangt, daß der Mensch sein Leben nach den Forderungen ausrichte, die sich daraus ergeben. Der christliche Gottesbegriff ist im Mittelpunkt der Religion. Alles ist auf ihn bezogen: die Lehre ebenso wie alles Tun und Lassen.

Demgegenüber ist der Buddhismus eine Erkenntnisreligion. In ihr ist nichts vorgegeben. Ausschließlich eigenes persönliches Erfahren und Erleben sind die Leitlinien auf dem Weg zur Erkenntnis der ungeschminkten Wirklichkeit. Es ist wie ein Aufbruch in unbekanntes Land. Das ist der fundamentale Unterschied: Der Christ sucht seinen ihm vorgegebenen Gott, der Buddhist will die Wirklichkeit des Lebens in Erfahrung bringen. Des Lebens, das zu führen ihm aufgegeben ist, ohne daß er um seine Hintergründe weiß.

Jede Religion ist entschieden mehr Sache des Erfahrens, des Erlebens als des bloßen Wissens. Die re-ligio ist die Wiederverbindung der von ihrem Ursprung abgetrennten individuellen Seele mit ebendiesem. Soll sie den Menschen wirklich erfassen und ihn packen, dann muß sie ihn in seinen tiefen

Gefühls- und Erlebnisschichten in Bewegung bringen und nicht bloß den vergleichsweise oberflächlichen Verstand ansprechen. [35] Die frühen Christen wurden tief bewegt von dem damals revolutionären Gedanken der Gleichheit aller Menschen vor Gott, den ihnen Jesus durch sein Lehren und sein Beispiel zum Erleben brachte. Und je mehr die nachfolgende »Kirche« sich um verstandesmäßige Details der Lehre kümmerte, um so mehr benötigte sie die Hilfen, die ich sogleich behandeln werde.

Einem denkenden Buddhisten, der nicht genötigt ist, sich an ein ihm vorgegebenes Lehrgebäude zu halten, *ist der Kern des christlichen Glaubens absolut unverständlich*. Schon seine historische Grundlegung bleibt ihm rätselhaft. Es ist der Mythos von einem gewaltigen Gott und Vater, der den Ungehorsam eines seiner Geschöpfe zum Anlaß nimmt, Tausende von Jahren später seinen eigenen Sohn auf grausame Weise zu Tode martern zu lassen. Das zu dem Zweck, daß die von da an lebenden Menschen »erlöst« werden können von den Folgen jenes riesige Zeiträume zurückliegenden Ungehorsams, mit dem sie niemals etwas zu tun gehabt haben konnten. Demgegenüber ist *des Buddhisten Aufgabe*, die Wirklichkeit der Welt hinter dem äußeren Schein der Dinge zu erkennen, ganz einfach so, wie sie ist. Das ist ihm einleuchtend. Daran kann er sich halten.

3. Glaubenszwang und Abhängigkeit gegenüber innerer Freiheit

> »Die Wahrheit kannst Du nicht
> außerhalb Deiner selbst finden.«
> Bodhidharma
> (6. Jahrhundert)

Werfen wir einen Blick in die Geschichte der Christenheit: *Bei den Urchristen* gab es kaum Hindernisse in der Auslegung der Worte Jesu. Natürlich waren diese selbst und ihre Auslegung durch die Apostel eine einigermaßen verbindliche Richtschnur, aber nicht mehr. Bei Meinungsverschiedenheiten herrschte die Methode des Überzeugens eindeutig vor. Der Stil der Apostelbriefe und die frühen Schriften der Kirchenväter (»Apokryphen«) machen das deutlich. Das blieb jedoch nicht allzulange so. Denn relativ bald, als sich mit der Ausbreitung der Lehre Jesu langsam eine Organisation der Kirche mit hierarchischer Gliederung entwickelte, setzte schon der Glaubenszwang ein. Ein schönes Beispiel ist *die Position des Episkopos*, des Bischofs: Ursprünglich hatte er als einer des Kollegiums der Alten (»Presbyter«) den Vorsitz bei der Eucharistiefeier. Das war seine besondere Aufgabe, ohne daß sie eine hierarchische Würde bedeutet hätte. Diese bildete sich dann erst später heraus und bekam schließlich ihre beherrschende Bedeutung.

Etwa in gleicher Linie *entwickelte sich im christlichen Glaubensleben der Zwang*, an bestimmte Glaubenssätze (Dogmen, Sakramente) zu glauben, sich der Hierarchie der Kirche (Äbte, Bischöfe, Papst) in unbedingtem Gehorsam zu unterwerfen bis hin zum Anspruch der Unfehlbarkeit des Papstes. Dazu *eine kleine Reihe von historischen Tatsachen*:

- Der nachmalige Kaiser *Konstantin der Große* (gestorben 337) stand vor der entscheidenden Schlacht gegen seinen

Machtrivalen Maxentius. Die altrömischen Götter waren zuvor mit den Kaisern Galerius und Severus von dem gefährlichen Maxentius besiegt worden. Da setzte Konstantin jetzt auf den neu aufgekommenen Christengott mit dem Gelübde, die Verfolgung seiner Anhänger für immer einzustellen und seine Lehre gleichberechtigt mit den anderen Kulten zu machen, wenn er ihm zum Sieg über Maxentius verhelfe. Nach einigermaßen präzisen Schätzungen waren im römischen Imperium damals etwa 10 Prozent der Bürger Christen gewesen, in der Stadt Rom etwa zehntausend von siebenhunderttausend Einwohnern. Der Sieg Konstantins über Maxentius 312 im Norden Roms wurde so zur Geburtsstunde der christlichen Freiheit. Der dem Christengott dankbare Konstantin sah in ihm und seiner Kirche das Fundament seines nun riesigen Reiches. Er begünstigte die Christen vielfältig und befreite den christlichen Klerus von der Steuerpflicht. So verband sich die jetzt massiv aufkommende Kirche mit der weltlichen Macht. (Konstantin legte auch die Geburt Jesu auf den 25. Dezember fest in Ablösung des Festes »des unbesiegbaren Sonnengottes«, der jetzt nach der Wintersonnenwende wieder aufzusteigen beginnt. Außerdem bestimmte er 321 den Sonntag zum öffentlichen Ruhetag.)

- Arius von Alexandria (gestorben 336) verkündete die Lehre, nach ihm *Arianismus* genannt, der Sohn Christus sei nicht wesensgleich mit dem Vater Gott, sondern nur sein vornehmstes Geschöpf. Der griechische Kirchenlehrer Athanasios bekämpfte ihn scharf. Kaiser Konstantin berief *das Konzil von Nizäa 325* ein, wo die Lehre verworfen und die Exkommunizierung des Arius bestätigt wurde. Die entscheidende Rolle dabei spielte der Kaiser, der eine Kirchenspaltung vermeiden wollte. Die Entscheidung wurde *als ein Reichsgesetz verkündet, damit Glaubenspflicht aller Bürger* und der weltlichen Gerichtsbarkeit unterworfen.

Viele Arianer, die sich ihr nicht beugten, wurden blutig verfolgt. Trotzdem blieb die Lehre des Arius bei den Goten, Vandalen und Langobarden noch bis zum 6., zum Teil bis zum 8. Jahrhundert lebendig.

- Auf dem gleichen Konzil von Nizäa wurden gewisse Gelehrte, *Correctores* genannt, von den kirchlichen Behörden ernannt und bevollmächtigt, *den Text der heiligen Schriften zu korrigieren* im Sinne dessen, was als strenggläubig richtig betrachtet wurde. So Professor Néstle, eine unumstrittene Autorität auf dem Gebiet der Kirchengeschichte und Textkritik.[36]

- Der große Kirchenlehrer *Augustinus* (354–430) *begründete* entgegen der Aufforderung des Neuen Testaments zu unbedingter Friedfertigkeit *die Berechtigung zu Gewalt und Kriegsführung*: Diejenigen, die »den Weisen zwingen, gerechte Kriege zu führen«, haben stets die Schuld am Krieg. Zuvor war der »gerechte Krieg« noch beschränkt auf die Wiederherstellung gebrochenen Rechts, die sich durch christliche Milde auszeichnen sollte. Jetzt entsteht die dann das ganze Mittelalter beherrschende Lehre, daß der gerechte Krieg nicht nur den Schutz der christlichen Gemeinwesen umfaßt, sondern *auch die Bestrafung der Bösen, die Bekämpfung der Ketzer und die Unterwerfung der Heiden*. Die Feinde des christlichen Gemeinwesens werden zu Feinden Gottes und dürfen mit Waffen bekämpft werden. Damit sind die Kreuzzüge zur Ausrottung der religiös Andersdenkenden ebenso gerechtfertigt wie Kriege zur Sicherung und Ausbreitung der Macht. Der Kreuzfahrer-Schlachtruf »Gott will es« wird zur Legitimation.[37]

- Später erhärtet der so bedeutende *Thomas von Aquin* (1225 bis 1274) das auch noch für den offiziell weltlichen Bereich mit der Lehre, daß nur die Autorität des rechtmäßigen Fürsten einen Krieg rechtfertige. Damit war die Fülle der späteren kriegerischen Machtanwendungen (auch gegen die eigenen Bürger!) des Mittelalters und des dann zerfallenden Heiligen Römischen Reiches Deutscher Nation durch alle die großen und kleinen Fürsten auch kirchlich gesehen Rechtens. [37] – Welche Kluft zum Neuen Testament, zu der eigentlichen Lehre Jesu!

- Gegen Ende des 11. Jahrhunderts setzt *der Papst Gregor VII.* die »katholische« (wörtlich: universelle) Universalität gleich mit der römischen Kirchenenge und schließt alle anderen Menschen aus. Das hatte schon im 3. Jahrhundert der heilige Cyprianus vertreten, der Erfinder des Slogans »*Außerhalb der Kirche kein Heil*«. Demnach kann man auch nur innerhalb der Kirche die ewige Seligkeit erlangen.

- Den schlichten Gläubigen der Kirche war es jahrhundertelang regulär *verboten, selber in der Bibel zu lesen*, auch wenn sie lesen konnten.

- Als *die südfranzösischen Albigenser (Katharer)* die offiziell vorgeschriebene Heilsvermittlung durch Priester, auch den Papst, ablehnten und direkt ohne einen ihnen vorgesetzten Zwischenträger mit ihrem Gott zu verkehren beanspruchten, wurden sie in *einem grausamen Kreuzzug* systematisch ausgerottet (1209–1229). Wie die Chronik der Stadt Béziers berichtet, dort allein zwanzigtausend Menschen in einer einzigen Nacht. Wörtlich: »Man schonte nicht die Kindlein an der Mutterbrust.«

- Über das von Machthunger und Bereicherung diktierte geradezu *schamlose Wüten und Morden der Kreuzritter*, selbst gegen die in Palästina ansässigen Christen, und die offenkundige Falschunterrichtung der abendländischen Christenheit durch die Befürworter der Kreuzzüge ist in den letzten Jahren hinreichend geschrieben und berichtet worden. – »Gott will es!«

- In Spanien führten »die katholischen Könige« Isabella von Kastilien und Fernando von Aragon (die die Einheit Spaniens begründeten) 1487 *die Inquisition als staatliche Einrichtung* ein. Sie dauerte dreihundert Jahre an. Nach sorgfältigen Schätzungen von Historikern fielen ihr drei Millionen Menschen zum Opfer, das heißt Jahr für Jahr durchschnittlich zehntausend. Entgegen feierlichen Versprechen vertrieben sie nur aus religiösen Gründen alle Juden und Mauren aus dem Land, entvölkerten dadurch weite Gebiete und bewirkten so Verarmung und Niedergang ihres Landes.

- Auch über *die entsetzlichen Hexenverfolgungen* aus dem Wahn der Verwirklichung der reinen christlichen Lehre gibt es seit Jahren sachliche Berichte, die einem bei der Lektüre das Blut gerinnen lassen. Fürchterliche Beispiele sind der Kölner Erzbischof Ferdinand von Bayern (Lebenszeit 1577–1650) und die Bamberger Erzbischöfe Johann Gottfried von Aschhausen (Regierungszeit 1609 bis 22) und Johann Georg II. Fuchs von Dornheim (1623–33). Sie betrieben die »Ausrottung« aller Hexen und ließen in vielen Dörfern oft die Hälfte der weiblichen Bevölkerung nach grausamer Folterung umbringen. Bloße Anzeige wegen Verdachts durch irgendwen war praktisch der sichere qualvolle Tod. Das sind unbestreitbare Fakten. Wer sich von früherer Schönfärberei nicht betören lassen will, lese die Berichte aus den zeitgenössischen Urkunden.[38] Schon damals gab es genug warnende Stimmen der Vernunft: Nicht wenige erstickten deshalb selber auf dem Scheiterhaufen. Die Grundlagen dazu hatten gelegt der Papst Innozenz IV., der 1252 in der Nachfolge Jesu Christi und im Sinn der von ihm gepredigten Nächstenliebe die Anwendung der Folter zur Erreichung von Geständnissen von Ketzern erlaubte, und der Papst Innozenz VIII., der 1484 mit seiner Bulle »Summis desiterantes« zur Ausrottung des Hexenwesens aufrief. Ihre Folgen für die Rechtsprechung besonders in den Bischofsstädten waren verheerend.

- Noch 1832 nannte Papst Gregor XVI. *die Gewissensfreiheit einen »Wahnsinn«* und »seuchenartigen Irrtum«.[39]
- Wenn die (wenigen) im Herzen »großen« katholischen Theologen die Freiheit des Gewissens über alles stellen, auch über die Lehren der Kirche, dann befinden sie sich doch im krassen Widerspruch zu dem Dogma *der Unfehlbarkeit des Papstes*, wenn er ex cathedra spricht: Wo ist jetzt die Freiheit des Gewissens? Übrigens ein Dogma, das 1870 aufgestellt wurde, bald zweitausend Jahre nach Jesus, dem sogenannten Begründer der Kirche. »Im Hause meines Vaters sind viele Wohnungen« (Johannes 14.2). Also: Im Hause Gottes, im Gottesreich, gibt es vielgestaltige Räume und Anschauungen. Im Sinne des bekannten Wortes: Viele Wege führen nach Rom!
- Die katholische Kirche ist *eine Institution mit eigener Disziplin* (das kanonische Recht). Vom 4. Jahrhundert ab wurde die römische Kurie nach dem Vorbild des römischen Kaiserhofes aufgebaut. Ihr untersteht der straff regionale Aufbau in aller Welt mit dem Amt der Bischöfe und Priester. Die liturgischen Gewänder kennzeichnen sie nach außen. Die Beschlüsse eines Konzils werden für alle Gläubigen verbindlich. Das wichtigste Bindeglied dieser Organisation ist der Gehorsam, ist der unbedingte Glaube an Dogmen und Hierarchie. Dem ist alles untergeordnet. »Mut hat auch der Mameluck, Gehorsam ist des Christen Schmuck«, sagt Schiller in seiner Ballade »Der Kampf mit dem Drachen«. – Es liegt nahe, daß eine hierarchisch aufgebaute religiöse Organisation, die nur einen einzigen Gott anerkennt und noch dazu jegliche Heilsvermittlung ausschließlich für sich selbst beansprucht, allen anderen Religionen gegenüber nur schwer tolerant sein kann. Zur Anwendung von Gewalt ist es dann nicht mehr weit. Kann eine solche Gefahr überhaupt entstehen bei der Überzeugung: Gott ist in allem, in den Abertausenden von Lebens-

formen und in allem Existierenden? Das alles wird um so deutlicher durch *Gegenstimmen bedeutender kirchlicher Köpfe, die allerdings ohne nachhaltige Wirkung* blieben:

- Der heilige *Augustinus* bemerkte: »Wie viele Schafe gibt es außerhalb und wie viele Wölfe innerhalb« (der Kirche).

- Der heilige *Gregorius von Nacianzo*: »Es gibt viele Christen, die wir nicht als die unseren betrachten können. Im Gegenteil gehören viele Fremde zu uns . . ., weil sie die Wahrheit schon haben.«

- Im krassen Gegensatz zu den soeben zitierten »katholischen Königen« steht die mittelalterliche Tradition *der spanischen »Könige der drei Religionen«*: Sie stellte mit Alfons X. dem Weisen in seinen cantigas fest, daß den Christen, den Mauren und den Juden die rechte Gesinnung im Herzen das Heil sichert. Unter diesen Königen blühte das spanische Land und seine Kultur im friedlichen Zusammenleben dieser drei Religionen.

- *Thomas von Aquin* rät, sich lieber der Exkommunikation auszusetzen, als gegen sein Gewissen zu handeln.

- *Der Papst Clemens XI.* (1700–1721) verurteilte mit aller dogmatischen Feierlichkeit jene, die behaupteten, daß die Gnade Gottes nicht auch außerhalb der Kirche walten würde. Und deshalb stellte er fest, daß das Heil niemals exklusiv in ihr sei, sondern alle Möglichkeiten jedem Menschen guten Willens offen seien.

- Und *der Papst Johannes XXIII.* (1958–63) verurteilte feierlich den Erfinder der päpstlichen Unfehlbarkeit, den Franziskaner Pedro Olivi; er betrachte sie als »Werk des Teufels, des Vaters der Lüge« (J. B. Bauer).[40]

Wo sind die praktischen Konsequenzen dieser einzelnen und – daran ist kein Zweifel – auch der vielen anderen *warnenden Stimmen geblieben*? Den wenigen im Herzen »großen« Theologen, von denen ich vorhin sprach, steht das Heer der im Herzen »kleinen« Theologen zur Seite: In blindem Gehorsam erzogen, ohne Mut zum eigenen Denken, verlangen sie vom Gläubigen in erster Linie wieder blinden Gehorsam. Die beste Hilfe ist ihnen dabei die ständige Drohung mit ewig andauernder, schrecklicher Höllenpein und die Erziehung der Kinder in einem Klima der Furcht, die untertan macht. Bis vor wenigen Jahrzehnten gab es noch immer den Index, der den Gläubigen bei schwerer Seelenstrafe verbot, zu kirchlich-kritischem Denken anregende Bücher zu lesen. Und die kirchlich-praktische Ethik? Sie schwankt zwischen Weltvermeidung und Weltanpassung, je nach dem erstrebten Erfolg der Erweiterung, Festigung oder Erhaltung der eigenen Position der Macht. Ein jeder kann es selbst durch seine Beobachtungen und Studien feststellen.

Als *Fazit dieser so lang gewordenen Aufstellung*, die sich mühelos verlängern ließe, zitiere ich Dr. Udo Köhler, aus einem Leserbrief:[41] » . . . Das Imperium Romanum (ist) mitten unter uns. Zweifellos eine magische Faszination für viele › das geballte Rot von fünfzig Kardinälen‹ unter dem einen Herrn › auf seinem erhöhten Thron‹. Nur, mit dem einen Herrn des Neuen Testaments und der von ihm begründeten Gemeinschaft von Brüdern und Schwestern (Matthäus 23.1 bis 12ff.) hat das alles nichts zu tun. Das wissen alle vom Evangelium geprägten Christen, denkende Katholiken wie Protestanten. Möge ihre Zahl stetig wachsen, damit die von Jesus gewollte und von den Aposteln praktizierte Kirche endlich aus dem Grab der Macht auferstehen kann und wieder alle eins sind (Johannes 17.20–26).«

Es bleibt uns leider nur die nüchterne Feststellung: In der institutionalisierten christlichen Kirche – nicht in der Lehre und der geistigen Kirche Jesu – herrschen für jeden, der seine Augen nicht verschließen will, Glaubenszwang und Abhängigkeit. Und *wie sieht es diesbezüglich im Buddhismus aus?* Das klarzustellen braucht nicht viele Worte, denn da liegt alles offen zutage:

- *Von Glaubenszwang kann keine Rede sein.* Verbietet doch Gautama Buddha selbst die unkritische Übernahme religiöser Vorschriften. Nochmals sei hier wiederholt: Das gilt auch ausdrücklich für seine eigenen Worte und Lehren. Nur nach gründlicher Überprüfung ihrer Richtigkeit dürfe man sie sich zu eigen machen. Und daran haben sich ausnahmslos seine sämtlichen Schüler und geistigen Nachfolger bis zum heutigen Tag strikt gehalten. Er ist übrigens der einzige aller bekannten Religionsstifter, der es seinen Jüngern verbietet, auch nur ein Wort seiner Lehre nur deshalb zu übernehmen, weil *er* es gelehrt habe.
- *Es gibt keinerlei zentrale Figur oder Gewalt*, die dem Papst oder einem sonstigen christlichen Kirchenoberhaupt vergleichbar wäre. Von Unfehlbarkeit offizieller oder inoffizieller Art kann schon gar keine Rede sein.
- Demgemäß ist im Buddhismus *alles offen für Überprüfung und Kritik durch jedermann.* Es gibt *keinerlei Glaubenssätze*, Dogmen oder Sakramente, die geglaubt werden müssen. Die einzig wesentliche Frage aller Überlegungen und Lehren: Helfen sie auf dem großen WEG zur Erkennung der Wirklichkeit, oder tun sie es nicht? Die Entscheidung darüber hat jeder einzelne für sich selbst zu treffen.
- Daher gibt es auch *keine verbindlichen Heilsvermittler etwa wie die christlichen Priester.* Denn eine jede Seele hat ihren unmittelbaren Anteil an der großen, über allem stehenden Schöpfungskraft. Ein jeder hat die unmittelbare »Gott«-Beziehung, hat die »Buddhanatur«. (Die einzige gewisse Ausnahme ist wie besprochen die eigentlich unbuddhistische Sekte, die mit dem Glauben an den transzendenten Bodhisattwa oder Buddha arbeitet.) Daran ändert nichts, daß es große heilige Gestalten gibt, die als solche verehrt und mancherorts auch als eine Art niederer »Gott« betrachtet werden. Sie dienen wie im christlichen Bereich als vielbeachtete Vorbilder.

- Im Namen der Religion kann es im Buddhismus *keinerlei Gewaltanwendung und keinerlei Krieg* geben. Und es hat sie in der Tat nie gegeben. Wohl wurden auch von buddhistischen Völkern Kriege geführt, wohl wurde auch von buddhistischen Gemeinschaften Gewalt ausgeübt, doch niemals zur Glaubensverbreitung oder -rechtfertigung, sondern nur als Folge der menschlichen Schwäche des Strebens nach Macht. Die Gewalt anwenden oder Kriege führen, müssen es mit der Belastung ihres Karmas abbüßen. Dessen ist sich jeder Buddhist bewußt.

- Der Buddhismus ist *eine Religion der ausgeprägten Toleranz*. Ein jeder hat die innere Freiheit in der Gestaltung seines Weges. Wie immer er ihn wählt und geht, *er* entscheidet selbst darüber, und *er* trägt selbst in seinem Karma alle Folgen, die sich daraus ergeben. Kein anderer kann sie ihm abnehmen.

Ganz knapp und klar läßt sich der Unterschied zwischen Christentum und Buddhismus in den einfachen Kernbegriffen der Transaktionsanalyse formulieren: *Das Christentum appelliert* – so wie wir es heute kennen – mit seinem vorgeschriebenen Dogmenglauben an das Kindheits-Ich und mit seiner amtlichen Heilsvermittlung an das Eltern-Ich. *Der Buddhismus appelliert* mit seiner grundlegenden Weisung zur höchstpersönlichen Überprüfung der Wirklichkeit an das Erwachsenen-Ich. Ist damit insoweit nicht alles klar gesagt?

4. Fremd- gegenüber Selbsterlösung

Frage des Schülers: »Was ist TAO?«
– Antwort des Meisters:
»Gehe Deinen Weg.«
Ein Zen-Meister

Von besonderem Interesse ist *die Gegenüberstellung der christlichen und der buddhistischen Betrachtung der »Erlösung«*. Sie ist das Glaubens- bzw. Bemühungsziel beider. Das christliche Glaubensziel ist die Erlösung aus diesem einmaligen Leben der Sünde an seinem Ende bzw. am »Jüngsten Tag« durch ein ewig gültiges Urteil Gottes über den weiteren ewigen Verbleib der Seele, sei es im Himmel oder in der Hölle. Die buddhistische Erlösung ist demgegenüber die endgültige Befreiung aus der so oft wiederholten Drehung des Rades von Geburt und Tod, das heißt der Wiedergeburten in diese Welt des Leidens durch das schließliche Eingehen ins Nirwana dann, wenn die Seele ihr persönliches Karma voll aufgearbeitet hat.

Die Frage: *Erlösung wovon?* führt mitten in das Problem. Zum Verständnis der christlichen Antwort darauf muß ich in die frühe Kirchengeschichte ausgreifen. *Das ursprüngliche Christentum* ist geprägt von der damals neuen und zündenden Idee der Gleichheit aller Menschen vor Gott. Der Christ schöpft in dieser Zeit daraus ein besonderes Bewußtsein innerer Freiheit, das ihm Kraft gibt im Widerstand gegen den Zwang des römischen Imperiums mit seiner Unterdrückung der neuen Lehre. Das gibt ihm auch Kraft zum Martyrium, denn er weiß sich seinen Peinigern innerlich überlegen. Aber dieses frühe besondere Freiheitsbewußtsein schwindet zunehmend mit Konstantins Erhebung der Christen zum staatstragenden Element dahin. Denn aus der kleinen Minderheit der Verfolgten wird rasch die offizielle Reichskirche.

Da gibt es keinen Widerstand, kein besonderes inneres Freiheitsgefühl mehr. Dieses speziell christliche Selbstbewußtsein verliert seinen Boden.

Just in diese Zeit, da sich die Christen nun mehr und mehr des Staats bemächtigen, kommt *die neue Erbsündenlehre des Augustinus*. Er legt den altbiblischen Bericht über den Sündenfall ganz anders aus als seine sämtlichen Vorgänger. Er erfindet die Lehre von einer Sünde, die alle Menschen mit ihrem Eintritt in dieses Leben vererbt bekommen. Nach ihr waren die Menschen vor dem Sündenfall unsterblich wie Götter, frei von Krankheit und jeglicher Angst, in einer Welt ohne Dornen und Disteln, auch frei von geschlechtlicher Begierde. Der Sündenfall Adams änderte alles: Die Menschen wurden nun alle als Ergebnis des sündhaften Geschlechtsaktes in Sünde empfangen. Entsprechend düster wurde die Bewertung des menschlichen Körpers. Der Mensch wurde ein Sündenwesen mit allen weitestreichenden Folgen. Die Tötung Jesu am Kreuz wurde jetzt der Opfertod, der die ganze Menschheit insoweit von der Erblast des Sündenfalls, von der nun geborenen »Erbsünde«, befreite. Diese Augustinische Lehre setzte sich schließlich gegen starken innerchristlichen Widerstand, vor allem des Pelagius und des Julian von Eclanum, durch. Sie bekam dann eine dominierende Bedeutung im katholischen und protestantischen Christentum. Seine eben genannten Gegner brandmarkte Augustinus als Häretiker und ließ sie durch das Militär verfolgen.

Die amerikanische Religionswissenschaftlerin Elaine Pagels hat nach ihrem außerordentlich gründlichen Quellenstudium aufgewiesen, von welch weittragender Bedeutung für die Weiterentwicklung der Kirche die Unterdrückung dieser Kritiker der Erbsündentheorie des Augustinus war: *Die frühere altchristliche Freiheitstradition erstarb*, und die neue, eher von Düsternis gekennzeichnete Tradition von Sünde und Gnade und »Erlösung« trat an ihre Stelle.[42]

In engem Zusammenhang mit dem Konzept der Erbsünde steht *die Gnadenlehre des späten Augustinus.* Er schuf sie in Anlehnung an *Paulus.* Später wurde sie von *Martin Luther* (1483–1546), dem Begründer des Protestantismus, noch vertieft. Sie besagt, daß eine Erlösung des sündigen Menschen ohne die Gnade Gottes nicht möglich ist. Der Glaube, der den Sünder rettet, wird von Gott in seiner Allmacht gewährt. Der Reformator *Calvin* (1509–1564) geht in seiner speziellen Lehre sogar so weit zu behaupten, das geschehe völlig unabhängig von der Schwere der Sünde des Menschen und von seinen Verdiensten. Alles hänge nur von der uns unberechenbaren Gnade Gottes ab, der sie uns gewähren kann oder auch nicht. Wir können darum nur beten, selbstverständlich neben der Bemühung um einen guten Lebenswandel.

Vom buddhistischen Standpunkt aus sind Erbsünde, göttliche Gnade und damit verbundene Erlösung absolut unverständlich:

- daß ein noch so schwerer Sündenfall eines einzelnen Menschen vor Urzeiten daraufhin jeden einzelnen der gesamten nachfolgenden Menschheit für immer schwerwiegend als in Sünde geboren und eines besonderen Erlösungsaktes bedürftig befleckt;
- daß ein Gott der Weisheit und Gerechtigkeit willkürlich dem einen die Gnade schenkt und dem anderen nicht;
- schon daß ein gewaltiger Gott nichts anderes zu tun hat, als Abermillionen von einzelnen Wünschen zu erfüllen bis hin zum Beispiel dazu, daß er dem einen Sonnenschein und dessen Nachbarn gleichzeitig Regen schickt;
- daß Gott wegen des lange zurückliegenden Ungehorsams eines seiner Geschöpfe viel später seinen einzigen Sohn in grausamen Martern ermorden läßt, um dadurch jene Schuld des Ungehorsams zu löschen,
- und daß dadurch alle anderen Menschen von dieser Schuld befreit werden.

Das alles kann ein Buddhist geistig nicht nachvollziehen. Für ihn kann es keinerlei göttliche oder überhaupt Fremderlösung geben. *Im Buddhismus ist nur die reine Selbsterlösung möglich.* Jeder einzelne kann sie nur durch seine eigenen Bemühungen erreichen. Denn seine verschiedenen Lebensreisen sind dem einzigen und unerbittlichen Gesetz des Karmas unterworfen: dem kosmischen Gesetz der universellen Harmonie. Jedermann ist der eigene und alleinige Herr seines Geschicks. Da ist kein barmherziges Gnadengeschenk für den einen denkbar, das gleichzeitig die Unbarmherzigkeit für den anderen Nichtbeschenkten bedeutet. Wenn schon die Vorstellung eines »gerechten« »Gottes«, dann kann diese nur im unbestechlichen und für jeden in gleicher Weise gültigen Gesetz des Karmas eine Bestätigung finden. Nichts anderes kann es geben, wohinter man sich eventuell zurückziehen könnte. Freilich fällt es uns Menschen leichter, an einen personalen menschenähnlichen Gott zu glauben, als uns an eine durchaus unpersönliche und kaum vorstellbare Gesetzlichkeit gebunden zu wissen.

Daß die Kirche mit ihrer ständig wachsenden Organisation und ihrer immer mächtiger werdenden Hierarchie *die Lehre von Karma und Wiedergeburt*, die früher auch in ihr lebendig war, verwarf, liegt auf der Hand. Sie mußte für die neue Linie unerträglich werden. Das habe ich schon in dem früheren Kapitel darüber in den nötigen Einzelheiten berichtet und brauche es hier nicht zu wiederholen.

Es bleibt noch der Hinweis auf die verschiedene Betrachtung *der Unsterblichkeit der Seele*. Der christliche Glaube an eine individuell isolierte und ewig unsterbliche Seele ist für den Buddhisten ebenso unverständlich wie die christliche Lehre *eines einmaligen Lebens mit einem für die Ewigkeit gültigen Urteil an seinem Ende*. Denn für ihn gibt es nur die Einheit der für uns Menschen nicht weiter erklärbaren Schöpfungskraft, die jedem Menschen sein persönliches Leben bedeutet. Es gibt Milliarden von »Seelen«, von denen sich jede in einem Leib ver-körpert, der vergeht. Es gibt aber nur den einen »Geist« oder die eine »Ur-Energie«: eben jene Schöpfungskraft. Und sie ist in dem einen so wie in dem anderen.

Zudem stellt der Buddhist, der sich mit der Lehre Jesu (und nicht der der Kirche) gründlich beschäftigt, fest: *Jesus hat niemals gesagt, jeder Mensch habe eine unsterbliche Seele*, die sich für immer von jeder anderen unsterblichen Seele unterscheiden würde. (So wie er gar manches andere nicht gesagt hat, was die Kirche heute lehrt.) Also findet er in Jesu Lehre nur die Bestätigung dafür, daß die individuelle Seele am Ende ihres sich wiederholenden Kreislaufs von Geburt und Tod wieder in das eingehen kann, woraus sie einmal hervorgegangen: ins All oder »Nichts«, ins Nirwana. Und wahrscheinlich erinnert er sich, daß Buddha alles intellektuelle Spekulieren und Diskutieren über die letzten, uns sowieso unbegreiflichen Dinge für nutzlos, ja für schädlich hielt, weil es uns nur ablenkt von dem, was hier und jetzt zu tun ist.

5. Christentum und Buddhismus in dieser Zeit

> »Folge dem Argument,
> wohin es dich führt.«
> Sokrates
> (470–399 v. Chr.)

Diese Feststellung bedarf heute gewiß keiner Begründung mehr: *Die Zahl der gläubigen Christen geht stetig zurück.* Das wird überall berichtet von den großen Kirchen, während die eine oder andere christliche Sekte Zulauf hat. Nur ein Beispiel: Die Zahl der evangelischen Christen hat sich in Frankfurt/Main von 1960 bis 1990 etwa halbiert. Gerade noch 5,5

Prozent der offiziell 2,06 Millionen Mitglieder der evangelischen Kirche in Hessen und Nassau sind 1988 zum Sonntagsgottesdienst gekommen. In der katholischen Kirche ist der Rückgang nicht ganz so kraß, aber für die Kirchenoberen im Prinzip genau so bedenklich.

Speziell viele junge Menschen erleben in sich das gleiche, was eine Oberschülerin in die Worte faßt: »Ich lernte ... auf mein Herz zu hören, das mich um so näher zu Gott brachte, je weiter ich mich von der Kirche entfernte ... Ich behaupte aus meiner eigenen Erfahrung, daß Gott selbst das Ziel ist. Doch bleibt wohl kaum jemandem etwas anderes übrig, als allein danach zu suchen; denn *die Kirche hat ihren ursprünglichen Sinn verfehlt.*«[43] Warum? Hier nur die Schlagworte: Die Kirchen sind viel zu sehr mit sich selbst beschäftigt. Sie stehen den neuen Problemen unserer Zeit oft geradezu hilflos gegenüber. Speziell die Kundgaben des Papstes Johannes Paul II. werden von immer weniger Menschen ob ihrer Lebensferne verstanden. Das auch innerhalb der Kirche, wo sie als entsprechend ungerechtfertigte Bevormundung aufgenommen werden. Die Botschaft kommt nicht an: Denn die Religion ist ihrem Wesen nach eine Sache des Erlebens, des Erfahrens im Gemüt entschieden mehr als des Wissens. Sie muß den Menschen in der Tiefe, im Intuitiven packen! Diese Binsenweisheit können die vielen einseitig intellektualistisch gebildeten und demgemäß argumentierenden Theologen nicht mehr verstehen. Anscheinend je höher ihre hierarchische Einstufung, um so weniger. Jesus in der Bergpredigt: »An ihren Früchten sollt Ihr sie erkennen« (Matthäus 7.16). Pestalozzi: »Die am meisten über Religion zanken, haben immer wenig Religion.«

Und Pestalozzi fährt fort: »*Die Liebe ist der einzig wahre Gottesdienst*; aus ihr allein quillt der wahre Glaube des Menschen.« Da sind wir bei dem vielfach fast schon zu einer leeren Hülse gewordenen Begriff, mit dem ich mich in diesem Buch schon genauer beschäftigt habe. Dabei konnte ich getrost betonen, daß der ersten buddhistischen Grundtugend der von Liebe oder Güte getragenen tätigen Zuwendung des Menschen zu den anderen und zur Schöpfung durchaus das fundamentale christliche Gebot der Nächstenliebe entspricht. Da ist, wenn auch aus verschiedenen Quellen kommend, im Ergebnis keinerlei wesentlicher Unterschied. Dieser fängt an, wenn es um die im Christentum so betonte »Liebe Gottes zu uns Menschen« geht.

Der Christ sieht im allgemeinen einen *personalen Gott* über sich und über der Welt. Der Buddhist kennt keinen personalen Gott. Er weiß sich *dem großen Gesetz, der alles umfassenden Urkraft* unterworfen, für die es viele Namen gibt und die doch nicht genauer definierbar ist. In ihr wird die Allmacht auch des christlichen Gottes offenbar. Aber: Muß der westlich-christliche Gottesbegriff so eng sein? Wer ihn in seine wahre weite Dimension ausdehnt – wie das auch mancher gute Christ tut und wie es Meister Eckehart und alle anderen Mystiker aller Richtungen und Länder taten und tun –, der ist doch unweigerlich bei dieser unsagbaren Urkraft, bei dem großen Gesetz, von dem schon so oft die Rede war. Wir können die von Jesus häufig gebrauchte Formulierung »mein Vater«, »unser Vater« jederzeit so auslegen, ohne seinen Worten im geringsten Gewalt anzutun. Schließlich sprach er ja zu einem einfachen, ungebildeten Hirtenvolk, das ihn anders kaum verstanden hätte als in seiner bilderreichen Sprache auch der vielen plastischen Gleichnisse. Das Wort »Gott« umschreibt doch nur das, was uns unbegreiflich ist: letztlich eben diese eine und einzige Ur- und Lebenskraft. Allein wesentlich kann doch nicht der Name sein, sondern der Inhalt, den er zum Ausdruck bringt. Im Grunde liegen hier also Christentum und Buddhismus in einer Linie.

Nun zu der eben erwähnten »Liebe Gottes zu uns Menschen«: Der Buddhist kann nicht nachvollziehen, was bei den

Christen alltägliche Übung ist: daß man »Gott«, diese absolute Gesetzlichkeit, um etwas bittet, was man sich nicht selbst verdient hat. Eine solche Bitte könne nur aus des Bittenden Käfig seines ICH kommen. Der Buddhist weiß, daß es nur an ihm und an seinem Karma liegt, was er bekommt und was er nicht bekommt. »Gott« steht so unsagbar hoch über uns, daß es eine größenwahnsinnige Selbsttäuschung über unsere wahre Position darstellt, ihn um etwas zu bitten in der Erwartung, daß *er* die Bitte erfülle. Welche Verkennung der Wirklichkeit! Wir sind dem unbestechlichen Gesetz der Wirklichkeit unterworfen, mag es unserem Gefühl noch so »kalt« erscheinen. Die Sonne scheint über Gerechte und Ungerechte. Auch das muß ich an dieser Stelle nochmals betonen. – Randbemerkung: Wenn diese Bitte an Gott trotzdem nicht selten ihr Ziel erreicht, dann wohl nur durch die Aktivierung der eigenen Kraft, die damit unbewußt verbunden ist, und durch die Hilfe helfender Geister und Schutzengel um uns. Aber verdient muß diese Hilfe in jedem Fall sein!

Wenn *der Christ das Gute nur deshalb tut*, weil ihm ständig angst gemacht wurde, sonst ewige Höllenqualen zu erleiden: Was ist es dann noch wert? Wird er in den Himmel kommen, wenn er »seine gute Tat« nur deshalb beging? Und nicht ganz einfach um des Guten willen, nicht aber um seines ICH wegen? Es ist *das gleiche beim Buddhisten*, der nur um seines besseren Karmas willen das Gute tut und nicht um des Guten selbst willen. Auch hier liegen, wenn wir uns nur nicht vom äußeren Schein täuschen lassen, die beiden Religionen recht besehen in der gleichen Linie.

Das Christentum von heute – nicht das Jesu aus seinen Anfängen – kennt nur dieses *eine* Leben, das zu einem Ideal führt im Himmel, außerhalb unserer Welt. Jesus aber gab, selbst in der späteren »gereinigten«, »korrigierten« Form der Bibel noch zu lesen, eine Reihe von Hinweisen ebenso wie verschiedene Kirchenväter der ersten Jahrhunderte, daß für ihn *die Wiedergeburt so gut wie selbstverständlich* war. Ich habe das früher schon ausgeführt. Viele Jesus zugeschriebene Gleichnisse finden sich bereits in den vorchristlichen Schriften der Essener, wie man heute weiß. Aus gutem Grund kann man annehmen, daß er selbst dieser Gemeinschaft angehörte oder ihr zumindest eng verbunden war. Das erklärt, daß das Neue Testament nicht wenige Gedanken enthält, die mit dem Alten Testament wenig oder nichts zu tun haben, wohl aber mit den indischen und chinesischen religiösen Lehren jener Zeit. Für sie war die Wiedergeburt absolut selbstverständlich. Bedeutet der Glaube an den Himmel nun nicht eine gewisse Flucht aus dieser Welt? Jesus sagt: »Das Himmelreich ist inwendig in Euch« (Lukas 17.21). Auch das weist doch deutlich darauf hin, daß er ebenso wie der Buddhismus immer in der Wirklichkeit dieses Lebens blieb und nicht lehrte, aus ihr zu flüchten: Hier ist unsere Aufgabe, immer im Hier und Jetzt. Genau in diese Richtung geht auch die Tendenz seiner vielen Mahnungen zum rechten Lebenswandel, zum rechten Tun in jeder Hinsicht. Da sind wir wieder beim buddhistischen Kernsatz: »Gehe deinen Weg!«

Im Christentum wie im Buddhismus haben sich im Laufe der Geschichte *gewisse rituelle und liturgische Besonderheiten* entwickelt. Ursprünglich gab es sie bei beiden nicht. Im Buddhismus sind sie immer bloße Verhaltensmuster geblieben, gleichsam nur Kulissen des wahren Lebens, und nicht Ausdruck der wahren Wirklichkeit geworden. Nicht ganz so in den christlichen Kirchen, besonders in der katholischen. Da sind sie fester Bestandteil des religiösen Aktes, den nur der Priester vollzieht, etwa bei den Sakramenten. Im Buddhismus können sie nie ein Teil des wahren Weges sein. Wesentlich sind hier die ganze Hingabe des einzelnen an seinen persönlichen WEG und die Demut vor dem großen Gesetz.

Die christlichen Zehn Gebote Gottes bringen wie der Edle Achtfache Pfad des Buddha im Grunde die gleichen Forderungen für das rechte Verhalten im Alltag, für den rechten Lebenswandel. Wer nicht nur den oberflächlichen Text beachtet, sondern das bedenkt, was sich notwendigerweise dahinter verbirgt, wird das rasch erkennen. Allerdings ist die Gewichtung der einzelnen Gebote verschieden. Die Zehn Gebote sind offenkundige Regeln für das direkte Denken und Tun. Der Achtfache oder Mittlere Pfad legt entschieden mehr Nachdruck auf das Erkennen des Wahren, des Wirklichen, das sich mehr unter der Oberfläche der Dinge verbirgt. Erkennt man es, dann bildet sich die Motivation von allein, das Gute und Rechte auch zu tun. Das besagen schon die drei Grundforderungen nach Weisheit, Sittlichkeit und der nötigen Geistesschulung. Indessen muß ich wie schon einige Male feststellen: Im Kern sind die beiden Grundregeln, das Leben im rechten Sinn zu meistern, doch miteinander verwandt: die eine, um Gott zu finden und zu ihm zu kommen, die andere, um sich endgültig aus der Welt des Leidens zu befreien und wieder vereinigt zu werden mit dem für uns Menschen Unsagbaren. Wo ist der Unterschied, der wesentlich wäre?

Die Menschheit befindet sich heute in einer tiefen Krise. Die Welt ist so klein geworden, daß diese Krise das ganze Erdenrund umfaßt. Wo ist der Ausweg aus der immer bedrohlicher werdenden Lage? Die westlich-christliche Welt hat ihre innere Zugkraft von einst verloren. Sie hat sich in der äußeren Eroberung der Welt von Grund auf geschwächt, wenn nicht erschöpft: buchstäblich im Habenwollen und in der Veräußerlichung des Denkens. Die östliche und damit auch die östlich-buddhistische Welt war so gefangen in den tiefen menschlichen Problemen des Seins, daß sie die äußere Welt darüber zu einem guten Teil vergaß. Bis sie dann mit dem Hereinbrechen des Westens von ihr wie überrumpelt wurde. Noch hat sie sich davon nicht erholt. Hat der Westen gleichsam den Boden unter den Füßen verloren, so ist der Osten mit seinen Füßen in ihm steckengeblieben. Nun ist das westliche logische, kritisch-zerlegende Denken ebenso hilflos geworden wie das intuitive, »totale« Denken des Ostens. Da stehen wir heute. Der Zwiespalt der menschlichen Natur zeigt sich dem Sehenden noch immer unverhüllt. Wo ist der Ausweg aus der uns ständig mehr bedrohenden Krise?

Wenn die christliche Kirche nur endlich den Mut und die Kraft aufbrächte, »den Staub von ihren Füßen zu schütteln«, der sich in zwei Jahrtausenden da gesammelt und angeklebt hat mit dem, was sie aus der Lehre Jesu gemacht hat! *Wenn sie zurückfände zur wahren Lehre Jesu* und den Absolutheits-, den Unfehlbarkeitsanspruch aufgäbe, den ihr kein denkender Mensch mehr abnimmt: Was könnte das für einen Auftrieb bewirken! Was würde das für eine Neugeburt der alten Stoßkraft bedeuten können, die in der Erstarrung erstickt ist! Die wir heute doch brauchen, um uns aus dem Tal der geistigen Krise herauszuarbeiten.[44]

In solcher Weise *der Freiheit des Denkens eine Gasse zu öffnen* hieße die buddhistische Toleranz aufgreifen und ihrem Beispiel folgen: Abertausende von Menschen, die heute im Fluß des Lebens dahintreiben und ihr religiöses Bedürfnis, ihre Frage nach dem Sinn des Ganzen, doch nur verdrängen, würden sich denen zugesellen, die von sich aus nach den letzten Dingen suchen und dabei selten genug den rechten Anstoß für eine wirkliche Antwort finden. Werfen wir einen Blick zurück zum Anfang dieses Kapitels: Die westliche Entfaltung des individuellen ICH mit seinem Habenwollen würde sich harmonisch einordnen können in das östliche Gebundensein im universellen ES, im Urgrund alles Existierenden. *Westliche Aktivität und östliche Verinnerlichung würden sich einheitlich ergänzen können* zu dem tätig im Leben Stehenden und dabei im göttlichen Grund Verwurzelten: zum in sich gefestigten Menschen – das Idealbild der Persönlichkeit.

Dabei liegt alles im Herzen eines jeden Menschen bereit: der eingeborene Sinn für das Wahre, das Rechte und das

Schöne im Sinn von Platons Ideenlehre. Die innere Stimme als der Wegweiser und Führer des Menschen, das daimonion des Sokrates. Auf die Frage, warum er so viel vom Menschen und so wenig von Gott rede, gab er die bezeichnende Antwort: »Da ich dem Menschen auf den Grund ging, fand ich zugleich den Urgrund der Gottheit.« Die unsagbare, von uns nicht begreifbare allgewaltige Schöpferkraft, die universelle Energie, der kosmische Geist, die Fülle des Nichts, das Absolute, Gott – wie immer wir das nennen, was unser Denken und unsere Ausdrucksfähigkeit übersteigt: Es ist in jedem von uns lebendig wie in jedem Stein, in jeder Blume, in jedem Tier. Es ist allgegenwärtig. Alles und jedes hat seinen Ursprung in diesem »Gott«. Kein Religionsbekenntnis, keine irdische Institution, kein einzelner Mensch hat ein Privileg auf diese Erkenntnis. Sie ist Eigentum der ganzen Menschheit.

Die Kernphysiker von heute können zweifelsfrei beweisen, daß jegliche Materie unserer Welt so wie die aller lebenden Körper in ihrem Innersten nichts anderes ist als die uns unsichtbare atomare Schwingung der geheimnisvollen Urschöpfungskraft. *Dem Meister Eckehart und allen Mystikern* öffnete sich in der unio mystica diese unseren Sinnen verborgene Wahrheit: Alles Existierende fließt aus der gleichen Quelle. Gott ist in uns. ALLES IST EINS. Und so lehrte er Zen in seiner Sprache. Nichts anderes erlebt der Zen-Buddhist im Satori, in seiner »Erleuchtung«: die Einheit in »Gott«, im Gesetz der Wirklichkeit.

Von keinem anderen als von Jesus stammt das gewichtige Wort »*Das Reich Gottes ist inwendig in Euch*«, das ich schon früher zitierte. Es ist nicht in einer Kirche, nicht in einem Tempel, es ist nicht in einem imaginären Himmel. »*Ihr seid das Licht der Welt*« (Matthäus 5.14), sagte er zu den einfachen Menschen, denen er den rechten WEG predigte. Und genau in diesem Sinne sagte ihnen sein Lieblingsjünger Johannes: »Ihr habt es nicht nötig, daß euch jemand lehre, denn seine

Salbung belehrt euch über alles« (1. Johannes 2.27): das Erkennen seines Geistes, die Berührung durch ihn gibt uns alles.

Christus und Buddha als Personifizierung der besten menschlichen Bemühungen haben schon immer in einer Welt existiert, die ohne Anfang und Ende ist. Das Wort Jesu »Ich bin der Weg, die Wahrheit und das Leben« (Johannes 14.6) hätte Buddha in genau der gleichen Weise sagen können. Was ist der WEG anders als das alltägliche Tun und Lassen im Hier und Jetzt eines jeden Augenblicks? Weg, Wahrheit und Leben müssen ganz EINS sein. Das Jenseitige ist in uns. »Ich und der Vater (die unendliche Schöpfungskraft) sind eins« (Johannes 10.30). Was in mir ist, ist in Dir, ist der ganzen Welt, der ganzen Schöpfung zu eigen.

Das große Gesetz ist in allem lebendig: im fließenden Wasser, im Grashalm und Baum, in Vögeln und Fischen, in jedem Menschen. Es ist nicht in Schriften niedergelegt, sondern im Herzen und im Geist der Menschen. Das ist die Sprache Gottes. Seine Werke sprechen sie vom Anbeginn der Zeiten. Was darüber hinausgeht, bleibt Geheimnis. Unser begrenzter Verstand kann das Unbegrenzte nie erfassen. Verehren wir es in Demut und Ehrfurcht.

ANHANG:
HISTORISCHER ÜBERBLICK ÜBER DIE ENTWICKLUNG DES BUDDHISMUS

Das Verständnis für die Teilaspekte und die inneren Zusammenhänge eines komplexen Lebensbereiches kann durch die Betrachtung des geschichtlichen Wachsens ganz wesentlich vertieft werden. So auch beim Buddhismus, wie er sich vielen Beobachtern so vielgestaltig darstellt. Deshalb möchte ich noch einen knappen historischen Überblick über die Entwicklung dieser Weltbetrachtung anschließen. In ihm kann ich dann auch kurz auf die wichtigsten Sonderentwicklungen eingehen: Lehren oder Sekten genannt. Das kann es erleichtern, ihren Stellenwert im Rahmen der Gesamtlehre richtig zu erfassen.

Eigentlich wäre hier der Platz, *das persönliche Leben Buddhas* als ihres Schöpfers zu umreißen. Logischerweise ist es eng verknüpft mit dem Besonderen der Lehre, die er begründete. Das habe ich aus gutem Grund schon in der Einführung zu diesem Buch getan. Bitte lesen Sie es dort noch einmal nach. Das wird Ihr Verständnis für die folgenden Darlegungen erleichtern.

Wie dort schon gesagt, *bedeutete Buddhas Lehre den Ausstieg aus dem damals herrschenden Brahmanismus*. Das bedeutete zugleich den Ausstieg aus dem frühen Kastenwesen jener Zeit mit den nur vier ursprünglichen Kasten der Brahmanen (= Priester), der Krieger, der Bauern und Handwerker und schließlich der Knechte. (Aus ihnen sind im heutigen Indien ungefähr dreitausend geworden!) So gab es keine Vorbedingungen mehr für die Erlösung, das heißt für die Befreiung aus den Fesseln der Wiedergeburt. Die Verkündung der Gleichheit aller Menschen, und das in einer Sprache, die jeder einfache Mann und jede einfache Frau verstehen konnte, muß so etwas Ähnliches wie eine Revolution gewesen sein.

Die buddhistische Lehre verbreitete sich durch die Predigten Buddhas, seiner Schüler und wiederum von deren Gefolgschaft rasch in weiten Gebieten des riesigen indischen Raumes. Bald einigten sich die älteren Jünger, um Verfälschungen durch bloß mündliche Weitergabe zu verhindern, gemeinsam auf die tatsächlich gesprochenen Worte ihres Meisters. Hundert Jahre später werden sie niedergeschrieben und später durch Kommentare ergänzt: Die Tripitaka (der »Dreikorb«, die drei Teile der buddhistischen Schriften) entstand als die autoritativen Urschriften angesichts tausendfacher späterer Übersetzungen in alle möglichen Sprachen und Dialekte und der vielen Abschriften. Daher blieben bis zum heutigen Tag die Worte Gautama Buddhas die oberste Autorität.

So begründet sich *die Theravada-Schule* als »die Lehre der Älteren«, auch *Hinayana* (»das kleine Fahrzeug«) genannt. Es ist die älteste noch heute lebendige Schule, sozusagen der grundlegende Buddhismus. Er umfaßt die drei Kennzeichen des Seins, die vier Edlen Wahrheiten mit dem Achtfachen Pfad, die Lehre von Karma und Wiedergeburt und der Erlösung oder Nirwana. Das Ideal des heiligmäßig lebenden Menschen (»Arhat«) ist die Selbsterlösung. Kennzeichnend sind die im Wesen liegende Toleranz und damit das völlige Fehlen von Autorität menschlicher oder göttlicher Art. Es gibt keinen Gott, kein Beten zu Gott, keine Priester zwischen Gott und der menschlichen Seele. Von Dogmen ist keine Rede. Um die Praxis seiner Lehre nicht zu verdunkeln, hielt sie Buddha bewußt begrenzt. Die Theravada-Schule blieb dabei. Die im Leben erworbene Weisheit hat absoluten Vorrang vor metaphysischen Problemen, vor geistigen Spekulationen über die Welt der Götter und vor Ritualisierung des Glaubens.

Bei der raschen Verbreitung der Lehre im indischen Raum spielte König Ashoka eine entscheidende Rolle. Er regierte von 268 v. Chr. an 36 Jahre lang das größte und festgefügte indische Königreich, das er jahrelang durch Eroberungen noch vergrößerte. Nicht umsonst bekam er den Beinamen »der wilde Ashoka«. In seinem letzten erfolgreichen Feldzug beeindruckten ihn die schrecklichen Verwüstungen des eroberten Landes so sehr, daß er sich zu einem tiefgläubigen Anhänger von Buddhas Lehre der Weisheit und des erbarmenden Mitgefühls wandelte. Er ließ die buddhistische Lehre überall verbreiten und sandte zu diesem Zweck Missionen in alle ihm erreichbaren Länder bis nach Syrien, Ägypten und Mazedonien sowie in südlicher Richtung nach Ceylon. Der hier verankerte Theravada-Buddhismus überstand später die mohammedanische Eroberung von Indien mit ihrer Vernichtung aller buddhistischen Klöster. So ist er bis zum heutigen Tag dort lebendig geblieben. Zudem berief Ashoka etwa 250 v. Chr. ein großes Konzil, das für jahrhundertelange Klarheit sorgte.

Der Theravada-Buddhismus verbreitete sich dann von der Hochburg Ceylon aus auf den ganzen südostasiatischen Raum, nach Birma, Thailand, Laos und Kambodscha. Später hinunter bis nach Java und weitere Teile des heutigen Indonesiens. Daher bürgerte sich für ihn auch der Begriff *der südlichen Schule* ein.

Der Mahayana-Buddhismus (»das große Fahrzeug«) entstand etwa vierhundert Jahre nach dem Tode Buddhas im nordöstlichen Indien. Er erkennt die theravadischen Lehren durchaus an. Einer Gruppe von freier denkenden Mönchen jedoch war die Begrenzung und die strenge Einhaltung des seither Verkündeten zu eng. Sie sei nicht die ganze Verkündigung. Sie nannte sie etwas abschätzig Hinayana, also »das kleine Fahrzeug« (und schuf so erst den treffenden umfassenden Begriff für die frühe Lehre). Die Lehre Buddhas müßte freier ausgelegt werden im Sinne dessen, was der Meister seinen Lieblingsschülern gepredigt hatte. Der Achtfache Pfad habe nur die eigene Erlösung zum Inhalt und kümmere sich nicht um das Leiden anderer. Im übrigen sei er für den durchschnittlichen Menschen einfach zu schwer zu gehen. Der führende Kopf war Nagarjuna, der eine umfangreiche Literatur über »die Vollendung der Weisheit« (Prajna-Paramita) schuf, sozusagen die Basis des Mahayana. Der Name »das große Fahrzeug« bedeutete die Aufnahme *aller* leidenden Wesen in das System der Lehre, die sie nun alle ohne Unterscheidung zur Erleuchtung führen könne. Es handelt sich also um eine bedeutende Erweiterung der ursprünglichen Botschaft sowohl in das Metaphysische und Mystische als auch in der Richtung einer populären Religion. Auf einem Konzil um 120 n. Chr. wird die neue Lehre endgültig etabliert.

Mahayana brachte bedeutungsvolle Änderungen bzw. Zusätze im Vergleich zum Hinayana. Allgemein gesprochen wird die psychologische Weltbetrachtung ergänzt bzw. zum Teil abgelöst durch idealistische Gedankenführung, die Nüchternheit durch Emotionen, die kühle Vernunft durch übergeordnete Weisheit. Im einzelnen lassen sich die Änderungen knapp so zusammenfassen:

- Die Liebe oder Güte (metta) wird erhoben zum persönlichen Mitempfinden oder Mitleid mit allem Lebenden (karuna).
- So stellt sich auch die erhabene Weisheit (prajna) über den bloßen Intellekt.
- Das Bild des heiligmäßig lebenden Mannes (Arhat), der nur der Selbstbefreiung lebt, weitet sich aus zum Bodhisattwa, der mit all seinem Tun der ganzen Menschheit Hilfe und

Heilung bringen will. Er wird das Ideal der neuen Richtung. Erlösungsbeistand für andere wird jetzt also für möglich gehalten. Die eigene Erlösung rückt dadurch an die zweite Stelle. In der Praxis ergänzen sich natürlich beide Idealgestalten.

- Mit dem Gedanken der Übertragung karmischer Verdienste wird das eiserne Gesetz von Ursache und Wirkung durchbrochen. Es wird aber insofern nicht aufgelöst, als der zunächst durch die Verdienste des anderen (des Bodhisattwa) Beschenkte dann seinerseits seine eigene Erlösung auf lange Zeit hinausschieben muß, um zuvor wiederum anderen seine Verdienste zu schenken. Denn er muß sich ja nun selbst um den Weg des Bodhisattwa bemühen, soll ihm verfrüht die körperliche Wiedergeburt erspart bleiben.

- Buddha wird jetzt betrachtet auch als Prinzip, das sich von Anbeginn in jedem von uns befindet. Buddha als Mensch hat den WEG nur bewußtgemacht.

- Die Nicht-Dualität wird nun besonders hervorgehoben: Alles Existierende in seinen vielfältigen Formen ist mit dem Absoluten eins.

- Der Status der Mönche und Nonnen wird stark erweitert: Anfangs galten nur sie als wahre Buddhisten, die durch Karma und Dharma bald Erlösung finden konnten. Jetzt können auch Laien zur Erlösung kommen, wenn sie in ihrem Alltag den wahren Sinn ihres Lebens tatsächlich leben. Das weist auf Zen, wo in der Tat eine Reihe Roshis (Meister) »nur« Laien waren und sind.

Mahayana gab dem Buddhismus neue Kraft und neuen Schwung, die sich über die zentralasiatischen Länder nach China hin auswirkten. Noch vor der Zeitenwende bildete sich in der Han-Dynastie die Seidenstraße heraus, auf der sich mit dem intensiven Handel auch der Buddhismus weit nach Westen bis zum Land der Parther und weit nach Osten hin ausbreitete. Die Mönche der zentralasiatischen Länder und später Chinas spielten dabei die Hauptrolle bis ins 7. Jahrhundert hinein. Das besonders auch mit ihren vielen erstklassigen Übersetzungen der »heiligen Bücher« aus dem Sanskrit ins Tibetanische und Chinesische.

Die große Offenheit des Mahayana-Buddhismus verleiht ihm die Möglichkeit, sich vielfältigen religiösen Formen anzupassen. Das ursprüngliche buddhistische Denken war im Kern ganz einfach gewesen. Jetzt gibt es »die zweifache Wahrheit«: den sicherlich schwerer zu gehenden Weg der durch nichts getrübten Erkenntnis und den leichteren »religiösen« Weg der Liebe, der Symbole und Riten. Buddha wird dadurch – was er nie war und nie sein wollte – ein Gott neben anderen Göttern, zu dem gebetet und dessen Paradies »des Reinen Landes« angestrebt wird. Darüber demnächst.

Diese Wandlung und Erweiterung der Lehre erleichtert verständlicherweise sehr *die geradezu erstaunlich rasche Verbreitung* des Mahayana-Buddhismus. Die Stoßrichtung geht jetzt im wesentlichen nach Norden und Osten: nach Tibet, der Mongolei, China, Korea, Japan. Daher wird im Gegensatz zur südlichen jetzt auch oft von der *»nördlichen Schule«* gesprochen. In ihrem Rahmen bildet sich *eine stattliche Zahl von besonderen Entwicklungen*, die wir auch als *Sekten* bezeichnen können. Die wichtigsten davon möchte ich nun wenigstens in der sie speziell kennzeichnenden Grundlinie knapp aufführen. Weitergehende Betrachtungen, die die Darlegung detaillierter Gedankengänge notwendig machen, wären in einer Veröffentlichung wie dieser fehl am Platz.

Hinsichtlich *China* habe ich soeben schon das Wichtigste gesagt. Noch vor der Zeitenwende begann der Einzug des Buddhismus in dieses riesige Land von den zentralasiatischen Gebieten her. Rund hundert Jahre danach setzte dann mit der Übersetzung der buddhistischen Schriften die eigentliche Durchdringung des weiten chinesischen Raums ein. Trotz der kommunistischen Zwangsherrschaft mit der brutalen Vernichtung zahlloser Klöster blieb der Buddhismus bis heute lebendig. Das wißbegierige chinesische Volk verschlang in seiner Geschichte rund fünfzehnhundert der erwähnten Übersetzungen in bald sechstausend Bänden.

In *Tibet* wird die vorher herrschende schamanische Religion endgültig im 7. Jahrhundert vom Buddhismus abgelöst. Aus der Verbindung seiner volkstümlichen Linie mit dem Tantrismus entsteht hier die eigene Entwicklung des *Vajrayana-Buddhismus*, das sogenannte »*Diamantfahrzeug*«. Mönchsorden verschiedener Art schaffen die tibetanische Theokratie ganz eigener Prägung. Tausende von Klöstern entstehen in diesem Reich der Mönche (Lamas), im »Land der Götter«. Reiche tantrische Riten, Yoga-Anwendungen, vielfache Hilfsmittel für Auge (Mandalas) und Ohr (Glöckchen, Gongs, Mantras) sind ebenso typisch wie die intensive Beschäftigung mit allen Bewußtseinszuständen. Der *Lamaismus* strahlte von hier nach China und bis in das weit entfernte Japan aus. Religiöse Inbrunst kennzeichnet dieses Leben (jeder vierte Tibeter war früher Mönch). Die chinesischen Kommunisten gingen nach der Besetzung Tibets brutal dagegen vor. Das geistige Oberhaupt, der Dalai-Lama, lebt heute in Indien.

Korea steht zwischen China und Japan. Die Wellen der Ausbreitung des Buddhismus in China ergreifen praktisch auch Korea. Auch dieses Land bietet viele bewegende Zeugnisse aus seiner buddhistischen Frühzeit. Eine zusätzliche Bedeutung bekommt es als Brücke für das Weitertragen der Lehre nach Japan. Manche der dort führend werdenden Mönche und Meister leben zuvor außer in chinesischen auch in koreanischen Klöstern.

In *Japan* begann die Geschichte der neuen Lehre im 6. Jahrhundert, als ein koreanischer König eine buddhistische Gesandtschaft zum japanischen Kaiser sandte. Der mahayanische Buddhismus faßte im ganzen Land festen Fuß und bewirkte ein nahezu plötzliches kulturelles Aufblühen. Die großartigen Tempel Horyuji und Todaiji in Nara, nicht weit von der alten Kaiserstadt Kyoto, errichtet schon 607 bzw. 752, bezeugen das in geradezu überwältigender Weise. Es war die Zeit, in der die Zivilisation im Westen noch im dunkeln lag. Es entwickelte sich eine weitgespannte Kultur, viel mehr als nur eine Religion, deren Ausgangspunkt und Zentrum sie war. Im 9. Jahrhundert bildete sich der sogenannte Heian-Buddhismus als typisch japanisch heraus mit den Klosterzentren auf den Bergen Hiei (dicht bei Kyoto) und Koya. Für ihn sind zwei besondere Richtungen wesentlich, die eine Blütezeit von reichlich dreihundert Jahren hatten:

- *Die Tendai-Sekte*, eine Synthese verschiedener Denkrichtungen vielfach auf der Basis der berühmten Lotos-Sutra (Saddharma-pundarika). Sie hatte ihren Ausgang einige Jahrhunderte zuvor in China genommen und hat noch heute in Japan zahlreiche Anhänger.
- *Die Shingon-Schule*, die aus Indien über China herüberkam, mit beachtlichen Einflüssen des bengalischen und in leicht veränderter Form des tibetanischen Tantra.

Besondere Bedeutung bekam auch *die Kegon-Sekte* des japanischen Buddhismus, die auf der Avatamsaka-Sutra basiert. Sie betont die sehr weitgehende Lehre von der absoluten Einheit von allem und jedem mit allem und jedem (Jijimuge): Alles Sichtbare und Unsichtbare sei zugleich jedes andere Ding. Jede Unterscheidung sei nichts als Täuschung, als falsche Vorstellung. Es ist die extremste Auslegung der Erkenntnis: Alles ist eins (anatta).

Die stärkste Wirkung hatte indes *die Zen-Bewegung*. Ich gebrauche bewußt das Wort Bewegung, weil Zen die Kultur und das Leben Japans in ganz besonderer Weise befruchtet und mitgestaltet hat. Im chinesischen Buddhismus kam diese Sekte als die letzte von großer Bedeutung auf. Ihr Begründer

Bodhidharma hatte im 6. Jahrhundert die indisch-buddhistische Meditation (dhyana) nach China gebracht und daraus das chinesische Ch'an entwickelt, das in Japan dann Zen genannt wurde. Schon im zweiten Teil des letzten Kapitels habe ich das Wesentliche darüber dargelegt: Es war eine Art Revolution gegen die wortreiche indische Metaphysik und so etwas wie eine Reformation des Buddhismus auf seinen einfachen Kern hin. Lesen Sie es bitte dort noch einmal nach. Dann wird Ihnen die große Bedeutung dieser Entwicklung gegenwärtig. Sie blühte in voller Stärke erst zweihundert Jahre später durch das Wirken des chinesischen Mönches Hui-neng voll auf. Das neue Denken wurzelte in der Natur des chinesischen Volkes, und so erfaßte es breite Schichten. Sein Ruf war schon bald hinüber nach Japan gegangen, wo es rasch zu der erwähnten Bewegung wurde.

Eine zweite große Blütezeit des japanischen Buddhismus brachten dann das 12. und 13. Jahrhundert mit den großen Priestergestalten Honen, Shinran, Dogen und Nichiren. Diese Namen begegnen uns bis zum heutigen Tag in der Geschichte des japanischen Buddhismus und besonders auch des japanischen Zen immer wieder als ihre prägenden Gestalten. Mit ihnen wurden Buddhismus und Zen voll in das japanische Denken und Leben integriert. Das zeigte sich bald in den starken Auswirkungen in Kultur und Kunst: im Zen-Bogenschießen, in der Kunst des Blumensteckens (Ikebana), in der Teezeremonie und überhaupt im ganzen Lebensstil, vor allem der Samurai als der geistig führenden Bevölkerungsschicht.

Der eben erwähnte *Nichiren* begründete die nach ihm benannte *Sekte* mit ihrer strengen Auslegung der Lotos-Sutra. Sie verehrt diese als die höchste Weisheit, die sich in ihren Worten niedergeschlagen hat.

Nun bleibt mir noch der Hinweis auf eine letzte große Bewegung, die der Mahayana-Buddhismus vor allem in Japan auslöste: *die Lehre vom Reinen Land, die Verehrung von*

Amida Buddha. Sie stellt eine echt religiöse Bewegung dar, die dem eigentlichen Buddhismus fremd ist. Suzuki, der eine bedeutende Veröffentlichung[45] darüber schrieb, nennt sie eher eine Ergänzung zu ihm. Im letzten Kapitel habe ich auch diese spezielle Lehre schon dargestellt, da sie einen besonderen Weg zur Erlösung anbietet. Sie wurde als die größte buddhistische Schule zu einer Art Volksbewegung. Deshalb lohnt es sich, wenn Sie dort den Bericht über sie nochmals nachlesen.

In dieser Betrachtung möchte ich auch einen Hinweis auf *die Feste und den Kult des Buddhismus* nicht unterlassen. Die vielfältigen Feste haben sich ganz nach den Traditionen des betreffenden Volks entwickelt. In Tibet werden sie zum Beispiel vom alten Schamanentum beeinflußt. In Japan vermischen sie sich mit shintoistischen Gebräuchen (Ahnenkult) und altkaiserlichem Zeremoniell. So ist es sinngemäß in den verschiedenen Ländern. Die Toleranz des Buddhismus kennt da keinerlei Vorschriften. Die kultischen Handlungen schließen sich im allgemeinen an wichtige Erlebnisse des Buddha an. Es gibt keine Opfergaben im eigentlichen Sinn. Auf die mehr äußeren Dinge des Kultes im Sinn der allgemeinen Volksreligiosität habe ich auch schon im letzten Kapitel in dem Absatz »Der rituelle Weg zur Erlösung« hingewiesen. Sie sind, vor allem von Tibet abgesehen, vorwiegend ähnlich denen des christlichen Bereichs.

Noch ein Wort zu *einigen Besonderheiten*, die uns westlichen Menschen zunächst fremd sind:

- *Mandalas* sind Symbolbilder, die sich harmonisch um einen Mittelpunkt gruppieren, für die Erscheinung des Kosmos, »Gottes«, der Seele. Sie dienen als Anregung und Zentrum der Meditation.
- *Mudras* sind ganz bestimmte körperliche Haltungen und Gesten, besonders der Finger, Hände und Arme, die mit bestimmten inneren Einstellungen gekoppelt sind. Sie er-

lauben, die ausstrahlende Energie von Göttern oder Heiligen nutzbar zu machen im Sinn von innerer Sammlung, Liebe, Frieden und dergleichen.

- *Mantras* sind entweder kurze heilige Sprüche oder eine Folge logisch sinnloser Buchstaben oder Silben, deren ständige Wiederholung durch ihren spezifischen Schwingungsgehalt den Zustand der inneren Leere und damit das Erwecken der aus der Tiefe kommenden Intuition herbeiführen soll und kann.[46]

Zurück zur Weiterentwicklung des Buddhismus: Ungefähr im 13. Jahrhundert hat er die Form erreicht, die wir noch heute vorfinden. Eine nennenswerte Änderung der Lehre ist seither also nicht mehr eingetreten. Das gilt für alle Länder mit der Ausnahme des Landes, aus dem der Buddhismus herausgewachsen ist: Indien. Hat er hier überall bis zum 6. Jahrhundert den früher herrschenden Brahmanismus verdrängt, so erinnert man sich nun in steigendem Maß der alten Lehren aus der Vergangenheit. Es entsteht eine Vermischung, eine Synthese der beiden Lehren, die sich zum Hinduismus entwickelt, wie wir ihn heute kennen. So gerät der Buddhismus dort seit dieser Zeit stark in die Minderheit. Daß die mohammedanische Eroberung mit der mehr oder minder gewaltsamen Bekehrung und die damit verbundenen Umbrüche das Ihre dazu beigetragen haben, dürfte sich von selbst verstehen.

In den Westen kam der Buddhismus sehr spät, nämlich erst etwa ein Jahrzehnt nach Beginn dieses Jahrhunderts. Zuvor gelangten nur unzusammenhängende Einzelheiten hierher, die der christlichen Welt unverständlich waren. Auch nach dieser Zeit waren es jahrzehntelang im wesentlichen nur Bruchstücke, die sich erst langsam zu einem Ganzen formen ließen. Bis dann Zen vor allem durch die Werke des bedeutenden Dr. D. T. Suzuki bekannt wurde und sich schließlich das ganze großartige Bild der buddhistischen Lehre auch in den westlichen Ländern auftat.

Wie wir sehen konnten, war *die Entwicklung des Buddhismus über Raum und Zeit hinweg* gekennzeichnet durch Aufgliederung und Spezialisierung, so daß eine Vielfalt in Lehre und auch im Rituellen entstehen konnte. Das besonders Bemerkenswerte an dieser Entwicklung ist: Alle diese verschiedenen Schulen und Sekten haben gemeinsam das gleiche Fundament und die gleichen tragenden Prinzipien bewahrt. Die oberste Autorität waren und sind – niemals angefochten – die Worte, die Gautama Shakyamuni, genannt der Buddha, sprach. Demgemäß ist die Lehre des Buddhismus immer eng verknüpft mit der Wirklichkeit unseres täglichen Lebens. Denn es geht letztlich immer um sie und um nichts anderes.

Dieser Reichtum der Entwicklung ist *der Segen der Toleranz,* die dem Buddhismus innewohnt. Wer vielleicht meint, daß die Anhänger der verschiedenen Richtungen wegen der Unterschiede in sachlicher und persönlicher Einstellung jemals etwa in bösem Streit oder gar in Feindschaft gelebt hätten, der täuscht sich gründlich. Vom Beginn der Trennung der Lehre in das kleine und das große Fahrzeug der Heilsverwirklichung haben die Meister wie die Mönche und alle Gläubigen, wo immer sie sich trafen, einträchtig zusammengelebt und zusammen gearbeitet. Ob in klösterlicher Abgeschiedenheit oder in der breiten Öffentlichkeit. Zusammen haben sie alle, jeder auf seine Weise, gelehrt. Denn sie sind alle getragen von der tiefen Überzeugung: Was karmisch Heilsames bewirkt und karmisch Belastendes in seiner Wirkung mindert – das ist im Sinn des Erleuchteten Buddha. Und das ist gut und richtig. Muß ich noch einmal wiederholen, daß im Namen der buddhistischen Lehre noch nie Blut geflossen ist?

Hat der Buddhismus eine Zukunft? Hat er eine Zukunft auch in der westlichen Welt? Gar manche verblüffende Ähnlichkeit der zweieinhalbtausend Jahre alten Lehre mit heutigen psychologischen Erkenntnissen und mit den kernphysikalischen Erkenntnissen über die Materie und die geheimnisvollen Hintergründe des Atoms lassen es von diesen Seiten her als wahrscheinlich erscheinen. Aber unendlich viel wichtiger ist *das Aufbrechen des religiösen Gedankens in der westlichen Welt*, nachdem das christliche Gedankengut hier in beachtlichem Maß erstarrt ist, in der Lehre wie in der äußeren Form von Organisation und Ritus. Für breite Schichten der denkenden Bevölkerung kann es kaum noch einen überzeugenden Ausweg aus den lebensbedrohenden Problemen unserer heutigen Zeit anbieten. Der Mensch auf der Straße spürt die innere Leere und sehnt sich nach Erfüllung.

Je bedrückender die äußeren Lebensumstände werden, um so mehr horchen die Suchenden nach innen und hoffen auf eine Antwort aus der Stille. Eine Antwort auf die Frage nach dem Sinn: nach dem Sinn von Bedrückung, Krankheit, Alter und Tod, nach dem Sinn des Leidens und der Vergänglichkeit. Auf all das können uns die noch so großen Errungenschaften unserer noch so »modern« und »fortschrittlich« gewordenen Welt keine Antwort geben. Jeder einzelne kann sie nur in sich selber finden, wenn es eine wirkliche Antwort sein soll. Denn jeder einzelne lebt nur sein Leben, sein Leiden und seinen Tod. Wenn er seinen »Gott« nicht in sich selber findet, wo soll er ihn dann finden? Hilft ihm etwa ein angeblich verpflichtend vorgegebenes Gottesbild, das nicht das seine ist?

Nicht wenige westliche Menschen, die sich gewiß nicht als Buddhisten empfinden, haben ihr ICH als *die* Ursache ihrer Übel erfühlt oder bewußt erkannt. Und sie haben das DU entdeckt und sich auf den oft mühsamen WEG begeben, an jedem Tag zu jeder Stunde voll Achtsamkeit ihm zu dienen. Ohne Aufhebens und ohne berechnende Erwartung von persönlichem Gewinn oder Dank. So dienen sie sich selbst, ihren Mitmenschen und damit der ganzen Menschheit.

Sind nicht auch sie auf dem WEG, den der Erleuchtete Buddha als den Weg zur Befreiung vom Leid und zur schließlichen Erlösung vor so langer Zeit gepredigt hat?

1. Übersicht:
Die drei Kennzeichen des Seins

1. *anicca*: Vergänglichkeit, Unbeständigkeit, die Tatsache
vom ständigen Wandel.

Eine Grundgegebenheit allen Geschehens in dieser Welt. »Alles fließt« (Heraklit). Alles Existierende ist in unaufhörlichem Wandel. Nichts bleibt auch nur einen Augenblick lang unverändert gleich. Das gilt für alle materiellen Vorgänge, ob grob oder fein, für alle körperlichen und geistigen Prozesse, in der äußerlich sichtbaren wie in der inneren Welt. Alles hat früher oder später ein Ende. Das ist kein Grund zu Nihilismus: In gleicher Weise entstehen und entwickeln sich neue Materie und neues Leben, bevor auch sie wieder vergehen.

2. *dukkha*: »Das Leben ist Leiden«, das Gefühl von Schmerz
und Not vielfacher Art, körperlich oder seelisch-
geistig.

Die Tatsache des Leidens erwächst aus anicca und aus der Unvollkommenheit alles Existierenden. Alles Schöne, glückspendende Ereignisse und Gefühlszustände sind schon, da vergänglich, zum Ende verurteilt, das Leiden bedeutet. Genauso alles, was existiert, durch das unaufhörliche Werden und Vergehen, Kommen und Gehen, Geborenwerden und Sterben.

3. *anatta*: Ichlosigkeit, »Nicht-Selbst«, die Tatsache von
der Illusion des ICH, die wahre Nicht-Ichheit.

Alle Dinge und Phänomene dieser Welt, die ja durch anicca gekennzeichnet sind, können keine immer fortbestehende eigene Substanz, keine für sich bestehende Ich-Wesenheit in sich tragen, die letztlich wirklich unabhängig wäre. Daher kann es auch keine ewig unsterbliche Seele geben. Das einzig

Beständige ist die allgewaltige Schöpferkraft oder Urenergie oder die allem übergeordnete geistige Kraft, »die Fülle des Nichts«, die eine und einzige Lebenskraft. Sie manifestiert sich in unendlicher Vielfalt. Sie liegt jenseits unserer menschlichen Fähigkeit des Verstehens. (Zitat Max Planck: »Materie an sich gibt es nicht. Es gibt nur den belebenden, unsichtbaren, unsterblichen Geist als Urgrund der Materie ... den ich mich nicht scheue, Gott zu nennen.«)

2. Übersicht:
Die vier Edlen Wahrheiten

1. Die Wahrheit vom Leiden
2. Die Wahrheit von der Entstehung des Leidens
3. Die Wahrheit von der Überwindung des Leidens
4. Die Wahrheit von dem Weg zur Überwindung des Leidens:

Der Mittlere oder der Edle Achtfache Pfad des Buddha

Erlangung der Weisheit:
    1. Rechte Erkenntnis
    2. Rechte Gesinnung
Erringung der Sittlichkeit:
    3. Rechtes Reden
    4. Rechtes Handeln
    5. Rechter Lebensunterhalt
Vollendung der Geistesschulung:
    6. Rechtes Bemühen
    7. Rechte Achtsamkeit
    8. Rechte Meditation

3. Übersicht:
Karma und Wiedergeburt

Karma

bedeutet »aktives Tun«. Alles Tun begründet sozusagen das Schicksalsgut eines jeden für die Gesamtdauer seines Seins. Mit ihm sind wir eingeordnet in das Gesetz von Ursache und Wirkung, in das Gesetz der universellen Harmonie. Das steuert unsere Existenz. »Was der Mensch sät, das wird er ernten.« Karma ist nicht zwingendes Schicksal, dem wir etwa ausgeliefert wären. Nur wir selber machen unser positives und negatives Karma durch unser Tun. Beides kommt auf uns zurück.

Die Wiedergeburt

ist mit dem Karma gepaart: der wiederholte Kreislauf der Seele von Geburt und Tod. Für einen großen Teil der Menschheit, wie auch im frühen Christentum, selbstverständliche Überzeugung. In ihr zeigt sich der alles Leben beherrschende Rhythmus des polaren Geschehens von Werden und Vergehen. Mit dem Sterben des Körpers löst sich die Lebensenergie (»Seele–Geist«) von ihm. Schon nach dem Gesetz von der Erhaltung der Energie kann sie sich nicht in nichts auflösen. Sie wird mit einem anderen Körper wiedergeboren. Das von uns selbst geschaffene Karma steuert die Wiedergeburten und unser »Schicksal« in jedem dieser wiederkehrenden Leben.

aus dem Kreislauf von Geborenwerden und Sterben wird uns erst zuteil, wenn wir unser negatives Karma abgearbeitet oder gelöscht haben durch Leiden und durch Erarbeiten von positivem Karma. Dann wird der Tropfen unserer individuellen Lebensenergie oder die »Seele« wieder einschmelzen in den Ozean der Unendlichkeit von Energie, »Geist« oder »Gott«, aus dem er hervorgegangen war.

4. Übersicht:
Die vier Erhabenen Tugenden

Sie bestimmen die Haltung des Menschen zu seinen Mitmenschen.

1. Die Liebe oder Güte:

Freundlichkeit im tiefen Sinn, echtes Mitgefühl, Verstehen aller Wesen, wirkliche Hilfsbereitschaft. Sie überwindet menschliche Ablehnung, Übelwollen und Abhängigkeit vom Begehren. Im Untergrund steht immer Lassen am ICH und Hinwendung zum DU. Liebe beansprucht nicht und besitzt nicht. Sie erweist sich nur in der Tat, nicht in Worten. Sie erwächst mehr aus rechter Erkenntnis und Gesinnung als aus dem Gefühl. Sie öffnet den Weg zum »Glück«.

2. Das Mitleid

entsteht aus der tiefinneren Zuwendung zum Leiden von Mensch, Kreatur und Schöpfung. Dieses mitfühlende Leiden erwacht, wenn sich der betörende ICH-Glaube aufzulösen beginnt. Dann erfassen wir die Einheit der Schöpfungs- und Lebenskraft in uns und in allem, was da lebt und leidet.

3. Die Mitfreude

erwächst ebenso aus dem Mitempfinden mit dem anderen, mit Freude und Glück, das er erlebt. Auch sie verlangt das Herauswachsen aus dem ICH und hilft es zu überwinden. Damit ist sie eine starke Stütze für die innere Entwicklung hin zu den wahren Werten des Menschen.

4. Der Gleichmut

bedeutet gleichen »Mut«, gleiches Berührtsein durch alles, was uns begegnet, Gelassenheit und innere Ruhe. Er verlangt wertungsfreies Denken und Abstand, Über-den-Dingen-Stehen. Das Gemüt bleibt in der Mitte, ohne totales Ergriffensein von Unmut oder Freude.

Gleichmut ist nicht Gleichgültigkeit: Dieser fehlt die Zuwendung zum Leidenden. Der Gleichmütige will dessen Not lindern, aber er zerbricht nicht daran. Es ist die »kühle Liebe«. Er ist geborgen im großen Gesetz und weiß vom Sinn des Leidens.

5. Übersicht

Das historisch gewachsene, zumeist unbewußte

Persönlichkeits-Leitbild
des Westens: des Ostens:

INDIVIDUALITÄT   UNIVERSALITÄT
Entfaltung des ICH   Aufgehen im ES
Wirkungsrichtung nach außen   Wirkungsrichtung nach innen

HABENWOLLEN   SEIN

–	+	+	–
Betriebsamkeit Ruhelosigkeit	Aktivität Beherrschung der Welt	Verinnerlichung Sammlung	Sichzurückziehen Abkehr von der Welt
Egozentrik	Erkennen des ICH im DU	Erkennen des Urgrunds alles Existierenden	Versinken im Sein
Isolierung, Liebesunfähigkeit	Sichtbares Selbstbewußtsein	Erfassen der ICH-Begrenztheit	ICH-Verlust, Selbstaufgabe
Fehlende Einbettung in das Ganze	Persönlichkeits-entfaltung	Einbettung in das Ganze	Auflösung der Individualität

*Das Ideal der
Persönlichkeitsbildung:*

Der in sich gefestigte, im Leben
stehende Mensch,
der äußere Aktivität mit innerer
Ruhe verbindet.

Verwurzelung im »Göttlichen«, die
sich in der Persönlichkeit kundtut.

Hinwendung zur Welt und zum
anderen Menschen bei
Verinnerlichung und menschlichem
Reifen.

(Yogy = »Anjochen« des Individuellen an das Überindividuelle)

6. Übersicht:
Christentum und Buddhismus

CHRISTENTUM	BUDDHISMUS
Gottesglaube	*Erkenntnis der Wirklichkeit*
Glaubenszwang und Abhängigkeit	*Innere Freiheit*
Glaubenssätze: Dogmen und Sakramente	Lehren der Wirklichkeit: Keinerlei Glaubenszwang
Verbindliche Hierarchie:	Keine verbindlichen Heilsvermittler:
Menschen als Heilsvermittler	Unmittelbare »Gott«-Beziehung
Glaubenszwang bis zu Unfehlbarkeit	Toleranz
Göttliche Gnade	*Persönliches Karma*
Einmaliges Leben, am Ende ewig gültiges Urteil: Himmel und Hölle	Wiederholte Wiedergeburten in die Welt des Leidens bis zur Löschung des Karmas (Vervollkommnung)
Göttliche Fremderlösung	*Reine Selbsterlösung*
Ewig unsterbliche individuelle Seele	Endliches Aufgehen im All (Nirwana)
Abhängigkeit	Selbstverantwortung, nur eigenes Tun
Unberechenbarkeit	Gesetzmäßigkeit

Schlußbemerkung

Zum Abschluß dieses Buches noch einmal Winston Churchill:

>Gelegentlich stolpern die Leute
über eine Wahrheit,
aber sie richten sich auf und gehen weiter,
als wäre nichts geschehen.«

Der Autor dieses Buches hält Seminare über Buddhismus und Christentum ab. Im übrigen geben er und seine Frau Marie-Luise seit nunmehr über zwei Jahrzehnten workshops, die vom Leitgedanken der Achtsamkeit und inneren Sammlung getragen sind, wie in diesem Buch behandelt.
Genaueres ist zu erfragen bei Dr. A. und M.-L. Stangl, D-6121 Rothenberg/Odenwald.

Anmerkungen

Den ausführlichen Titel aller Bücher von (Anton, Marie-Luise oder beiden) Stangl entnehmen Sie bitte dem Literaturverzeichnis.

1 Siehe Stangl »Die vergessene Welt der Gefühle« in den ersten Kapiteln.

2 Siehe Stangl »Heilen aus geistiger Kraft«, »Hoffnung auf Heilung» und »Die geheime Kraft in uns«.

3 Siehe Stangl »Lebenskraft«, 1. Teil »Das Prinzip von Spannung und Lösung der Lebenskraft«, S. 17 ff.

4 Siehe Buch Anmerkung 3, S. 64 ff., oder Buch Anmerkung 1, S. 135 ff.

5 Siehe Buch Stangl »Die geheime Kraft in uns«, 8. Kapitel. Auch im Kapitel »Karma und Wiedergeburt« dieses Buches werde ich darauf zurückkommen.

6 Siehe Buch Anmerkung 5, 5. Kapitel »Wir leben im Gefängnis unserer Sinne, unseres Verstandes, unseres Ich«.

7 Siehe Anmerkung 1.

8 Siehe Buch Anmerkung 1, 10. Kapitel.

9 Siehe Buch Anmerkung 1, besonders das 2. Kapitel.

10 Bukkyo Dendo Kyokai: The Teaching Of Buddha, Tokio 1975, S. 131.

11 Siehe Buch Anmerkung 10, S. 172.

12 Siehe Buch Anmerkung 10, S. 164.

13 Siehe Buch Anmerkung 3: Eine der wichtigsten und folgenreichsten Grundgegebenheiten des Menschen und der Natur allgemein!

14 Siehe Buch Anmerkung 3, S. 145–199.

15 Das Problem von Karma und Wiedergeburt habe ich schon in meinem letzten Buch gemäß Anmerkung 5 in einem eigenen Kapitel behandelt. Das jedoch im Sinn der dortigen Zielsetzung wesentlich knapper als hier. Verschiedene Ausführungen habe ich von dort zum Teil wörtlich übernommen (so auch die folgenden 2 Beispiele), zum großen Teil jedoch ergänzt oder erheblich erweitert, um die wesentlichen Gedanken noch deutlicher zu machen.

16 In dem Buch Anmerkung 1, 4. Kapitel.

17 Gemäß Meyers Enzyklopädischem Lexikon 1975.

18 In seinem Werk »Wendezeit«, siehe Literaturverzeichnis, S. 90.

19 Wie Anmerkung 17.

20 In seinem Buch »Reinkarnation«, siehe Literaturverzeichnis.

21 In ihrem Buch »Erregende Zeugnisse von Karma und Wiedergeburt«, siehe Literaturverzeichnis.

22 Z. B. auch Johannes Greber, Robert J. Lees, Jakob Lorber, Ross Peterson, alle siehe Literaturverzeichnis. Das Bemerkenswerte: Alle ihre Kundgaben liegen weitgehend in der gleichen Linie!

23 Gemäß der Zeitschrift »Esotera« Nr 11/1982, S. 976.

24 In seiner knappen Schrift »Karma – Selbstbestimmung des Schicksals durch Erkenntnis des Kausalgesetzes«, siehe Literaturverzeichnis.

25 In dem Buch Anmerkung 5, S. 117/118.

26 Genaueres dazu im Buch Anmerkung 5, S. 117.

27 In dem Buch Anmerkung 5, S. 119–121.

28 Der dahinterstehende »psychologische Mechanismus« ist im 11. Kapitel des Buches Anmerkung 1 dargestellt, besonders auf S. 128 ff.

29 In dem Buch Anmerkung 1 im 12. Kapitel über Hemmungen und ihre Überwindung, speziell auf S. 135.

30 Die Begriffe atman und brahman sind eigentlich Begriffe aus der Hindu-Lehre. Da

sie aus der gemeinsamen vorbuddhistischen Geschichte stammen, werden sie nicht selten auch in dem vorliegenden Zusammenhang gebraucht.

31 In dem Buch Anmerkung 3, S. 212, im Rahmen der Behandlung der verschiedenen Meditationsarten.

32 In dem Buch Anmerkung 3, S. 59–68, und im Buch Stangl »Hoffnung auf Heilung«, S. 126–132.

33 S. 145–199 sowie speziell für die so fruchtbare Arbeit im gewöhnlichen Alltag S. 271 bis 278.

34 Ein hervorragendes Beispiel liefert das lesenswerte Buch des in Singapur geborenen John David Morley (siehe Literaturverzeichnis), das 1985 in England die Auszeichnung des »best first book« erhielt für seine Aufhellung der Hintergründe der japanischen Gesellschaft.

35 Wie Anmerkung 1.

36 Gemäß der Zeitschrift »Esotera« Nr. 8/1990, S. 63.

37 Untersuchung des holländischen Historikers Anton Weiler, siehe Literaturverzeichnis, gemäß Besprechung der FAZ vom 9. 8. 89.

38 Solche exakten Berichte bringt das Buch von Gerhard Schormann, siehe Literaturverzeichnis, und der detaillierte Aufsatz »Die Dunkelmänner« von Hans Wollschläger im Merianheft vom 7. Juli 1987/C 4701E »Bamberg. Fränkische Schweiz«, S. 99 bis 102.

39 Kurt Reumann in seinem Leitartikel »In Verantwortung vor Gott« in FAZ 18. 1. 92.

40 Alle Zitate dieses Absatzes mit Ausnahme des 4. gemäß dem spanischen Theologen E. Miret Magdalena in seinem Artikel »Un catolicismo loco?« in EL PAIS vom 12. 2. 92.

41 FAZ 23. 2. 83 in Beantwortung eines anderen Leserbriefes.

42 Ihre Veröffentlichung siehe Literaturverzeichnis.

43 FAZ 8. 4. 89 im Teil »Zeitung in der Schule«.

44 Allerdings ist zu befürchten, daß sie das in ihrer Erstarrung nicht fertigbringt; wohl erst nach einer gewaltigen Katastrophe, wie sie von weitschauenden Propheten verschiedentlich in überraschend gleichartiger Weise vorausgesagt ist.

45 Titel »Amida Buddha«, siehe Literaturverzeichnis.

46 Siehe Anmerkung 31.

Literaturverzeichnis

Bock, Emil: Wiederholte Erdenleben. Die Wiederverkörperungsidee der deutschen Geistesgeschichte. Frankfurt/Main 1981.

von Brück, Michael (Hrsg.): Dialog der Religionen. Bewußtseinswandel der Menschheit. München 1987.

Bukkyo Dendo Kyokai: The Teaching Of Buddha. Tokio 1975.

Capra, Fritjof: Wendezeit. Bausteine für ein neues Weltbild. München 1988.

Cerminara, Gina: Many Mansions. The Edgar Cayce Story Of Reincarnation. New York 1977.

– : (Deutsche Übersetzung) Erregende Zeugnisse von Karma und Wiedergeburt. 5. Aufl. Freiburg 1978.

Conze, Edward: Buddhistisches Denken. Drei Phasen buddhistischer Philosophie in Indien. Frankfurt/Main 1988.

Debes, Paul: Rundbriefe zur Erforschung der Wirklichkeit nach der Lehre des Buddha. Ahrensburg 1949/50.

Deshimaru, Taisen: Zen-Buddhismus und Christentum. Berlin 1978.

– : Die Lehren des Meisters Dogen. Der Schatz des Soto-Zen. München 1991.

Dumoulin, Heinrich: Mumonkan. Die Schranke ohne Tor. Meister Wu-men's Sammlung der 48 Koan. Mainz 1975.

Dürckheim, Karlfried Graf: Hara. Die Erdmitte des Menschen. 4. Aufl. Weilheim 1970.

Eckehart: Von der Stille. Eine Auswahl. Freiburg o. J.

Eggenstein, Kurt: Der Prophet Jakob Lorber verkündet bevorstehende Katastrophen und das wahre Christentum. Bietigheim 1979.

Enomiya-Lassalle, Hugo M.: Zen und christliche Spiritualität. München 1987.

– : Wohin geht der Mensch? Freiburg 1988.

Greber, Johannes: Der Verkehr mit der Geisterwelt Gottes, seine Gesetze und sein Zweck. Selbsterlebnisse eines katholischen Geistlichen. Teaneck, N.J. (USA). 6. Aufl. 1981.

Herrigel, Eugen: Zen in der Kunst des Bogenschießens. 9. Aufl. Weilheim 1960.

– : Der Zen-Weg. 3. Aufl. Weilheim 1970.

Hoseki Shinichi Hisamatsu: Die Fülle des Nichts. Vom Wesen des Zen. 2. Aufl. Pfullendorf 1980.

Humphreys, Christmas: Karma und Wiedergeburt. München 1974.

– : The Buddhist Way Of Life. London–Sydney 1969/1988.

– : Zen. 5. Aufl. London 1976.

Karrer, Otto: Neues Testament, übersetzt und erklärt. München 1959.

Kehl, Dr. Robert: Die universelle Offenbarung des Geistes. Paralleltexte der Bibel und Heiliger Schriften anderer Religionen. (Zürich) Langenthal 2. Aufl. 1982.

Khema, Ayya: Der Pfad zum Herzen. Zur Verwirklichung der Buddha-Lehre. Jägerndorf 1990.

Kluge, Manfred: Die Weisheit Buddhas. München 1980.

Koun Ejo: Shobogenzo-zuimonki. Sayings Of Eihei Dogen Zenji. Kyoto 1987.

Lees, Robert James: Reise in die Unsterblichkeit. München 1971.

Lin Yutang: Weisheit des lächelnden Lebens. Stuttgart 1963.

Loth, Heinz-Jürgen; Mildenberger, Michael; Tworuschka, Udo: Christentum im Spiegel der Weltreligionen. Kritische Texte und Kommentare. Stuttgart 1978.

Markert, Christopher: Yin Yang. Harmonie von Sinnlichkeit und Vernunft. Düsseldorf–Wien 1983.

Merton, Thomas: Mystics And Zen Masters. 4. Aufl. Toronto 1988.

– : Weisheit der Stille. Die Geistigkeit des Zen und ihre

Bedeutung für die moderne christliche Welt. Bern–München–Wien 1975.

Moody, Raymond A.: Leben nach dem Tod. Reinbek 1977.

Morley, John David: Grammatik des Lächelns. Reinbek 1991.

Mountain, Marian: The Zen Environment. The Impact Of Zen Meditation. Toronto–New York–London–Sydney 1983.

Naudou, Jean: Buddha. Paris o. J.

Nyanaponika: Geistestraining durch Achtsamkeit. Die buddhistische Satipatthana-Methode. Konstanz 1975.

Okumura, Shohaku: Shikantaza. An Introduction To Zazen. 2. Aufl. Kyoto 1987.

Pagels, Elaine: Adam, Eva und die Schlange. Eine Theologie der Sünde. Hamburg 1991.

Percheron, Maurice: Buddha in Selbstzeugnissen und Bilddokumenten. Hamburg 1958.

Pryse, James Morgan: Reinkarnation im Neuen Testament. Interlaken 1981.

Rösch, P. Dr. Konstantin: Das Neue Testament. Paderborn 1932.

Schmidt, K.O.: Karma. Selbstbestimmung des Schicksals durch Erkenntnis des Kausalgesetzes. Selbstverlag Reutlingen, etwa 1935.

Schormann, Gerhard: Der Krieg gegen die Hexen. Das Ausrottungsprogramm des Kurfürsten von Köln. Göttingen 1991.

Schumann, Hans Wolfgang: Buddhismus. Stifter, Schulen und Systeme. Olten und Freiburg 1976.

Sekiguchi, Shindai: Was ist Zen? Einführung für Menschen des Westens. Rüschlikon–Zürich 1974.

Sheng-Yen, Master: Getting The Buddha Mind. On The Practice Of Ch'an Retreat. New York 1982.

Shibayama, Zenkei: Zen in Gleichnis und Bild. Bern–München–Wien 1974.

Snell, Joé: Der Dienst der Engel. Erlebnisse einer Kranken-
schwester an Kranken- und Sterbebetten. Bietigheim o. J.

Spragett, Allen: Ross Peterson: The New Edgar Cayce. New
York 1978.

Stangl, Anton und Marie-Luise: Lebenskraft. Selbstverwirklichung durch Eutonie und Zen. 5. Aufl. Düsseldorf 1989.

– Marie-Luise: Jede Minute sinnvoll leben. Vertrauen zu sich
selbst gewinnen. 7. Aufl. Düsseldorf 1989.

– Die Welt der Chakren. Praktische Übungen zur Seins-Er-
fahrung. 9. Aufl. Düsseldorf 1992.

– Anton: Heilen aus geistiger Kraft. Zur Aktivierung innerer
Energien. 4. Aufl. Düsseldorf 1988.

– Marie-Luise und Anton: Hoffnung auf Heilung. Seelisches
Gleichgewicht bei schwerer Krankheit. 3. Aufl. Düsseldorf
1991.

– Anton: Die vergessene Welt der Gefühle. 3. Aufl. Düsseldorf 1991.

– Anton: Pendeln. Grundlegung, Persönlichkeit, Gesundheit,
Lebensalltag, Geopathie. Mit 33 bewährten Pendeltafeln.
6. Aufl. Düsseldorf 1992.

– Anton: Der Energiesensor. Schädliche und heilsame
Schwingungen erkennen und auswerten. 2. Aufl. Düsseldorf 1992.

– Anton: Die geheime Kraft in uns. Ursprünge unserer Lebensenergie. Düsseldorf 1992.

– Marie-Luise: Ewiges Jetzt. Übungen zum Erleben des Seins.
Düsseldorf 1988.

– Marie-Luise: Wege in die Stille. Haikus. Düsseldorf 1988.

Steinpach, Dr. Richard: Wieso wir nach dem Tode leben und
welchen Sinn das Leben hat. 6. Aufl. Stuttgart 1984.

Stevenson, Jan: Reinkarnation. Der Mensch im Wandel von
Tod und Wiedergeburt. 20 überzeugende und wissen-
schaftlich bewiesene Fälle. Freiburg 1977.